▲1949年10月1日，毛澤東在天安門城樓上，向全世界宣告「中華人民共和國」成立。

遵義會議後不久的毛澤東。▶

▲1949年9月，新政治協商會議籌備會第二次會議選出的新任常務委員合影。前排右二為強烈反對延用「中華民國」這個老國名的華僑老財東陳嘉庚。

▲1945年4月，毛澤東在七全大會上作報告。本次會議通過將「毛澤東思想」載入黨章。

▲1956年9月，鄧小平在八全大會中作「關於修改黨的章程」的報告。八大的「新黨章」和七大通過的舊黨章，最大的區別，便是把原有的「毛澤東思想」給劃掉了。

▲韓戰期間，彭德懷出任中國人民志願軍司令員，在朝鮮前線視察陣地。

▲1950年10月19日，中國人民志願軍首批部隊跨過鴨綠江。

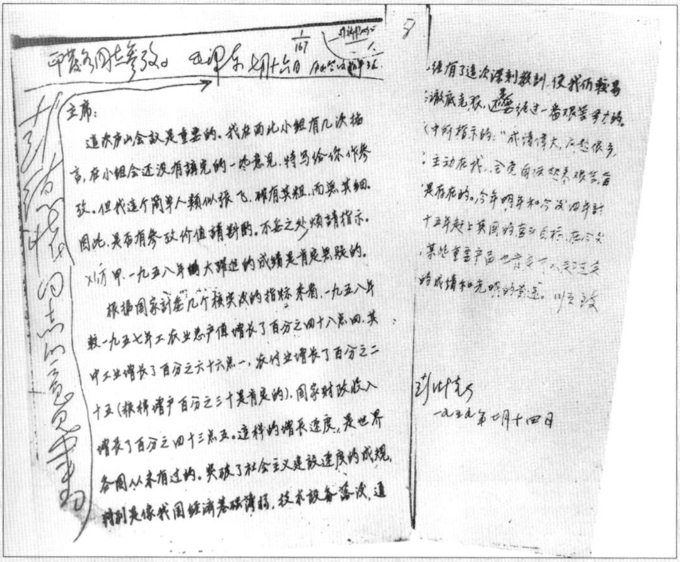
印发各同志参考。毛泽东 七月十六日

彭德怀同志的意见书

主席：

这次庐山会议是重要的。我在西北小组有几次插言，在小组会还没有讲完的一些意见，特写给你作参考。但我这个简单人类似张飞，确有其粗，而无其细。因此，是否有参考价值请斟酌。不妥之处，烦请指示。

甲、一九五八年大跃进的成绩是肯定无疑的。

根据国家计委几个核实后的指标来看，一九五八年较一九五七年工农业总产值增长了百分之四十八点四，其中工业增长了百分之六十六点一，农副业增长了百分之二十五（粮棉增产百分之三十是肯定的），国家财政收入增长了百分之四十三点五。这样的增长速度，是世界各国从未有过的，突破了社会主义建设速度的成规，特别是像我国经济基础薄弱，技术设备落后，通

……（主席）所指示的："成绩伟大，问题很多，……主动在我，全党团结起来艰苦奋斗，前途是光明的。……

彭德怀

一九五九年七月十四日

▲1959年7月14日，彭德懷上了一封「萬言書」給毛澤東，略抒他自己對黨中大煉鋼、 大辦食堂之個人意見。7月16日，毛澤東批示「印發各同志參考」。

▲1959年7月23日，毛澤東一場講演之後，半日之間這一場在中國近代史上有關鍵性作用的「廬山會議」，就從個神仙之會，立刻變成個魔鬼之會了。

1959年4月二屆人大時，因毛澤東 ▶
謙恭退出競選，劉少奇以全票當選
國家主席。圖為二人步出會場。

▲七千人大會，就是逼毛澤東（右3）退向榮譽寶座的第一步。所謂「退居二線」原是他在1958年冬，在「八屆六中全會」上，放的煙幕，至此竟被劉少奇（左3）加以落實。

▲毛主席在「退居二線」期中，王光美（坐者右2）以第一夫人身分陪同夫婿劉少奇出訪印尼。戴帽說話者為印尼總統蘇加諾，圖左為其夫人哈蒂妮。

劉少奇火葬申請單上用▶化名「劉衛黃」。

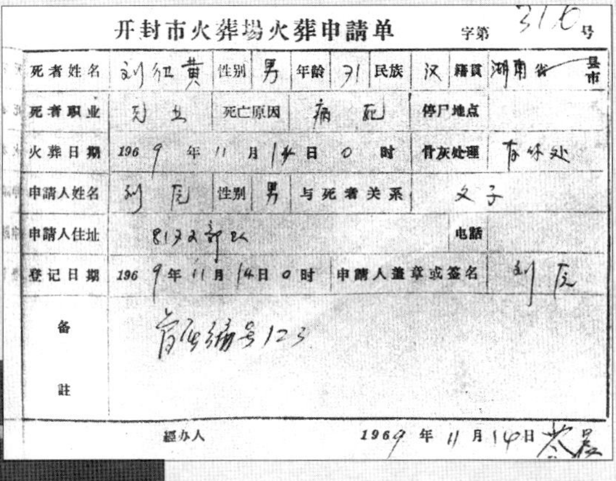

开封市火葬場火葬申請单　字第 310 号

死者姓名	刘卫黄	性别	男	年龄	71	民族	汉	籍貫	湖南省　县/市
死者職业	无业	死亡原因	病死			停尸地点			
火葬日期	1969年11月14日0时					骨灰处理	寄存处		
申請人姓名	刘原	性别	男	与死者关系	儿子				
申請人住址	8172部队					电話			
登记日期	1969年11月14日0时			申請人盖章或签名	刘原				
备註	骨灰编号123								

經办人　1969年11月14日　[illegible]

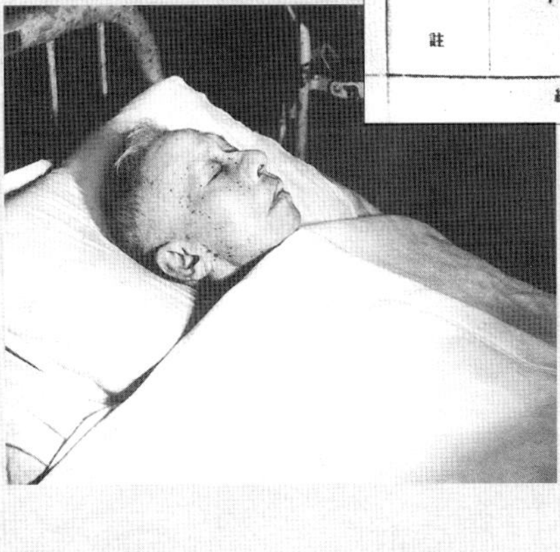

◀1969年11月12日，劉少奇病逝，終年71歲。

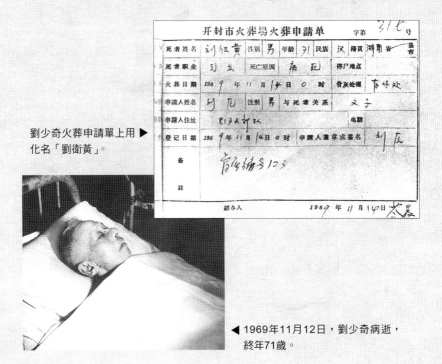

学術研究

評新編历史剧《海瑞罢官》

▲1965年11月10日，上海《文匯報》刊載了姚文元署名的《評新編歷史劇〈海瑞罷官〉》一文，揭開了「文化大革命」的序幕。

通　知

中国共产党中央委員会

（一九六六年五月十六日）

▲1966年5月，中共中央政治局擴大會議通過的「五・一六通知」，就是毛澤東發動文革的誓師詞。

▲1966年5月25日，北大貼出了中國第一張向上級領導造反的大字報，質問：「宋碩、陸平、彭佩雲在文化革命中究竟幹些什麼？」

▲1966年12月25日，清華大學紅衛兵在天安門廣場遊行時，公開打出「打倒劉少奇」和「打倒鄧小平」的標語。

1966年8月5日，毛澤東寫了「砲打司令部——我的一張大字報」。▶

▲1966年8月18日，林彪（右2）在「慶祝文化大革命大會」上發表「破四舊」講話。

▲1971年9月13日，因武裝政變計畫失敗，林彪攜妻葉群與子立果搭專機出逃。最後機毀人亡於外蒙的溫都爾汗。

林彪滅門之後，四人幫承旨發動▶「批林批孔運動」，矛頭指向的是「一代大儒」周恩來。

◀1972年1月10日，毛澤東突然出現在陳毅的追悼會上，含淚告訴陳毅年輕貌美的未亡人張茜（右2）說，陳毅與鄧小平的情形，與劉少奇不同。鄧小平藉此平反，二次復出。

▲鄧小平（中）是人民中國唯一「命大」、而能禁得起「三起三落」的戲劇化的領袖。圖為1973年3月二次復出回京前與夫人卓琳（右）、秘書王瑞林（左）合影。

▲對周恩來，毛澤東曾有「一個狡猾的中國知識分子」的評語。

▲毛澤東主政中國二十八年中，與周恩來二人之間的關係微妙。他二人一個坐第一把交椅，一個坐第二把交椅。都是從開國之初，坐到死為止。

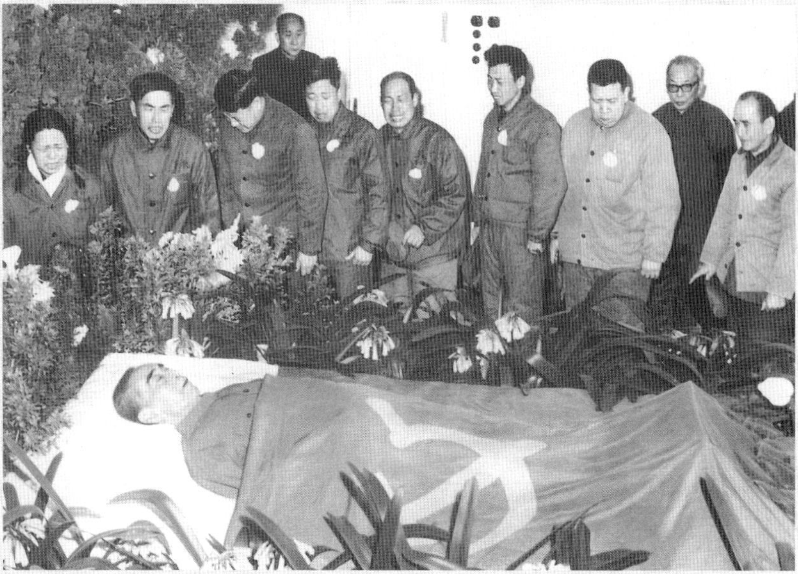

▲ 1976年1月8日，周恩來病逝北京，終年78歲。

▲周恩來死後，華國鋒被遴選為國務代總理，並享有毛澤東「你辦事，我放心」深具特殊榮譽的條諭。圖為華國鋒在毛澤東追悼大會上致悼詞。左為葉劍英。

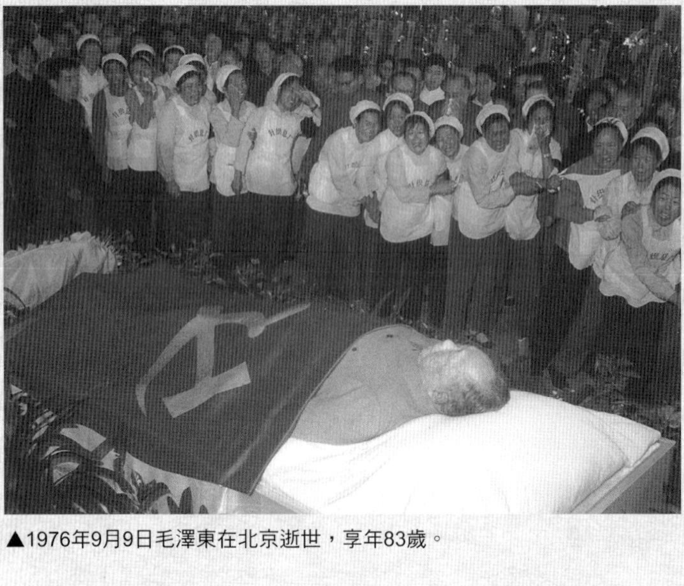

▲1976年9月9日毛澤東在北京逝世，享年83歲。

◀文革期間，手持《毛
語錄》，意氣風發、飛
揚跋扈的江青。

▲毛澤東死後，時未迭月，以毛氏遺孀為首的四人幫，也就鋃鐺入獄了。圖為四人幫接受審判的會場。

▲蓋棺論定之時，大陸上的中共黨史家為毛澤東留下了「開國有功，建國有過，文革有罪。」十二個字。

唐德剛作品集

民國通史

人民政府篇

唐德剛作品集⑦
毛澤東專政始末（1949-1976）

作　　者——唐德剛
主　　編——游奇惠
特約編輯——趙曼如
發 行 人——王榮文
出版發行——遠流出版事業股份有限公司
臺北市 10084 南昌路 2 段 81 號 6 樓
郵撥／0189456-1
電話／2392-6899　傳真／2392-6658
著作權顧問——蕭雄淋律師
2005 年 1 月 1 日　初版一刷
2021 年 4 月 16 日　初版二十刷
售價新台幣 350 元（缺頁或破損的書，請寄回更換）

ISBN　957-32-5399-2

YLib 遠流博識網
http://www.ylib.com　E-mail:ylib@ylib.com

目錄

毛澤東
專政始末

一九四九—一九七六

一、毛澤東政權是帝制傳統的迴光返照

——中華人民共和國開國七年綜論

中國共產黨在中華民族史上，所建立的政權，「中華人民共和國」，自一九四九年十月開國以後，至一九九九年十月是整整的五十年了。為紀念這個不平凡的半百大壽，大陸上和海外若干地區，均將有極大規模的慶祝活動。《傳記文學》社社長劉紹唐先生有鑒及此，乃電囑筆者撰文隨喜。我們都是這個時代的過來人。五十年來，禍福身受，真是感慨萬千，一言難盡。尤其是我們學歷史的老兵，眼看他起高樓，眼看他宴賓客，眼看他人相食，眼看他打砸搶，再眼看他改革開放，起死回生。我輩雖偷生海外，難管中原興廢事，但是身為中華民族的一分子，對母族的興衰禍福，也是永遠擺脫不了的心事。「安危他日終須仗，甘苦來時要共嘗」。縱無劉社長的吩咐，我們能無骨鯁在喉？

記得遠在一九二三年，當時炙手可熱的中原霸主吳佩孚將軍，在洛陽大做其五十大壽。那位對帝制復辟，情有獨鍾的康有為，趕去溜鬚，並送了一副壽聯，曰：「牧野鷹揚，百歲勳名才一半；洛陽虎踞，八方風雨會中州。」我們如果未能免俗的，把中共用槍桿打下的這個政權，也當做一個傳統的「朝代」來看，從傳統朝代的興亡規律，和現代革命政黨盛衰的前例來推論，今後如不發生嚴重的紕漏，則中共的紅朝，應該也有個「百歲勳名」才算正常。但是今日我們要為「人民政府」這個階段，在民國通史中，記一筆流水賬，我們就只能記其過去的史蹟與功過。至於它下一個五十年要變成個什麼樣子，將來的史家自別有著錄，後事還須問後人，毋須吾人預為操心。所以今日史家為人民政權結賬，只能算是半途而論之，斯即拙篇標題「半論」（編按：本文發表時原有副題「半論中共政權五十年」）的意義之所在也。

回憶鄧公小平在一九七八年三起之時，那個被老毛搞得要死不得活的「人民中國」，頓時氣象一新，國內國外，眾口交讚，許為「小平中興」。當時鄧也曾說過，由於年老的關係，他只預備掌政十年，即行「交班」。海外聞之，頗為之扼腕。我們真希望，鄧公當國，萬歲萬萬歲也。因此在鄧公執政五年之後，筆者不揣淺薄，曾著文評之，說他老人家，「十載功勳才一半」，希望他能全始至終，一竿到底，把「小平中興」晉級為「光武中興」，不要搞成個「同治中興」，半途而廢就好了。但是筆者讀史數十載，對歷代聖主昏君，也可說是「閱人多矣」，「若是當年身便死，此身真偽有誰知」的個案太多了。從周公攝政流言，王莽謙恭下士，到老蔣及身而敗，老毛死有餘辜。都是突出而並不稀罕的例子。蔣、毛二公，「若是當年身便死」：蔣若死於抗戰勝利；毛如死於建國初期。朋友，他二公在中華民族史上的地位，誰能相比？不幸二公都健康長壽，結果弄成蔣公死後，幾無葬身之地；毛公也落得個萬民鞭屍的下場。他這個「紀念堂」，將來如何關閉？讀史者批覽往例，偶念及此，能不廢書三嘆？因此當年筆者對鄧公的觀察，也覺得他老人家正在歷史上走鋼索。成敗之間，在鄧氏蓋棺之前，史家固不敢預做論定也。果不其然，時未期年，鄧公就搞出，中華國史上前所未有底血洗天安門的敗筆來。終於弄得真偽難分，前功半棄……。時代的悲劇和歷史的殘酷，一至於此，真警人肺腑。

應有百年之壽的中共政權

現在話說回頭。吾人根據何種星象，而敢說當今的中共政權有其百年長壽也。記得他們貴黨的毛主席不也曾說過，一個革命政黨的生命，正和一個人的生命一樣。它也有其青年、壯年、中年、晚年諸階段；最後也逃不了生老病死的自然規律。毛主席生前，被全國人民不知叫了幾萬萬萬次的「萬歲」。最後還不是只活了八十四歲就龍馭賓天了？他底政黨和政權，能活到一百歲，也就夠長的了。君不見，那個功在國族的老大哥國民黨，不是活了一百歲就完了？一個革命政黨原有它底革命任務要完成。任務完成了，沒有再生存的必要了，它會自然的壽終正寢。反之，它如果違反歷史規律，胡作非為，它也會被時代和人民所遺棄，不能享其天年，自招橫死。君不見二戰前，西歐的納粹黨、褐衫黨，和二戰後東歐的布黨、勞動黨、工人黨等等不都是如此？

中國共產黨也是個有機體。他如果完成了它底歷史任務，百年後，它自會壽終正寢。它如胡作非為，重蹈其故主席毛某的覆轍，那歷史家就無法逆料了，這在歷史學上便叫做「偶然」，「偶然」是上帝也掌握不了的。因此今後中國歷史的發展，是循常規的「必然」道路前進：或是中途轉折，發生了「偶然」的頓挫，將來歷史家自然會有更詳細的交代，我們今日就不能越俎代庖了。再重複一句，我們今日只能半途而論之也。

可是今日的歷史，卻是將來歷史的背景。吾人如能看清了今日歷史的特性，那麼對歷史轉型的下一階段，也未始不能略探端倪。這種預測，古史家和宗教家名之曰「因果」。現代社會科學史家，則視為歷史形成的造因（Historical Causation）。知其因，原可測其果，只是在因和果之間，要沒有變數才好，而變數也是歷史發展之常規，任何向前發展的歷史，皆無法完全避免之也。

余嘗面告張學良將軍曰：「您一時衝動，搞起了個『西安事變』；西安事變不但改寫了中國歷史，也改寫了世界歷史。」嗚呼，西安事變就是個歷史學中的「偶然」，星象學中的「變數」。舉一可以反三也。因此吾人之所以能預祝人民政府百年長壽者，期其一帆風順，富貴壽考也。下世紀中，如半路殺出程咬金，搞出另樣的「西安事變」來，則一切自當別論矣。

人民政權在轉型末期的特性

然則今日大陸上的人民政權，在近代中國社會文化轉型史中，又有些什麼特性呢？回答這個問題，吾人要知道，過去五千年的一部中華通史，實是一部「帝王專制史」；而今後五千年（至少一千年吧）的中華通史，將是一部「民主政治史」。此一轉變，實是任何人力、物力，皆不能逆轉者也。這就是吾人所謂的歷史的「必然」。

但是「帝王專制」，所牽涉的非「帝王」一人而已也。它是個政治社會文化相互配合的特殊制度的集體運作。也是一部統治機器的有效操縱。「民主政治」亦然也。它是一種制度；也是杜威、胡適師徒，口口聲聲的所謂「民主是一種生活方式」是也。所以從帝王專制，要轉變成民主政治，不可一蹴而幾。二者要從政治經濟轉型開始，而一轉百轉，要全部轉完，實非數百年不為功也。所以筆者在不同的拙作裏，曾一再批駁，主張畢其功於一役的「一次革命論」，為胡說幻想也。

在中國近代歷史上，這一轉變的程序，大致始自「鴉片戰爭」（一八三九—一八四二）。要歷經兩百年以上的艱苦歲月，始可粗告完成。換言之，時至二十世紀之末的今日，我們已轉了一百六十餘年了。今後如不橫生枝節，亂出紕漏，再過四五十年，至下一世紀中葉，我們這一歷史轉型就可結束了。

明乎此一宏觀歷史的大潮流，我們就不難看出，大陸上今日當權的人民政府的特性之所在了。謹條列四項如下：

一，它是「轉型期」（「歷史三峽」）中，最後一個有階段性的政權；
二，它具有中間性：前有帝王專制的遺傳，後有民主政治的遠景；
三，極權政府和獨裁領袖的權力遞減，從絕對權威，遞減至依法治國；
四，它具有其千載難逢的機運，來結束這場轉型運動而駛出歷史三峽。

以上所述，當然只是今後中國歷史發展之常規（natural course）；四十年時光，白駒過隙，一瞬即逝，或不致橫生枝節，亂出紕漏，則阿彌陀佛矣。反之，則今後國運、族運如何，就不知伊於胡底了。

今且根據上述這個轉型末期政權的特性，對這段中共政權五十年的史蹟，妄師庖丁之解牛，略做梳扒，以就正於高明。

毛前毛後兩大階段

近五十年的中共政權，很清楚的可以分成毛前毛後兩大階段。毛澤東生前當國，前後凡二十八年（一九四九—一九七六），從完全正確，到完全錯誤，最後把八億人民，都整到家破人亡的絕境；古老民族也被他弄到了人相食，和亡國滅種的邊緣，自成五千年國史上，前所未有的一個特殊階段。毛死後迄今又已二十三年（一九七六—一九九九）。從華國鋒的「凡是派」，鄧小平的「開放派」、「兩制派」，再到江、朱、李三雄接下去的「兩制派」、「走資派」，讓苦難的人民大喘一口氣，雖不免也有過坦克上街、殺人不眨眼的惡劣嘴臉（這原是個極權遺傳下，絕無必要的敗筆），但是大體說來，還算是相對的國泰民安，頗具昇平氣象。也自成一個完整的、起死回生的、值得讀史者歌頌的第二階段。

吾人如把這懸隔霄壤的一國兩段的歷史連接起來，做個鳥瞰分析，我們就可以約略地看出近代中國，從「帝制」轉向「民治」底清楚的階梯，和明顯的脈絡。它前一段顯然是兩千年帝王專制的尾聲，和迴光返照；後一段則分明是社會經濟變質（從農業經濟轉向工商業經濟），獨裁制隨之滑坡，獨裁者權力也隨之遞減，集權政府更是亦步亦趨地，走向法治民主之必然的方向也。

老江今日似乎頗有點不甘心，還想試試來個自我核心化，回頭向紀念堂學習一番。老江，這一著是屎棋，碰不得也。這種「和尚摸得我摸不得」的心理，原是阿Q公時代之時勢也。如今中國政治轉型，已進入一個法治民主的新階段，您如果還要回頭向和尚學習，也去試摸一下，可能就要挨「性騷擾」的官司，而吃不了兜著走也。今後中國的政治問題，是如何建立一個有永久性的「接班制」的問題；諸公如誤為只是共產黨培訓（第四梯隊）「接班人」的問題，那就為毛、鄧二公的人治思想所誤導了。轉型期中，各個階段自有其不同的主題，不可照抄也。願當政者慎，毋河漢斯言。

兩部法律治天下

請先談談，由毛氏當國，為帝王專制，做迴光返照的，這個第一階段。

這一階段的特點便是毛澤東一人當國。在毛氏一人當國的二十八年中，全國疆土遠大於歐洲和美國，中國的人口也從六億增至八億。他一人統治了這樣的一個大國至二十八年之久，竟荒唐到全國只有兩部法律：一部是「中華人民共和國憲法」；另一部則是「中華人民共和國婚姻法」。憲法在毛氏時代，只是一張廢紙。其中一條也沒有真正實行過。連那位依憲法選出的「國家主席」劉少奇，最後竟然被紅衛兵抓走，失蹤了事。一部憲法連個國家主席的性命，也保護不了，其為廢紙可知矣。

至於「婚姻法」，在百法皆廢的情況之下，何以能一法獨行？寫歷史的人懷疑這是毛氏羈縻開國功臣和老幹部的手法之一。大家既然打下了天下，進了城，食色性也，在這花花世界裏，大小功臣自然都應該享受點「歌兒美女」（趙匡胤的話），鄉下的黃面婆也得讓讓位才好。中國歷史上宋太祖「杯酒釋兵權」的辦法便是這樣做的。蔣氏父子敗退台灣，早年在台灣也搞了一段性開放，其作用也在此。所以中共「進城」之後，迫不及待地便推出一部新婚姻法來，這顯然是經過毛澤東特別許可的，甚或是他特意設計的，也是含意深遠的，雖然後來證明，並無此必要也。

一國無片紙之法，如何加以治理呢？筆者初次回國，還是四人幫當權時期，我曾很誠懇地向接待我的幹部們請教，他們也很得意的說：「我們雖然沒有法律，我們的黨，自有政策。我們用政策代替法律。」可是政策又是如何制定的呢？現在我們研究國史的和黨史的都知道，中國共產黨長征以前的政策，原是「共產國際」制定的。長征結束，直至解放前後（大致是從一九三五—一九五六），則是黨的中央政治局，集思廣益，集體制定的。到一九五七年反右以後，漸漸的，則是由毛澤東一手炮製了。到毛氏生命最後的十年，文化大革命時期（一九六六—一九七六），則毛的片語隻字，都是法律。由於毛氏年高，言語不清，還要透過一位一腳踢的娘姨張玉鳳女士的獨家傳譯，才能傳達於中央政治局，再佈達於全國。

再者，在毛氏獨裁初期，他所強加於全國的個人意志，還可叫做政策。漸漸地就變成荒淫暴君的意氣用事了。到他最後的十年，那簡直是語無倫次的胡作非為了。對這種胡作非為，毛未始不自知。所以他在文革後期，告訴他底美國朋友斯諾（Edgar Snow, 1905-1972）時，也苦笑地承認他自己是「和尚打傘」。不意斯諾這個「中國通」，居然不懂這句中國歇後語，回美之後竟大做其獨家報導，說毛氏自述是個帶著傘旅行的「孤獨的和尚」；一時歐美「中國通」和媒體，都為之大驚失色，大家對這個「孤獨的和尚」，所做的不同的評估，也一時俱來，把我輩流落海外的老華裔，弄得啼笑皆非。

因此毛澤東這個「孤獨的和尚」，一人治國的政治模式，不特是中華五千年史所未有，近代世界史上（除非拉兩洲中少數原始部落國家之外），也是聞所未聞的。

毛氏獨裁的主客觀條件

中國為當今世界上獨一無二的古文明大國也。五千年來，它出了多少聖賢豪傑，和才智之士。就是共產運動在中國初起之時，也是志士如雲，殺身成仁的青年烈士，隨處皆有的，怎麼到頭來，竟讓這麼個「打傘的和尚」，亂搞一泡呢？其實這也只是個社會文化轉型的短期現象。在這轉型期中，傳統的典章制度是被玉石不分的全給砸掉了。新的典章制度還要經過兩百年，才能慢慢的磨鍊出來。在這個真空時代，你叫我們這個大權在握的「打傘的和尚」喳辦呢？毛氏曾公開的說過，他壓根兒不相信什麼「法治」。他說只要在《人民日報》上寫篇社論，然後推行起來，一竿到底，要啥鳥法律呢？他更不相信民主選舉。他知道在他自己的經驗裏，所有的選舉都是假的，只有槍桿出政權才是真理。共產黨的「天下」，是解放軍打下來的；他的「主席」，是「中央派的」，啥鳥選舉？

〔附註〕在今後十年二十年之內，所有毛澤東的選集和未選集，都會電腦化的，上引毛語錄，在秒速億次的檢索程序上，一撳便是，有心的讀者將來自可查閱，縱在目前，檢索亦觸手可得，筆者自己，亦每有前論。本篇因篇幅有限，就不細註了。讀者諒之。

總之，形勢比人強。毛澤東這位小學國文教員出身的農村知識分子，和農民起義的領袖，本質上他是和陳勝、吳廣、劉邦、劉秀、黃巢、朱元璋、李自成、洪秀全等英雄好漢們是同一種動物，只是時代不同，在思想行為上，略加點時代色彩罷了。他們底心理狀態，都永遠脫離不了中國式的「做皇帝」，那套老底子，和以農業經濟為基礎的那個老社會。如今皇帝是不能再做了，但是從傳統的「帝王專制」，轉向現代化的「民主法治」這項必然演變的程序，他老人家就無此視野了。至於現代政治家所應具備的，有關民主法治的一般常識和基本概念，例如「人權」、「法理」這些觀念，在他腦海裏也是連影子也沒有的。毛對現代人權的認識，實在是連「權力」、「權利」都搞不清楚。遑論其他呢？毛氏對法律的認識，也停滯在兩千年前傳統法家的層次。他所知道的法律，只是懲人之法的「王法」和「刑法」而已。他對現代法理學（Science of Jurisprudence）中底保民之法（保護人民不讓惡政欺壓，孟子所謂「保民而王」）的基本概念，可說是一張白紙。但他強辯足以飾非，硬說這套西方的正統文明，只是資產階級的反動學術，不值一顧。至於馬克思主義的法理學，又是什麼個東西，則他連寫標語的知識也沒有了。自己不知，卻強不知以為知，以天縱英明自許，絕無任何虛心來向他人請益。

〔附註〕列寧就不同了，列寧原是西方傳統法學訓練出來的律師，他對這兩造不同的法理學，自有他的另一套「列寧主義」的詮釋。雖然也流於偏激，卻遠非毛氏所能及也。在虛懷若谷、禮賢下士的學習態度上，毛甚至不如蔣介石，當然與孫中山就更不能相比了。

不過毛對現代社會科學之無知，在早期中共的領導階層中，也並不是個太大的例外。那時在共黨組織中最為驕傲、最抓權的「國際派」，像王明、博古、李立三、瞿秋白、張聞天等人也無不如此。而且他們反而沒有毛的篤實、苦幹，和對中國社會本質，所具有的調查研究的精神。跟他們相比，毛反而有其鶴立雞群的領袖形象。

毛澤東還另有一套本領，非若輩所能及：毛公善讀中國線裝古書，精通中國傳統的「帝王學」，尤精於玩弄古法家的「權術」，以及打原始農民戰爭的那套土「兵法」。毛對這套傳統帝王學的藝術之掌握，那才是英明天縱，雄才大略，文武雙全，全國無兩。他就是靠這一套先天的秉賦和後天的經驗，終能在黨內壓倒群雄，異軍突起，最後竟能趕走蔣氏，而統一大陸的。起阮籍於地下，可能他又要說，天下無俊傑，使豎子成名了。但是，朋友，我們第三世界，搞工業化，曾有個名詞叫「恰當技術」（appropriate technology）。你引進科技，要恰合你當時社會國家的條件。時間未到，你就躐等的大搞其「高科技」（high technology），過猶不及，那您就反而是製造瓶頸，而開其倒車了……。毛澤東那一套，在落後的中國，反而比胡適等「人權派」那一套更恰當，更appropriate，所以他能打天下，而人權派不能也。但是，時變而思想不變者臭。等到人權派那一套，逐漸變成適時的恰當技術了，毛還未死，卻頑固不變，那他就變成封建落伍，成為結束帝王專政時代的最後的一個荒淫無道的暴君了（事實上，中共在八全大會中所發生的反毛暗潮，就是因為毛在這一新階段，已變成了一個阻撓進步底反動獨夫的結果，見下節）。這原是轉型時代政治的特徵啊。毛也是一個時代的犧牲者。夫復何言。

毛的個人崇拜，劉是始作俑者

根據黨史上一般的說法，毛之竄升至全黨一人。實始自一九三五年的遵義會議，讓他當上了軍委主席，取得了軍權，從此抓住槍桿，至死方休。其實他真正地變成全黨一人，卻是在一九四五年四月中共七全大會期間，由劉少奇搞「個人崇拜」，一手推上去的。蓋中共經過八年抗戰的迅速發展，至此已擁有半壁河山。那時以劉少奇副主席為首的毛派若干高幹，為著與黨內國際派爭黨權，和黨外國民黨爭政權，乃突出毛氏，為獨攬大權、超出全黨之上的最高黨魁，來領導對外鬥爭，和對內清黨，劉少奇的第一著棋，便是樹立「毛澤東主義」為全黨最高指導思想，其地位僅次於馬列主義。但毛氏那時正在謙恭下士之時，不願亦不敢與馬列平坐，乃自請改「毛澤東主義」為「毛澤東思想」。這一個由七全大會一致通過並載入新黨章的「毛澤東思想」的權威之樹立，毛澤東就不再是中國共產黨的一個普通黨員了。他在一夕之間就變成蘇聯布黨的列寧、中國國民黨的孫中山了。

且抄兩條七全大會後的中共新黨章，以見毛在黨中的超越地位：

（總綱）

中國共產黨，以馬克思、列寧主義的理論與中國革命實踐之統一的思想——毛澤東思想，做為自己一切工作的指針……。

（第一章，黨員）

第二條：凡黨員均有下列義務：

一，努力地提高自己的覺悟程度和領會馬克思、列寧主義、毛澤東思想的基礎……（摘自黨章原文，載劉少奇等著《中國共產黨與共產黨員》，一九四八年香港紅棉出版社再版，新民主出版社經銷，頁一——三）。

毛澤東經過七大在新黨章中樹立了特殊地位以後，很自然的便發生兩項後果。第一便是中國共產黨自此以後，就變成毛派的極權政黨，和毛氏個人的政治機器了，其他黨內反毛非毛的派系和個別黨員，不是被關被殺，被清除出黨，就是在黨內靠邊站（

像朱德元帥那樣）。這項發展正和與它鬥爭最尖銳的敵黨——國民黨的發展，殊途同歸。自此以後，發生在戰後中國的兩黨鬥爭，就逐漸變成蔣、毛之間的（和劉邦、項羽一樣的）兩人之爭了。第二個後果便是，這種極權式的革命政黨中的獨裁領袖，他底獨裁權力是只能上升，而不能下降的；同時他底政治特權，也未有不被濫用的。這就是麥克斯・韋伯所說的，絕對權力，絕對腐化的必然後果也。

劉少奇在中共七大之時，把毛某「踢到瓊樓最上層」，雖不無黨同伐異之私，但他的動機也是為他底黨，和社會主義革命的前途著想。劉在七大上歌頌毛的領導為「完全正確」。我們以筆則筆、削則削的史家標準旁評之，筆者就曾說過，劉的頌毛之言不算太過分。可是到十一年之後（一九五六年八大期間）「解鈴還是繫鈴人」，同一個劉少奇，又想恭請毛主席下樓休息，可就請不下來了。相反的，他卻激怒了這位大獨裁者。為著保權衛冕，毛所施展出的不擇手段的反擊，和其後所發生的骨牌效應，不但把劉某自己弄得家破人亡，它幾乎也把一個輝煌的人民政權，和十億善良的人民，都一起陪斬，而弄到萬劫不復之絕境。有的大陸史家，就誤認為劉有野心，志在提前接班，偷雞不著蝕把米，而自詒伊戚。海外史家有的則譏笑他，木匠頂枷，自作自受。其實他也是出諸善意。劉曾說：「現在不再搞毛澤東個人崇拜了，改搞鄧小平個人崇拜。」雖是戲言，亦是讖語。筆者不學，在鄧氏三起之前，即曾撰長文評之。此是後話，下節再另做交代。

可以做皇帝，不能做主席

劉少奇搞起的毛澤東這個獨裁班子，雖有其必然的不良後果，可是在它對付蔣介石那個同樣的獨裁班子，卻有其摧枯拉朽的效率。在抗戰後，蔣、毛二公逐鹿中原，那一盤楚河漢界的象棋上，不出三年，它就吃掉蔣公的「老將」，而統一了大陸。其效率之高。也確是驚人的。共產黨人，像鄧小平就常說，「沒有毛主席就沒有新中國」，信不誣也。吾人寫歷史，固不可只知其一，而不知其二也。

在中共取得政權以後，長話短說，它開國初期的氣勢，也確是不凡的。且看那天安門頭，群雄揖讓，四海之內，萬眾歡騰。中國人民是站起來了，帝國主義和封建殘餘是一去不復返了。何等氣勢？誰又知道，時未兼旬，九州之內，又人相食、打砸搶、哭聲震野呢？

毛氏這記虎頭蛇尾的政權，大陸上的中共黨史家，曾說他：「開國有功，建國有過，文革有罪。」我們隔洋觀火的海外史家，包括小可和李敖「總統」在內，也曾笑過他，「只會打天下，而不會治天下。」但是我們海內外兩造，都未能說出個所以然來。毛澤東何以不能治天下？這點倒要稍加解釋。

「自古帝王多無賴」，老實說，毛公雄才大略，他真要做起皇帝來，必是一位頂瓜瓜的「開國之君」，不下於劉邦、劉秀、趙匡胤、朱元璋也。不特毛如此，縱是袁世凱、蔣中正，乃至我的朋友李宗仁（我就曾當面恭維過他），都可做一陣好皇帝，而做不好總統、主席，何也？因為做皇帝，我們已有三千年老樣板、老經驗、老社會、老底子，你有本領打了天下，南面稱孤，依照老樣板、老經驗來，雖阿斗、溥儀，也可照本宣科也。

在袁、蔣、毛、李那個去古未遠的時代，「打天下」也遠比「治天下」容易。因為打天下只是無賴打無賴，封建殘餘打封建殘餘，都有老套路可循。治天下就難了，老樣板沒有了，「依樣畫葫蘆」，也沒個葫蘆做樣子了。你要做總統、做主席，你得向洋人取經；美國式、英國式、法國式、俄國式、蘇聯式、日本式，你學得再像模像樣，你沒他那個洋社會、洋底子，也是要畫虎不成，畫出狗來的。人家有人家的傳統，我們有我們的包袱，政治制度，哪可以亂搬？

須知，制度者，機運與智慧之產兒也。而智慧與機運之交配，亦非數百年不為功也。剖腹取子，也得懷胎十月，是急不來的。此筆者之所以擅做三峽之論也。袁世凱的悲劇，是背著個總統的包袱，去做皇帝。蔣、毛二公的悲劇，則是背著個皇帝的包袱去做總統。他們三人，都死不瞑目，也就像我的老學長王作榮院長一樣，自嘆「壯志未酬」也，悲夫。

「新政協」和制憲建國

現在再談談人民共和國的開國和制憲。

解放軍在一九四九年，基本上打平了天下之後，中共要組織個新政權了。他們認為在抗戰後，該黨本願意和國民黨及諸小黨，乃至海內外民主人士，通過「政治協商會議」，來組織個「聯合政府」嘛。毛公為此，還著了一本小書呢。可是這一政協決議被國民黨單方面破壞了，如今蔣介石被打垮了，他們要開除國民黨和附國的民社黨和青年黨的會籍，由「共產黨領導」，包括原有的民革、民盟等諸小黨派，和海內外民主人士，再來組織個「新政協」，一切從頭來過。

經過一番籌備之後，這個「新政協」就在一九四九年六月十五日首次集會於北京，到會代表一百三十四人，代表各小黨和各社會團體二十三個單位，並正式分組擬訂「共同綱領」（等於臨時憲法），選定國旗、國歌，以及各級政府組織法和人選的草案。再經過三個月的緊張工作，至九月底再次開會時，代表人數已增至六百六十二人，代表團體也增至四十五個。這就算是新政權的臨時國會和立法機構了。

〔附註〕 在解放前的舊政協時期，諸小黨派為企圖與國共兩大黨爭雄，曾毀黨造黨，把諸小黨聯合起來，組織個足與國共鼎足而立的、聲勢不凡的「民主同盟」。這個沒有私家軍隊的民主大黨，一時頗為眾望所歸，簡直有取國共代之的趨勢，全民看好，譽滿環球，不幸中國知識分子，原是天下最難合作的動物，再加以國共兩黨從旁搗鬼，這個「同盟」終於煙消雲散，剩下個殼子，在新的人民政權中，做個小花瓶。按理解放後，諸小黨派，應該再度「同盟」一下，做個聯合的「反對黨」，但是聰明的毛主席和周總理是不會讓他們再有個「同盟」出現了。因此他們也就怡然自得的，做了五十年的花瓶了。

據當事人回憶，在毛澤東主持的會議之中，有關國號的討論時，毛曾主張維持「中華民國」這個老國名，而為華僑老財東陳嘉庚所激烈反對。陳主張毛的新政權，應當和蔣的舊政權徹底劃清界線，絕不能再用「中華民國」這個老國名了。幾經辯論，終於接納了張奚若「中華人民共和國」的建議。年前余訪陳嘉庚墓，見其被紅衛兵砸毀的墓牆上所刻的水滸傳一百單八將的浮雕，不免感慨係之。當年如沒這位熱愛水滸底老華僑的亂干國政，中華民國的國號，如果沒有被廢除，則今日海峽兩岸的「兩國論」，就說不出口，事情就好辦多了。有地位權力，可以一言興邦喪邦者，動用鳥嘴，可不慎哉。

國號之外，與會者也接受了「五星紅旗」為國旗（五星中之大星，代表無產階級和共產黨，四小星則代表全國各民族各階層的「大團結」），老「義勇軍進行曲」為國歌。並選出毛澤東為中央人民政府主席，周恩來為政務院總理，及以下官員數十位。一九四九年十月一日下午二時，北京天安門前，禮砲二十八響之後（象徵中共革命二十八年），毛主席撳動電鈕，五星紅旗，冉冉升空，全場一片歡呼，中國歷史上的「中華人民共和國」就正式誕生了。

毛澤東自嘆戰略錯誤

可是這時人民政府雖已在北京成立，中國大陸並沒有全部「解放」。新中國尚未彌月，解放軍精銳第二十八軍有三師之眾，登陸金門時（十月二十五日），過分輕敵，諸將也爭功冒進，古寧頭一戰，竟被打得片甲不還，使該軍總指揮葉飛，望海痛哭。毛澤東也承認在華南打了敗仗。

這時舟山、海南，和台、澎、金、馬等東南沿海島嶼，尚在國軍掌握之中，不用說了，國民政府遷都重慶時（十月十二日），在西南中國，川康雲貴的半壁江山裏，也還駐有大軍百萬。代總統李宗仁雖已逃之夭夭（十一月一日離渝，十二月五日飛美），國民黨總裁蔣中正還在台北、重慶之間飛來飛去。中國共產黨如何結束這場內戰，完成中國的統一，也還有好一場結尾的掃蕩工作要做呢。

據毛澤東後來的回憶，他在這項掃蕩作戰中，犯了一記戰略上的錯誤：他不該先解決西南，以後再圖台灣。他說他應該集中二、三、四野的全部精銳，先把台灣拿下再說，台灣徹底解放了，然後再揮軍西上，去解決川康一帶胡宗南和宋希濂的殘部。他不此之圖，先揮軍西上，川康之間正打得勢如破竹之時，東北海疆，忽然晴空霹靂，一場韓戰在朝鮮半島上突然爆發了。原把台灣和朝鮮，都已劃在美國防守線之外的美國總統杜魯門，這時未加思索，便把美國第七艦隊調入台灣海峽，把大陸和台灣之間憑空建起了一條好鳥難飛的鋼鐵長城。那原是危如累卵的台灣，這一來，一夕之間，就安如磐石，固若金湯，以迄於今了。

毛澤東事後嘆息他戰略錯了。但是先打西南，後打東南，朋友，偉大的毛主席錯在何處呢?他並沒有錯嘛。尤其是在古寧頭一戰之後，毛氏可能意識到，海上戰爭，他未可輕發，所以才決定，先打那較有把握的山地戰，而捨東就西，但是可能影響他決策的古寧頭之戰，也是個天大的偶然嘛。兵驕者敗，兵哀者勝，國軍守將湯恩伯、胡璉最初也並無必勝的把握呢。

抗美援朝的複雜後果

至於「高麗戰爭」的爆發，那就更和當年的「西安事變」一樣，純粹是一個歷史上的「偶然」了。當年的「西安事變」，改寫了中國歷史，也改寫了世界歷史，但在垂死的邊緣，卻救活了一個奄奄一息的中國共產黨。

天道好還。這次的「高麗戰爭」，也改寫了中國歷史，改寫了世界歷史，但在垂死的邊緣，它也救活了一個奄奄一息的中國國民黨。若談在生命的最後時刻，能死裏逃生，高麗戰爭與西安事變，對國共兩黨所發生的作用，真是異曲同工。兩黨都是在槍斃之前，突然獲救，五十五十，彼此彼此，十分公平。

朋友，這一連兩三個改寫了人類歷史的「偶然」之發生，雖云人事，豈非天意哉？您能說我迷信？歷史本是「必然」和「偶然」交互為用，慢慢地製造出來的呢。可是由於這些偶然的影響，中國的內政外交，也隨之同時改轍。最明顯莫過於中共在外交上搞其「一邊倒」，在內政上走「極左路線」，和美國對蔣家政權的心回意轉，讓這個垂死的國民黨政權，死灰復燃。因此中共那一場轟轟烈烈的「解放戰爭」，也就和國民黨當年的「剿匪戰爭」一樣的，功虧一簣了。

一場「韓戰」，打了三年，中國單方死傷超過百萬人（官方只說三十六萬，筆者近周在紐約曾與一位來美探親的韓戰老兵，細說當年。他說中國志願軍在朝鮮戰場，是整營整營的死亡。雖毛澤東的兒子，亦不能免。戰況之慘烈，非常人所可想像也）。其後遺症至今未滅。長話短說，那就是它打出美國共和黨的極右政權，產生了瘋狂的「麥卡錫主義」，竟至把美國國務院中的親華、知華，和會說華語的專家，一網打盡，並以中國代替蘇聯，成為美國天字第一號的敵人，而加以圍堵圍剿。蘇聯反退居第二，有時且向美國討好，謬做中美兩仇之間的調人。北京反要向莫斯科賠償戰債。搞國際外交，天下還有比這更笨的笨蛋?言之可嘆。

更可怕的是，一場高麗戰爭，也打出個中國「極左路線」的內政，和「一邊倒」的外交政策來。最可嘆的是，美國向極右發展，只是短期的和政策性的，其主要運作也只限於外交界。等到他們發現了錯誤時，解鈴還是繫鈴人，最後逆轉此項極右政策的，還是那個共和黨極右派政客的尼克森。

中國向極左發展就不然了。中國的極左路線則牽涉到，有永久性的意識形態。它不但影響了外交上的一邊倒政策，在內政上更是極左政策的一竿到底。終至血流成河，屍骨堆山，死人數千萬，受害者數萬萬，歷時二十餘年，至毛死而後已。其遺患至今未了也。

歸根結柢，其關鍵在那個偶然發生的「韓戰」。但是韓戰真是偶然發生的嗎？它是不是經過史達林的精心設計，想利用金日成那位莽夫的魯莽行動，來拴住北京的老毛，以防他在美蘇之間渾水摸魚，而取其漁翁之利呢？遠在淮海戰役期間，史達林曾特派米高揚去西柏坡警告過毛澤東，認為解放軍不可「渡江」，藉口是怕美國介入，會引起第三次大戰，為毛氏所婉拒。一九四九年末，毛澤東在莫斯科謁史時，曾為此違命而道歉。史達林莞爾說：「勝利者是沒有錯誤的。」

中共解放軍渡江未幾（一九四九年四月），金日成就揮軍南下（一九五〇年六月），金某竟敢瞞住史達林而單獨行動？常識令人不能相信也。史達林如先知金軍南下，為何不派米高揚前往阻止？也難令史家釋疑。各種跡象顯示，韓戰分明是經過史達林精心設計，至少是默許才發動的。史氏之目的蓋在拴住毛澤東，免其變成亞洲之狄托也。而毛澤東也就甘願陷入史達林之圈套，而不能自拔，也真是其智可及也，其愚不可及也。這也是俗語所謂「棋高一著，逼手逼腳」吧。

高麗戰爭與懲越之戰

但是「抗美援朝」也有其歪打正著的一面。第一是它大大的提高了中國的國際地位。記得國共之戰打到尾聲時，有一新聞記者訪問我們哥大的老校長艾森豪威爾將軍曰，假如美國要出兵援蔣，需出兵幾許，始能逆轉戰局？艾氏伸出兩個指頭。記者曰：「兩軍？」艾氏微笑說：「兩師。」可見其對中國之輕蔑也。但是韓戰卻給這位趾高氣揚的美國元帥一記大耳光。也足使整個世界媒體對中國刮目相看。中國做了一百多年的世界帝國主義的共同殖民地，今日稍微抬一抬頭，誰說不宜？

「高麗戰爭」對中國內政，所發生底建設性的影響，那就和一九七九年鄧小平所發動的「越南戰爭」，有其異曲同工之處了。自秦始皇而後，中國軍隊一向都講求「系統」，近代尤然。國民黨軍中就有所謂「中央系」、「桂系」、「西北系」、「東北系」，和數不盡的所謂雜牌軍。共軍中始則有所謂「方面軍」，國共內戰時，又分為四個「野戰軍」。表面上是屬於中央軍委統一指揮的，骨子裏各野戰軍也各有其系統，中央軍委對他們的指揮，也只能因勢利導。尤其是像鄧小平這樣「二野出身」的軍委主席，他指揮二野或可如臂使指，指揮其他「系統」，就難免有些不順手了。但是為著打一場嚴重的對外戰爭，這就給中央軍委提供了法理根據，來抽調各系統的精銳，做集中訓練，並加以混編（「混編」是國民黨裁軍時，設法消滅雜牌軍的老辦法），這一混編出的新系統，就是人民政府精銳的中央軍了，雖然在解放軍體制中無中央軍其名，然有其實也。

五十年代的解放軍系統當然更為複雜，縱以毛澤東的聲威來指揮，也是上有政策，下有對策的。可是為著打這場生死存亡的「抗美援朝」，他們就要認真的打散各野戰軍，抽調各系統的精銳，加以混編，來統一指揮。三年韓戰，打得四野全銷，解放軍就真正的統訓統編，軍委毛主席指揮起來，也真就如臂使指了。所以一場韓戰，對毛澤東的整軍裁軍的計畫來說，也真是若有天助也。鄧小平後來打越戰，也是如此的。

在中國歷史上的任何朝代裏，開國之後，裁軍整軍都是第一難題。而人民中國在建國之後，未費太多氣力，賀龍（一野副）就乖乖的去打桌球，當體委；劉伯承（二野）也繳出兵符去辦學；陳毅（三野）遵命去搞外交；林彪（四野）安心去俄國養病。只有一個毛主席最信任、最親密、過去合作關係也最好的「彭大將軍」，彭德懷（一野正）保存了軍職做國防部長，抗美援朝時奉旨出任中國志願軍司令員。這計杯酒釋兵權，固然是老毛通天的本事，但也是諸將識大體，和對美帝作戰的生死交關，有以致之。毛當時對彭老總寵信最專，誰知伴君如伴虎，這也是彭德懷這位有聖賢資質的愛國軍人，一生最大的不幸呢。朋友，彭德懷憑什麼要死於非命，而死得那麼慘？但是中共的解放軍就是經過韓戰這場血的洗禮、血的訓練，而成為一支真正的世界級的武力。一九六二年那位不知輕重的文人學者尼赫魯，居然也想抹抹老虎屁股，解放軍才稍微動一動，印軍就全軍覆沒，全國震驚。解放軍如真的傾巢南下，全印也就要被「解放」了。那時筆者曾被哥大派往新德里公幹。目睹印度朝野之舉國惶惶也。

中國是毛澤東思想的實驗室

中華人民共和國一九四九年十月正式建國之後，在「文治」上，也頗有開國氣象。首先，那原是代替國會的「新政協」，就改名為「中央人民政協」，做為安撫小黨派、民主人士，與少數民族的顧問機構。各省也各有其省級政協，以安撫只有地方性的「民主人士」和被改造釋放的國民黨戰俘。這一安排也頗為成功，以迄於今。早期「新政協」所制定的「共同綱領」，原是做為「臨時憲法」之用。建國五年之後，幾經制憲委員會的努力，至一九五四年，就正式被「中華人民共和國憲法」所取代了。北京的所謂「聯合政府」，也就變成正式的中央人民政府了。人民政府中最高領導的班子依舊，只是原先的「政務院」則改名為「國務院」了。

人民中國這第一本憲法，也是包羅萬象的。舉凡現代政治學理上，所有的新鮮事物，無不應有盡有。尤其是它明文規定了，五年一任的國家元首（中央人民政府主席）的制度。這一制度如果認真地執行起來（像美國開國時的華盛頓、亞當斯、傑弗遜一樣），由毛澤東、劉少奇、周恩來等開國領袖，一個接一個的接下去，未始不能替人民中國慢慢地建立出一個穩定的接班制度來。在一個「國家強於社會」的國度裏，先把中央政府穩定下來，其下各種制度，隨之漸漸的納入正軌，如此，則轉型期的中國，就可迅速的駛出這個可怕的「歷史三峽」了。不幸的是，在這段帝制轉民治底轉型運動的中期，接班（帝制時代叫做「立儲」）問題，便是個最難解決的問題。原先的真皇帝都解決不了，如今半皇帝、假皇帝，所謂主席、總統者，就更難解決了。下章再專論之。

建國初期的黨政組織和意蒂牢結

人民中國在建國初期，究竟做了些什麼事呢？一般說來，它和漢唐宋明等傳統朝代，也是大同小異的。大同者，還是毛澤東所說的「千載猶行秦制度」：一個皇帝高高在上、中央集權的北京政府，由三公九卿組成一個龐大的「職業官僚」（Professional Bureaucracy）體系。地方政府則郡縣鄉鎮三級制一竿到底。「下級服從上級，全國服從中央」，這一制度，兩千年未變，而人民中國繼承之也。只是在遴選候補官吏的制度上，它所採取的卻是一種帶有時代性的「入黨做官」的辦法。推行起來，比帝制時代的「九品中正制」和「科舉考試制」，還要落伍一點罷了。

另外疊床架屋，他還有一套，和政府機構平行，而更具決策權力的黨的機器。在通常的情況之下，一省的行政首長應是省長；一校的首長應是校長；一個公司的首長，應是總經理。可是在共產中國，則一省首長卻是共產黨的省委書記；一校則是校委書記；公司工廠，也是廠委書記。甚至學生自組的學生會，也是書記當家。「六四」在天安門領導鬧學潮的王丹，原來便是黨中派出管治學生的黨小組的書記。他年輕氣盛，卻承繼了北大自由主義的傳統，捨魚而取熊掌，才在黨內造起窩裏反，而享名世界的。

這種以黨為大，黨指揮槍，黨指揮政，指揮一切，在「進城」前，都是必需和有效的。進城以後，富有天下，把一時權宜之計，當成永久性的制度，就要出紕漏了。毛公所以在歷史上，以獨夫終篇，便是打不開這個死結的結果。國民黨還有個「還政於民」的口號。共產黨則是在全世界共產主義還沒有實現，全世界資產階級還未消滅之時，則是一黨專政到底，決無還政於民之心。這也可能就是共產主義極權政治的死結罷。

不過話說回頭，當年國民黨搞「以黨治國」，還搞不到共產黨這個水平呢。蔣介石以前曾批評過王安石，說王安石變法之所以失敗的原因，便是他少了個中央政治學校，沒有訓練出足夠的幹部，來執行他變法的政策。但是在訓練幹部上，毛公可能就要暗笑蔣公是小兒科了。在搞「土法煉鋼」時，毛就吹牛說，他一次能送「九千萬人上陣」。蔣介石搞土法煉鋼，中央政治學校能訓練出多少幹部呢？

蔣、毛二公俱往矣。青島康有為墓裏，老康遺骸的頭骨，也被紅衛兵弄丟了。他們三位都是「畢其功於一役」的一次革命論者啊。現在我們不叫變法，叫轉型。從帝制遺規，轉出個民主法治，要智慧加機運，再加實驗時間；橫的好的要移植，縱的好的也要承繼。如此，至少要兩百年，才能慢慢地「變」出個新「法」來。哪能一蹴而幾？讀者公婆，請稍安毋躁，中國還要再實驗四十年，我們就可能有個像樣的民主制度出現了。否則就再等一百年，它遲早是要出現的，急有何用？

農村土改和都市工商改造

至於土地政策，人民政府所採取的也只是王莽的新朝（九—二四）所實行底「復井田」的土地公有政策。它先搞「土改」，從事分田。分久必合，然後進一步組織「合作社」，和吃大鍋飯的「人民公社」。這本是共產主義的基本理想，甚至也是傳統儒家所謂「大同之治」的教條。國共兩黨都列為最高理想的。中共建國以後，按照憲法和黨章，也是要亦步亦趨，加以推行的。不幸的是中國共產黨迷信和曲解了馬克思階級鬥爭的理論，和偏信了列寧主義階級仇恨之說，建國以後，以政府統治機器，泰山壓頂的力量，關門殺狗，一舉把「地主」屠殺了八十餘萬人（實際數目顯然遠大於公開的數字）。這種階級淨化的革命手段，和近時科索沃的種族淨化，實是異曲同工。如此以濫殺方式來解決社會和政治問題，近百年來的人類歷史已充分證明，不但不構成一項解決問題的辦法，它底併發症和後遺症，尤其可怕。因為殺人是有癮的。「我好殺人人殺我，頭顱一樣滾瓜紅」，殺仇人殺紅了眼，下一步就要殺自己的人了。據說張獻忠每天都要殺人。等到殺得無人可殺時，他每天就要在自己的隊伍裏撥出人來，以供屠殺。共產黨當年把階級仇人殺光了，就開始殺自己的同志了，可能也是同樣心理變態的結果。尤其是毛公迫不及待，為私為公，他都要立刻冒進，來大搞其公社化，終於演出一場餓死三千萬貧下中農的大悲劇，更是不堪設想。此是後話，到時再說。

至於都市工商業的改造，周恩來、劉少奇、陳雲和一些經貿專家都主張，先從公私合營做起，實事求是，慢慢化私為公，反對冒進。在第一個「五年計畫」（一九五三—一九五七）中，謹慎執行，全國經濟隨之復甦，實頗具開國氣象。不幸「二五計畫」（

一九五八—一九六二），墨瀋未乾，便被毛氏一手推翻了。結果弄出三面紅旗、土法煉鋼等，勢將傳之千古的歷史笑話。記得筆者於一九七二年返國探親時，所見一家「國營照像館」，那架最主要的黑白照相機，比我身邊所掛的廉價的彩色照相機，還要老二三十年，我和外甥到一「國營餐廳」去排隊買油條，等了半個小時，只買到數根冷油條的情形，如在目前也。

關於建設重工業的政策，中國向蘇聯學習，先搞軍事工業，倒頗有可觀。它集中全國力量，正如陳毅外長所說的，沒褲子穿，也得發展原子彈。在一九六四年中國果然爆炸了第一顆原子彈，兩年不到，又爆炸了氫氣彈，速度之快，足使美蘇側目；接著北京又搞起「航天」，發展「二砲」，送衛星上天。更是震動全球。這種成就，確是打破世界紀錄的。也使海外華僑，挺起腰桿，揚眉吐氣，從此不再做落後的「支那曼」（Chinaman）矣。但是這也是變相的「一將功成萬骨枯」，我們的原子彈爆炸於「大躍進」之後。朋友，以二十萬顆頭顱換一顆原子彈，歷史家執簡書之，心頭也是萬般沉重的。

凡此，論者已多，經貿科技專著，亦所在多有，筆者今後有暇，當再略為分類綜括之，以留信史。本篇就一筆帶過，不再多敘了。

極權領袖的統治藝術

現在再談談建國初年的那些有名的「鎮反」、「肅反」、「三反」、「五反」和「反右」諸種運動。毛澤東當國二十八年，最大的特點就是搞「運動」。二十八年中可憐的中國老百姓簡直可以說沒有一時一刻不在膽戰心驚的運動中討生活。孔子的大門徒宰我先生就曾形容過，周朝建國初年的政策是「使民戰慄」。在毛澤東治下的中國也正是如此。到毛的晚年，不特人民戰慄，連黨的老幹部和超級老幹部像劉少奇、彭德懷、鄧小平、賀龍、林彪、陶鑄、彭真、郭沫若、潘漢年、陳伯達和他們底夫人們、子女們，甚至周恩來和鄧穎超，也都無時不在戰慄之中。周恩來就感嘆地說「如臨深淵，如履薄冰」。鄧小平說他能活下來，實在是「命大」。小心翼翼，靠「命」過日子，能不戰慄？

但是毛主席究竟有什麼神通，一個人能把全國全黨，都弄得生活於戰慄之中呢？社會科學家對這一問題的解答，就十分簡單了。那是極權政治，尤其是現代化極權政黨的基本性質嘛。極權政黨是一部無堅不摧的統治大機器。任何強人，搶得了這部大機器的操縱權，誰就可以和尚打傘，為所欲為。始則是為國、為民、為黨、為革命、為主義，運用此一大機器來清除異黨和異端。但是絕對權力，絕對腐化，掌握絕對權力者，未有不濫用其權的。尤其是掌權過久，孤獨多疑，老年昏瞶，發生偏執狂（Paranoia）的大獨裁者，更會胡作非為。為著清除「異己」，那就白刀進，紅刀出，無惡不作了。

當然，權力濫用，也是個絕大的政治藝術。我國古代的「法家」，和西方現代的「馬基維利主義」（Machiavellism）都曾把這一項藝術發展到最高峰，而大獨裁者們，都是這一行道的好學徒和最高手，否則他們也吃不了這行飯。在近現代中國裏，袁世凱、蔣介石、毛澤東三雄，都是這一行的九段高手和掌門人。他們手段之高明，耍起來，往往令歷史家，甚或他底政敵，都拍案叫絕。我記得李宗仁往往鬥不過蔣介石。在鬥敗了之後，他反而佩服蔣制勝的本領。說到精采之處，李德公當時把大腿一拍，然後翹起拇指，向我說：「蔣先生這著高明。」其實李宗仁先生在此行道並不低能也，但他自嘆不如蔣。其實蔣的本領到毛，還差得遠呢。朋友，相信嗎？

鎮反、肅反、三反、五反

毛澤東就憑這部大機器取得了政權。他也就靠這部大機器來建國治國。在建國之初，他是利用這部大機器，來清除國民黨留在大陸的殘餘勢力，即所謂「鎮反」、「肅反」是也。中共在奪取政權，尤其是志願軍入韓之後，從一九五〇年十月開始，一搞兩年，其鎮壓反革命和肅清反革命分子運動之徹底和殘酷，真是古所寡有，今亦無雙。雖德蘇兩國亦相差遠甚。數十年來北京的官史家為此一政策辯護，說是國民黨和美帝不甘失敗，在大陸留下大批特務，從事破壞和暗殺，猖獗到陰謀「砲打天安門」的荒謬程度。據說中國人民抱怨政府「寬大無邊，有天無法」，政府不得已而為之，才開始鎮反肅反的。

其實，戰敗了的國民黨，當時之不服輸，信或有之。但是國民黨尸居餘氣，敗兵之將不足以言勇，衰邁的老K，當時無此潛力與氣燄也。美國想派遣間諜向大陸滲透，也是事實，然碧眼黃鬚者，究係異族，搞搞調查研究，竊聽收買，行有餘力也。搞砲打天安門，若非編導偵探演義，就是撰寫科幻小說了。此陰謀如為事實，則愚蠢不堪矣。

當時中共搞殘酷的鎮反、肅反底真正原因，則是報仇雪恨。國民黨當政時殺的「赤匪」也夠多了，毛、周也虎口餘生，幾遭不測。如今變天了，以牙還牙，辱其大，殺其小。非盡屠萬惡的「項氏之臣」，不足以雪心頭之恨。再加以向蘇聯聯共學習，「把革命進行到底」成一時風氣，中共對異黨異派之殘酷鎮壓，一殺數十百萬人，就青出於藍了。凡此，將來公正的歷史家，都會做專題處理的，本篇就三言兩語的帶過了。

國民黨和美帝的特務，趕盡殺絕之後，共產黨整肅矛頭就指向黨內的異派和貪污幹部，以及黨外的奸商。這就是所謂「三反」、「五反」了。

三反是：反貪污、反浪費、反官僚主義。一九五一年年底由毛澤東下令推行的。在運動進行中，處決了貪污有據的高幹劉青山和張子善。前者是中共天津地委書記；後者是天津地區行署專員。二人都是三十年代就出生入死的地下黨員，解放後位據要津。二人的處決，使全黨全國耳目一新。政肅風清，新朝究非前朝可比。

五反則是三反之擴大。反的是所謂「五毒」：行賄、偷稅漏稅、偷工減料、盜騙國家財產、盜竊國家經濟情報。五反目的是整肅市場上之不法商人的。大都市中的各級商場和各樣商人，本來是最複雜的一個社會階層。商人有錢，官僚有權，再加個黑社會從中勾結，這就是台灣今日之所謂「黑金」了。黑金猖獗，那任何革命政權都要腐化了。中共初進城時，就立刻體驗到這腐蝕之可怕。五反運動雖然也是血跡斑斑，卻頗收一時之效，為所謂「過渡時期總路線」之提出與施行，與「社會主義改造」運動之擴大，鋪平了道路。

總之，開國初年的中國共產黨和人民政府，在毛澤東領導之下，確有其一番朝氣。當時朝野兩方對社會主義制度之優越性與可行性，也從不懷疑。毛氏利用其無堅不摧的共產黨那部大機器，來雷厲風行地施行「社會主義改造運動」。全國上下也無不俯首帖耳、心悅誠服地跟著共產黨走。到五十年後的今日再反思之，吾人固知，社會主義，尤其毛派社會主義，實為一大空中樓閣的烏托邦也。但是，朋友，不是五十年前呢。那時的中國人，尤其是知識分子，包括國共兩黨的全部黨員，很少不是所謂「社會主義者」。二戰之後，我輩中國人的最高理想便是：政治自由、經濟平等。在人民共和國建國之初，中共雖殺人如麻，但是治亂國用重典，一時居然也達到路不拾遺、夜不閉戶的理想境界。加以物價穩定，社會平安，雖粗茶淡飯的清教徒生活，人民也甘之如飴矣。

因此這三五年的太平盛世，時至今日，仍有歷盡滄桑的若干父老緬懷不置也。當年海內外絕大多數人民，對北京人民政府，也都抱有最高的幻想。認為自此海晏河清，中華民族百年苦難，總算是出頭了。

筆者這一輩的過來人，親身體驗者，那時都還是最愛國的理想青年也。我們所最為入迷的口號便是：「軍隊國家化，政治民主化，經濟社會化。」嗚呼，一轉眼，半個世紀過去了，誰知這三大理想，都是一場空哉？言之可嘆。

承繼問題仍是政治死結

今日痛定思痛，從巫山之巔，俯瞰三峽，才豁然有悟。原來毛澤東時代究竟還是帝制尾聲，去古未遠。中國古帝王專制（尤其是開國時期），政治上最大死結，便是帝位繼承問題，今日叫接班問題。讓我們翻翻中國通史。且看從秦二世矯詔殺扶蘇開始，到漢初的諸呂篡劉，初唐的「玄武門之變」，北宋太宗趙匡義逼死太子，明初朱元璋盡殺功臣為建文太孫接班鋪路，最後還是免不了一個「靖難之變」。清康熙為中國歷朝最可敬的聖主明君也。臨死病危時，諸子爭位，他自己是否是自然死亡，史有疑團也。縱在民國時代，袁世凱的金匱石室，貽笑至今。孫中山身後汪氏篡胡，蔣氏篡汪，都是影響深遠的政治波濤。蔣中正傳子，也費盡九牛二虎之力。迨毛公打平天下，粗安未及半旬，接班問題之日趨嚴重，已遠邁前朝。其後骨牌效應，毛死未已。毛公生前為賢妻接班鋪路殺人，是何等驕狂？他怎知一朝瞑目，屍骨未寒，「武則天」就被活捉去者？時至今日，對接班問題，吾人仍未見江公有何善策也。一句空言：「培養第四梯隊接班人」，說得何等輕鬆。左史記言，右史記事，今日史學博士生，執簡以待之可也。朋友，您認為台灣今日民主了。李總統的接班人，將依法產生，太平無事了。且看李公今日已方寸大亂矣。其情況之複雜，恐亦非吾輩書生所能空論也。雖然它的局格，只限於一個小島，接班之爭與大陸相比，只是個茶壺風波而已。總之，在我們這個轉型未成的人治國家裏，接班制是眾亂之源，接班搞不好，則一切免談。毛治中國二十八年的眾亂之源的，契機即在此。

現在再讓我們回頭看看，人民中國建國初年，便隱然發生的接班問題：上節已言之，開國五年，毛已做了一任華盛頓。一九五四年憲法頒佈，毛又依法連選連任，當選了第二任國家元首，任期直至一九五九年為止。本來嘛，做國家元首兩任十年，原不算短。殊不知在人治中國的國家元首，尤其是開國之君，都是從馬上得來的。一將功成萬骨枯，踩著一條血路爬上層樓，數十年白刀進，紅刀出，爾虞我詐，仇讎盈野。為本身和家庭安全計，他縱想引退，也是退不得的。何況生就獨裁胚子，都是終身職的職業革命家，豈可半途而廢。如部下的從龍之士，硬要逼宮造反，則尤要不惜一切，衛冕護權到底，絕不甘休。老實說，這一特質是世界上所有獨裁政權皆然，中國並不是個例外也。但是無巧不成書，毛公的第二任元首之職，未及中途，國內和國際情勢都發生了劇變，迫使毛氏不得不使出全身解數，以圖自保，人民中國也就隨之大亂了。

莫斯科鞭史，北京城抑毛

原來，毛公的第二任還未開始，蘇聯政局就已經發生了翻天的變化。大獨裁者、全世界第一號共產黨領袖史達林，於一九五三年突然病死。論國際共產運動的資歷，毛澤東水漲船高，此時理應遞升接替史達林為第一號領袖了。誰知事有不然，蘇聯在史氏死後，幾經權力鬥爭，終由赫魯曉夫，取得了政權。赫氏為一有手腕的修正主義者，在史氏專政之下，久遭折磨。如今一旦當政，不特一反史達林之所為，並於一九五六年二月，在蘇共第二十次全國代表大會中，對史氏公開「鞭屍」。他認為史達林三十餘年的個人獨裁，實在是當今蘇聯內政外交、政治經濟落後的百病之源。他堅持把史達林所有的政策，都加以逆轉；說做就做，史達林留在莫斯科紅場、列寧墓裏的遺屍，很快的也就失蹤了。蘇聯人民受史魔之苦久矣。經赫氏登高一呼，全國人心大快，洋溢著一片「鞭史」（當時西方所謂De-Stalinization）之聲。「黨內民主」的口號，被叫得震天價響。十餘年來美蘇之間的冷戰，也隨之迅速解凍。

蘇聯這一突變不打緊，一向以「老大哥」的行為馬首是瞻的北京政壇，就隨之震動了。再者，也真是無巧不成書吧，中共的八全大會，也竟預定與蘇共二十大同年舉行。上節已言之，中共自七大以後，毛澤東已亦步亦趨的走向史達林的獨裁之路。這一下史達林在蘇共二十大中，忽然從聖人導師變成壞事做盡的惡魔了；中共在他的八全大會中，將如何處置毛澤東呢？毛又何以自處呢？

首先，中共黨內一般毛派高幹，本來就是和以陳紹禹（王明）為首、以史達林為靠山的國際派，針鋒相對的。史達林一死，國際派已全部靠邊站（王明於中共八大當選為最後一名中委之後，即潛往蘇聯定居，終於老死俄京），毛派幹部包括毛澤東自己在內，對史早就骨鯁在喉，不吐不快。可是此次赫魯曉夫鞭史，情況就複雜了。北京多數中央領導，包括劉少奇、周恩來、彭德懷和鄧小平等人，顯然都有意與蘇共步調一致，來搞黨內民主，反對個人獨裁。可是毛澤東這個傳統的反史派土共首領，這時卻搖身一變，變成史達林幽靈唯一的魔鬼辯護士了。在中共高級幹部一致附和鞭史聲中，毛則力排眾議，堅持評論史達林的歷史功過，應該是三七開：史達林「功大於過」。

朋友相信嗎，中共在八全大會中對史達林被鞭屍的反應，其後竟變成人民中國，和中國共產黨本身，接著發生的二十年不停的動亂，尤其是文革的十年浩劫底眾亂之源啊。

八全大會和新黨章

中共的八全大會是在一九五六年九月十五日在北京開幕的。長話短說，大會中最重要一件議案，便是「修改黨章」，這個「新黨章」和七大通過的舊黨章，最大的區別，便是把原有的「毛澤東思想」（見上節）給劃掉了。這一劃不打緊，便把毛主席從瓊樓最上層，降級，降到基層，和其他工農兵黨員沒有兩樣了。

上節已言之，朋友，搞咱們中國的官僚政治，尤其是最高領袖，只能升，不能降也。更上一層樓，您可以去見上帝，像袁世凱；或晉升為太上皇，像鄧小平，您不能真的「退居二線」，便五六十年代之間的毛澤東，或二三四十年代三度「下野」的蔣介石。縱使是二級領袖，像五十年代被政敵趕出台灣的、「蔣家天下，陳家黨」中的陳立夫。立夫先生在美國新澤西州開雞場時，或問陳夫人何以選此行道，夫人喟然嘆曰：「雞臉比人臉好看啊。」毛主席在「退居二線」期中，王光美以第一夫人身分出訪印尼，大跳其探戈，不是也把隨老頭退居二線、舞藝比王夫人更強的江青，臉都氣扁了？文革中，劉主席失蹤了，第一夫人王光美被判死刑，豈非探戈奪命哉？真是官高位險，「二線」豈可久居？

關於這點怨嘆，朋友，我們不能專怪我們的失勢英雄，和他們底娘子們呢？我們也要看看我們那些見風轉舵的無恥政客和高級知識分子，我們也要看看我們那久染於官僚「醬缸」中的社會大眾。文革中在全國最高學府的清華大學上演那幕「活捉王光美」的鬧劇，還不是清華大學中那批高知師生，觀風轉舵導演的？可恥吧。

讀史者閱人多矣。在中國傳統裏搞政治，一到瓊樓最上層，就得幹到死為止，絕不能退休。曹操不也說過，他如自動退休，「欲為長城公，豈可得乎」？縱在毛後的人民中國，君不見華國鋒、胡耀邦、趙紫陽三位灰溜溜的下場。這不是他底接班人有意要羞辱他們呢。而是沒有「雞臉」好看的那些「人臉」（包括他們原來的朋友、同志、下屬和一般社會大眾），才使他們吃勿消呢。這種雞臉和人臉的變化，在共產中國，尤其顯明。這話不是不才老朽，瞎扯淡吧？數年之前，大陸不是也有什麼「江落石出」的順口溜嗎？這種政治傳統才叫做「封建殘餘」，和「醬缸文化」呢。這種傳統不洗刷乾淨，中國哪配做個現代化國家呢？但是要洗刷這個臭不可當的傳統，那就要徹底完成政治轉型；轉型一天不完成，則此臭就永遠存在。所以今日北京的當務之急，不是培養接班人的問題，而是要搞出個接班制度來。試看在近百年民國史上，袁蔣毛鄧四大獨裁者，不都曾精心培養過接班人？結果呢？一個培養了老婆，兩個培養了兒子。老鄧沒兒子老婆可以培養，終於培養了三個後輩。結果呢？一個被他氣死；一個被他廢幽，幾乎也弄得天下大亂。這種糟糕的先例，現任當權者還要如法炮製嗎？江公現在顯然也在培養接班人。望雲翹首，我們敬為胡東宮錦濤祝福，希望他將來和平接班也。

毛對抑毛運動的反擊

明乎此，我們再回看毛公對八大抑毛的反擊，和其後的骨牌效應，就不難一目了然了。

第一，主觀的，毛天生具有以「鬥爭為快樂之本」的個性，非低聲下氣之人。遭此屈辱，就非鬥爭不可了。

第二，客觀的，上述那個官場的人際關係，和深染於醬缸文化的傳統社會，也使他非反擊不可。

第三，這次抑毛運動是當權的毛派自家人的窩裏反。毛是個獨人班，高高在上，以一人而敵全黨。因此他反擊底對象，幾乎是從龍功臣的全體。他不能不分而制之。

第四，毛是個老謀深算、不擇手段、不打沒有勝利把握之仗的戰略家和政略家；搞陰謀陽謀，俱是九段高手。因此這場保權衛冕之爭，就變成長期的、狠毒的，和分段分期進行的、「人民內部的矛盾」和血淋淋底、不顧任何道德原則的政治內戰了。

至於他所運用的手段，四十年後的觀察家，也就可以看的很清楚了。大致說來，毛公最基本的原則，便是抓住槍桿。「槍桿出政權」。大槍桿是抓住全部人民解放軍的軍權；小槍桿，則是掌握北京城區的衛戍軍力（尤其是裝備精良、人數眾多的八三四一部隊）。毛主席如對任何黨政官員不滿意，他老人家只要歪歪嘴，該員立刻便可「失蹤」。再加上一個如臂使指的黨組織，和群眾組織，毛的政權控制之細密和徹底，實非俄國的布黨和德國納粹所可望其項背。德俄兩國，一般政治學家，都把他們歸入所謂「警察國家」（Police State）。毛公統治的中國，則是已入化境的「沒有警察的警察國家」（a police state without police）。其統治之嚴密，世界史上尚無前例也。但是縱使如此，他要像劉邦、劉秀和朱元璋那樣殺盡功臣，也非運用有恥和無恥的藉口，以及有形和無形底策略不可了。

至於毛公的政治策略，則大策略不外是不顧國家民族，和黨和人民的利益，而放火自救。不顧原則的打破現狀，製造混亂，然後（且引用他自己的話）「從大亂中求大治」。毛知道在全黨全國大亂之後，也只有他才能快刀斬亂麻地，造勢整風清黨，然後來撥亂反正。毛從江西時代開始，就以搞「拉一派，打一派」，為全黨所畏（這在馬基維利的政治哲學裏則叫做Divide & rule，就是分而制之）。事實上，在八大之後的二十年中（一九五六—一九七六），毛公就是運用這套手法，把他的本黨同志和全國人民整得死去活來。幸好人老必死，毛如不死，中國共產黨和人民政權，也不會有痛定思痛、而圖謀改革開放的「毛後」時代也。

至於毛公所運用的、一些見不得人的「小策略」（且用毛氏自己的話來說），那就可以小到「摻沙子，丟石頭，挖牆腳」，貼大字報，暗中搞陰謀，公開搞陽謀。搞得人頭滾滾，也搞得他老人家不亦樂乎。但是受害者就不止於毛派和共產黨自己了，全民全族之受害，也是三代不能恢復也。悲夫。

近二十年來，筆者就和當過各派紅衛兵的小朋友們（包括我母省安徽曾一度聞名世界的「好派」和「屁派」）長期笑談往事。他們也未有不自覺荒謬的。有的甚至咬牙切齒的痛恨老毛，和獨裁政權。因為他們自己也是無可補償的受害者啊。

從雙百運動到右派造反

按順序來。毛澤東主席所親自發動的第一輪反擊戰，便是八大之後，一九五六年底的所謂「雙百運動」——百家爭鳴，百花齊放。在運動初起時，我曾問過胡適老師：「百家爭鳴，人人知道；百花齊放，出自何典？」胡順口答道：「《鏡花緣》。」真是淵博。

在八大抑毛運動中，他們的藉口是反「獨裁」和反「個人崇拜」。可是從毛公的立場來看，老子固然獨裁，「他媽的」（毛在《新民主主義論》中就用過這句三字經「國罵」，今且借用），你們就不獨裁呀？獨裁制原是帝王傳統遺傳下來的權力金字塔。根據共產黨「下級服從上級，全國服從中央」的原則，毛所擁有的權力固然是個大金字塔，他下面各階層的「職業官僚體制」（Professional Bureaucracy）中的劉少奇、周恩來、彭德懷、鄧小平，沿梯而下，何人又沒個金字塔呢？連一些鄉鎮級的小幹部，也是一些小金字塔呢。在毛看來，他那時聲望已達巔峰，劉少奇還差得遠呢。你們批評老子獨裁，你們就不獨裁嗎？大家是同樣的獨裁，只是權力大小、等級不同而已。要批評獨裁，應該從你們這些官僚黨棍，整風整黨開始呢。小子鳴鼓而攻之，這顯然就是毛所策動底、自衛反擊鬥爭的心理狀態。

兵來將擋，水至火迎，毛就準備利用當時分散在各個小「民主黨派」中的高級知識分子，來幫助他整黨整風、自清君側了。這顯然就是毛澤東在一九五六年底所發動的「雙百運動」底最原始的構想。在此運動中，由毛公親自主持，黨和政府於一九五七年五月，在北京召集了一連串的「整風座談會」。在這些會中，毛號召各小黨派中的「民主人士」，大膽地對中國共產黨和人民政府提出批評。並給以「言者無罪，聞者足誡」的最安全的保證。他所制定的指標則是：批評主觀主義、官僚主義和宗派主義。

做此公開的保證時，他顯然認為他自己聲望正隆，高居頂峰，對這三個「主義」，都沾不上邊。因此批評者也只會批到劉少奇為止，不會傷及「皇上」。這原是中國傳統的帝王政治的特色。連造反者，分明是造皇帝的反，但是傳統的辦法，都是只號召「清君側」，對皇帝是不直接攻擊的。縱在戰時，國共兩黨「摩擦」到圍攻新四軍的程度，毛氏親自策劃的反國民黨的宣傳戰，也只到何應欽為止。蔣，他是暫時不碰的。

此次搞雙百運動，毛公顯然視為當然，他自己是不會變成攻擊對象的。誰知他老人家估計錯誤了。所以在「言者無罪」的鐵卷保證一經提出，這批舊社會出身的老士大夫和高知，對共產黨的黨天下，早就骨鯁在喉，既然言者無罪，他們就捨共幹，而把矛頭直指共黨了。一時熱火朝天，原來聲威比天還高的「黨」，一夕之間就變成眾矢之的了。

「羅章聯盟」和「反右運動」

在這一系列的整風座談會中，首先對共產黨提出嚴厲批評的，則是早先擁共最力的民主同盟正副主席的章伯鈞和羅隆基了。羅其時是官至國務院森林工業部部長，官高一品。接著便是國民黨革命委員會的李濟深、黃紹竑和龍雲等人以及有影響力的媒體像《新觀察》的主編儲安平等人。經這些名人在北京登高一呼，全國高知如響斯應。一時舉國滔滔，把一個光榮偉大正確的中國共產黨批評得一無是處。他們批評的內容，可以儲安平的「黨天下」一語概括之。那就是共產黨把持了一切。小黨派人士，表面上官高位顯，事實上只是一些「有職無權」的花瓶。所以他們要求共產黨開放政權，搞政治民主化，不能再搞「外行領導內行」。章伯鈞甚至要組織一所「政治研究院」來研究體制改革，要求共產黨開放政權，好讓各黨派「輪流坐莊」。在全國風起雲湧的批共呼聲中，湖北一位高知葛佩琦甚至對共產黨提出警告，共產黨如不好好為人民服務，人民會「殺盡」老共的。

在大小知識分子，越批越起勁，全國人民也為之大鼓其掌；時未經月，自毛主席以下的大小幹部，和金字塔主持人，個個傻眼了。乖乖，這批小資產階級的知識分子，真要造反了。共產黨怎能如此「寬大無邊，有天無法」？小資產階級知識分子，竟如此不識抬舉，毛主席震怒了。他很快的就體會到自己的錯誤，反撲勢在必行。但他能表面容忍，並把所有右派「言者無罪」的控訴，一字不易的在《人民日報》，全部刊登；做了充分的準備之後，乃把鄧小平叫出來，發動一個強烈的「反右運動」，把他們鎮壓下去。小平遵命後，乃於一九五七年六月八日，一聲令下，千百個大嘴巴，就紛紛被捉將官裏去了。這就掀開了人民共和國史上，第一幕血淋淋的「反右運動」，以後的骨牌效應，就沒個底了。

羅、章、儲、葛諸大嘴巴傻眼了，主席老人家，您說過「言者無罪，聞者足誡」嘛。怎麼言猶在耳，時未迭月，又搞起文字獄，抓起人來了？這不是「陰謀」嗎？主席傳語鄧小平，這不是「陰謀」，是「陽謀」。黨發動雙百運動的目的，就是要「引蛇出洞」；把你們這些毒蛇毒草騙出來，加以剷除，加以捕捉的。一個燦爛光華的「雙百運動」正式推動，尚未迭月，在老毛一聲「陽謀」之下，就做了一百八十度的逆轉，成為「反右運動」了。根據毛主席的估計，全國各機關、各學校、各單位裏的「右派」人數，應該是百分之五。如此，各單位就根據這一比率，劃出「右派分子」，來加以清除。國防單位之外，國內任何機關，皆不可減免。一個單位如只有二人那就打一人為右派，那就是百分之五十了。餘類推。在主席直接指揮之下，小平舉手之勞，全國共有五十萬「右派分子」（一說超過百萬），就鋃鐺入獄了。這個血淋淋的「反右運動」，初起頗似兒戲，終則家破人亡，下放勞改，倖存者，亦每至二十年、三十年後，始獲「改正」，或「平反」。「右派分子」遭遇之慘烈，史家不忍卒書也。三十年後，鄧小平還說，反右運動基本上是正確的，錯在不應擴大。說得何等輕鬆？朱鎔基總理便是個老右派。不知對當年反右，他是如何看法也？

我輩偷生海外，無切身經驗，但是國內右派朋友，數不盡也。筆者在紐約曾一度與葛佩琦先生的哲嗣張君，詳談乃父受難經過，知其驚心動魄也。不知所終、屍骨無存的儲安平先生的前妻（改嫁宋希濂將軍）今亦定居紐約，對過去傷痕，則不願多提矣，然精神傷痕，顯然也是終生未滅也。

十五年超越英國的幻想

孔子說，「民無信不立」，毛公做為國家元首，在一計反右之後，可說國家信用、個人信用全盤掃地，把「陰謀」硬說成「陽謀」，更可說是標準的嘴尖皮厚，但這也為著他自己的政治生存和錯誤，不得已而為之也。但凡心黑皮厚的政客，怕的是初犯，一犯以後，就視重犯為當然了。《漢書》上有個故事說，某家有位「節婦」，守寡多年，玉潔冰清，不幸一次被強盜強暴了，其後她就開始亂搞男女關係，變成個「蕩婦」了。毛氏失信的下場，蓋近之也。

毛公本來的構想，原是發動高知來「幫助整風」，誰知弄成個高知反黨、他自己又被迫反右的結果。自此以後，他再也不敢輕用高知。在「文革」期間，為著把劉少奇鬥臭鬥垮，他就捨「高知」，而去利用「低知」和「無知」的紅衛兵了。成長後的紅衛兵，自覺上當，回思往事，也無不咬牙切齒也。此是後話。

毛氏在「雙百運動」失敗之後，他第二著棋，顯然便是搞「從大亂求大治」。首先砸掉那前途看好的「第二個五年計畫」，搞出個「冒進、反冒進，和反反冒進」的混亂局面來。然後由他自己來撥亂反正，乘勢主動的實行「清君側」，把周恩來「罷相」，換以柯慶施，這一來在中央人民政府之內，就可沒有顧忌而為所欲為了，這又是一著險棋。

原來，人民中國在建國之後，所實行的「第一個五年計畫」（一九五三—一九五七），十分成功；然只限於內戰後的打掃戰場，收拾殘局。人民政府所精心策劃的「第二個五年計畫」（一九五八—一九六二），才算是真正的經濟建設（Economic Reconstruction）的開始。因此，該計畫於八大通過實行之後，黨內以周恩來為首的穩健派領袖，真是經之營之，珍之重之，實事求是的，預備好好的建設一番。那時在莫斯科冷眼旁觀的赫魯曉夫，曾為之暗暗咋舌。赫氏於一九五九年訪美之時，就曾警告美國說，「很快的美國就要淪為世界第三位經濟大國。」記者反問他，誰是第二位呢？赫氏忽然以英語回答說：「No Comment.（無評論）」足見赫氏對中國之驚羨也（此為當年筆者在美國電視上所親見親聞者）。

不幸此一為全國財經專家所精心策劃的「二五計畫」，卻為老毛一人一手給砸掉了。毛之砸掉這二五計畫，是有絕好之藉口的。事緣這個一九五七年，蘇聯的科學家在人類歷史上放出了第一顆人造衛星，美國朝野被他放得心慌意亂，蘇聯這時也認為社會主義的科學已超過了資本主義國家的成就。赫魯曉夫曾大放厥辭，說在十五年內要超過美國。並且揚言要埋葬資本主義。這時舉世皆信以為真。這當然也使當時正在訪蘇取經的毛澤東，大為信服（毛是去參加慶祝十月革命四十週年），因而也信口吹出他底「十五年超過英國」的偉大號召，要十五年超過英國，那麼「第二個五年計畫」的目標和速度，都得翻上好幾翻，才能做到。因而毛就要撤銷「二五計畫」，不顧一切的「冒進」，才能超過英國。

筆者記得抗戰期中，在重慶聽過馬寅初批評他底「學生」蔣介石的演說。馬說，「

蔣介石是個軍人，就歡喜叫『稍息、立正』。這次他也要向物價叫『立正』，物價可就不幹了。」說得我們哄堂大笑。毛主席是迷信體育的，歡喜叫人跑步、跳遠。但是搞經濟建設，要實事求是，按部就班，既不能跑步，也不能跳遠。所以當毛主席一再向周總理抱怨，二五計畫目標太小、速度太慢時，周就有點不耐煩了。他可能認為毛是外行領導內行。那時毛的絕對權威還有待建立。據胡喬木的回憶，一九五六年四月下旬某日，周又為「反冒進」和「反反冒進」問題，單獨去見毛。二人爭執了起來，周竟然說：「我做為總理，從良心上不能同意這個決定。」胡喬木回憶說，「這句話使毛主席非常生氣，不久毛主席就離開了北京。」

以柯慶施換掉周恩來

其後他們之間，周的「反冒進」，與毛的「反反冒進」，仍不時有所糾纏，周雖一再退讓，毛始終是尾追不捨的。到一九五八年一月，毛在南寧召集部分中央領導，和西南各省市的工作會議時，周因公遲到，毛就打算乘機逼周辭職，而以上海市長柯慶施代周為國務總理。

早在八大期間，黨內高幹曾戲談如何淡化毛主席的獨裁形象。因為按照開國以後的慣例，在公共集會場合，但凡毛主席出現時，大家照例起立，鼓掌歡迎，此時大家一致同意，廢除此一形勢主義。大家都同意了，周總理曾加一句戲言，說，「以後有誰見到主席要起立鼓掌，我就不分發他戲票。」因為當時北京每有傑出的戲曲表演，高級幹部和民主人士的戲票，照例由國務院統籌分發。所以周恩來有此戲言。想不到事隔兩年，此次南寧會議時，在一月十六日上午，毛竟在大會上，取出柯慶施所寫的論文——〈乘風破浪，加速建設社會主義的新上海〉給周看。並當眾戲問周道：

恩來，你是總理，這篇文章，你寫不寫得出來？上海有一百萬無產階級，又是資產階級集中的地方，工業總產值佔全國五分之一，歷史最久，階級鬥爭最尖銳，這樣的地方才能產生這樣的文章。

隨後在大會會場上，毛也聲色俱厲的叫出，所謂「反冒進」，就是反革命，和反馬克思主義，周雖深知內情和毛的用意所在，然盡力容忍，不要表態，自動辭職。事後且親撰萬言書，做自我批評，深責自己「反冒進」之錯誤。直至同年六月九日的政治局會議席上，周始委婉地在會中自陳：「請考慮自己繼續擔任國務總理是否適當？」經眾議一致挽留，這次「罷相」危機，始暫時淡化。「但是此後周恩來遇事發表意見，就比較少了。」（見李東朗、任貴祥主編，《細說周恩來》，一九九九年，河南人民出版社出版。〈實事求是與反冒進〉，頁四九三—五〇三）

在這段小故事裏，我們可以看出毛澤東主政中國二十八年中，毛、周二人之間的微妙關係。他二人一個坐第一把交椅，一個坐第二把交椅。都是從開國之初，坐到死為止。他二人顯然都知道，二人都得鞠躬盡瘁，死而後已。彼此都是過河卒子，只有拚命向前，中途是退不得的。毛之不能中途退休，上節已言之彌詳。周之不能中途「罷相」，其理亦至明。為著個人安全計，他的影響力和潛勢力，都太大了。他一旦罷相，則生死交關。他原是「高饒事件」之後，毛主席所想清除的次一個對象也。

再者，周之生命非屬其一人也。他也是一個王朝的無冕之王，也是一把大傘，和一棵大樹。樹上的猢猻，傘下的「老同志」，像葉劍英、聶榮臻、鄧小平、陳毅，乃至彭德懷、賀龍、陳賡，和數不盡的民主人士，包括張治中、傅作義，和筆者的老朋友，李代總統，和程思遠，以及千千萬萬的大小知識分子，和臭老九，都要靠他這把傘來照拂，始稍有安全感。他這棵大樹倒不得，大傘也收不得也。

周和毛不同。毛是個獨夫，人亡政息。周則是個「體制」（Institution），世世代代，承傳有人。他只要不倒，就是勝利。他和老毛做健康比賽，毛如先他而死，則黨和政府就是周的了；毛如死在周後，黨和政府也就是「周派」的了。所以周氏生前，雖受盡胯下之辱，也要做個不倒翁。不倒就是勝利；周的政治本領，就是能維持他自己不倒，則蔭及三代，血食千年。為著他的「黨」，也是為著他的政治理想，他是絕對不能被老毛捅下去的。老毛常吹牛，某人某人（如彭真），他用一個指頭，就可以捅下去，但他對周恩來就始終捅不下去的。

這次南寧會議，周如受不了屈辱，稍示辭意，或以退為進，那他這個宰相，也就讓給柯慶施了。等到他在政治局中表示倦勤，那就必然被一致挽留了。這也是最高的政治藝術的表現吧。

總之，毛的拳路是空手道、少林拳等等「外練筋骨皮」的外家功。周則是「內練一口氣」的內功拳、太極拳、沾綿拳。你一旦被他「沾」上身，你有天大的摔角功夫，也摔不掉他。周死之日，毛還要說他是「狡猾的中國知識分子」。毛公生前不知鬥垮了多少政敵。唯獨對周毫無辦法，眼見他死後是周派的天下，寡妻不能自保，他也莫如之何也。所以老毛也是死不瞑目的。下章再說說他老人家如何導演「土法大煉鋼」和「文化大革命」的鬧劇。

〔附註〕本篇所敘述的歷史故事，行道中人，都知為老生之常談也，只是作者對許多故事的解釋稍有不同罷了，加以篇幅有限，一般史實沒有細註的必要。史料太多，細註之，反而掛一漏萬也。只是本篇最後一段，毛擬以柯代周的故事，一般史料多語焉不詳，拙篇多說了幾句，怕讀者不察。故註明出處，通人教之，為感。

＊一九九九年九月二十四日於美國新州

原載於台北《傳記文學》第七十五卷第四期

二、「土法煉鋼」和「人民公社」是怎麼回事

上篇所說的毛澤東和周恩來，為著「罷相」問題的明爭暗鬥，從歷史哲學的觀點來解釋，實在也是近代中國文化轉型中一計過眼雲煙的轉型現象。我們不是不斷地說過，「轉型」問題，在政治上，便是從「帝制」轉向「民治」的問題嗎？這一轉型是個任誰也改變不了的歷史的「必然」。只是這一轉，要把皇帝轉成總統的程序是很慢的。他要先從大皇帝、真皇帝（道光、咸豐），轉到半皇帝和大獨裁總統（袁、蔣、毛），再遞減到假皇帝和半獨裁總統（蔣經國、鄧小平），漸次轉到家長總統或總理（李登輝，也包括李光耀吧），慢慢才能轉上依法辦事、為人民服務的公僕總統（像為好色而遭彈劾的小公僕，在轉型中國尚未出現的，柯林頓）。朋友，這一轉，需時兩

百年，工程浩大呢。

我們不也是說，轉型是一轉百轉的嗎？那麼皇帝轉型，皇帝以下的宰相，也就要跟著轉，從封建帝王朝廷中的「宰相」，轉成代議政府中的「國務總理」。可是宰相的轉型卻是和皇帝的轉型，「同步」進行的。皇帝是「皮」，宰相是「毛」。要轉，則毛與皮得同時同步轉變，不能皮轉毛不轉，也不能毛轉皮不轉。筆者在拙著中曾討論到袁世凱和唐紹儀的關係，那就是個毛轉皮不轉的關係。所以唐紹儀內閣只維持個把月就倒了。

我們也談過黎元洪和段祺瑞的關係。為著「參戰問題」，段祺瑞自認是「責任內閣制」中的國務總理，總統只是個劃押蓋章的「虛位元首」，所以他獨斷獨行，非參戰不可。可是黎元洪和一般反段的政客（包括孫中山），尤其是當時去古未遠的社會大眾，則認為段只是個宰相，宰相要挾天子，才能令諸侯。如今天子反對，而宰相專橫，成何體統？在轉型期間，各說各話，是非不明，雙方都有口難辯，最後還是靠槍桿來解決，就天下大亂了。但是這個天下大亂、軍閥混戰的本身，也是個轉型現象，從巫山之巔，俯瞰三峽中的順流、逆流，和從不停止轉動的亂流，及大小漩渦，我們就會了解到夫子之言，曰：「逝者如斯乎，不舍晝夜。」但是它最後還是要慢慢地向東方流去。人類的歷史也是大自然的一部分，不管它是怎樣的迂迴曲折，進三步，退兩步，它底總方向是不會變的。明乎此。我們就不必大驚小怪了。縱遲至毛澤東時代，這個總方向也不會變的。

不是路線問題，是權力問題

以上所說的是從宏觀歷史著眼，看的是歷史潮流的大趨勢。我們如再從微觀歷史著眼，來看看共黨本身權力的變化。那就有另一種的啟示了。大體說來，在中共的早期黨史中，一九三五年一月在長征途中所舉行的「遵義會議」，實在是個分水嶺。在此之前，中共的黨內鬥爭基本上是「路線」問題。因為那時的中國共產黨，還是個百分之百的第三國際的中國支部。根據第三國際的黨法，全世界的國際支部，對設在莫斯科的「共產國際執行委員會」（ECCI）都有「絕對服從」底義務。因此在「中國支部」裏，代表國際的領導人，不論他是華裔或外裔，都是欽差大臣。他所執行的國際「路線」，中共全黨都得無條件奉行的。例如最早的「家長」陳獨秀，和後來挾天子令諸侯的李立三和王明。所謂「立三路線」、「王明路線」，事實上就是「國際路線」。全黨都得跟著這路線打轉，不得有違。

不幸的是，列寧死後之所謂「國際」者，事實上便是史達林和托洛斯基二人，雙頭馬車的平行領導。而他二人對中國情況也是一知半解。因此他二人的「領導」，事實上也只是一套「瞎指揮」。指揮出了毛病，二人就互相攻詰。他二人的矛盾反映在中國支部裏，因而中國共產黨也就分成「托派」和「史派」了。等到托洛斯基在俄國被鬥垮，逃往墨西哥另組其「第四國際」時，以陳獨秀為首的中國「托派」，就變成反革命了。以故三十年代初期，中國共產黨所執行的「政策」，便是史派的政策，第三國際和中國共產黨也就是史派的共產黨了。史達林雖是個了不起的中國問題專家，他對遙控中的「中國工農紅軍」，難免也是一派瞎指揮，終於在蔣介石的「五次圍剿」中，一敗塗地，在「遵義會議」前後，紅軍殘部數千人，被逼向川黔山區流竄，眼看就要步石達開太平軍的後塵，集體消滅了，才舉行了一個起死回生的「遵義會議」，讓毛澤東取得了軍權，而扭轉了黨的命運。

自此，一個以毛澤東為中心的權力系統，便逐漸的形成了。在這一系統的成長期間，也就是在「遵義會議」與七大的十年之間（一九三五—一九四五），它始則對「第三國際」陽奉陰違，漸漸的它就擺脫國際對它的直接控制。七大之後，中共就變成一個真正獨立的毛派政黨，而自訂其獨立的革命政策了。再更進一步，則黨內凡是與毛派有牴觸的其他系統，如原先掌握中央黨權的國際派（張聞天、王稼祥、秦邦憲、陳紹禹），和有意自立中央的第四方面軍（張國燾、徐向前），以及單獨發展、自成方面的第二方面軍系統（賀龍）、留守贛南蘇區的零星游擊武裝（項英、陳毅）、早在自己故鄉就紮寨為王的陝北土共（高崗、劉志丹）等等，不是被慢慢的吸收融化（像賀龍、徐向前、陳毅），就是被迫靠邊站（像張聞天、王稼祥、項英），乃至乾脆驅逐出黨（像張國燾，和早先的托派），或被迫自我流放（像陳紹禹），這種為著權力集中而發生的「清黨運動」，現在我們也可叫它為黨的「淨化運動」（party cleansing movement）吧。原是所有的革命政黨和極權政黨都有的，不限於中共一家也。解放軍打了天下，毛公「進城」不久（一九五四），就發生了所謂「高饒事件」，高崗自殺，饒漱石瘐死獄中，黨內外許多觀察家都認為這是毛澤東殺功臣的開始，其實更正確的說，那只是這一淨化運動的延續。殺高饒非毛一人之意也。毛派從龍之士，人人皆欲誅之，因此毛之有意誅戮自己系統之內的功臣、近臣，實在只是在開國九年之後，從他企圖把周恩來罷相開始的。這是起於毛派的窩裏反，毛要在他自己的系統之內，搞拉一派，打一派，來自清君側，那就與「高饒事件」在性質上大異其趣了。

所以在一九五六年中共八全大會之後，毛澤東在他自己的政權系統中所策動的一系列的運動，只是一種他自己系統之內的權力淨化的內爭，這也就是傳統帝王在打平天下之後，所實行的誅戮功臣的老套路。與黨的路線無關；與共產黨的意蒂牢結，更無直接關係也。或問草莽英雄在打平天下之後，做了皇帝了，為什麼一定要大殺功臣呢？此雖非關本題，我們也不妨三言兩語的代為舉例解釋一下。因為這也是個有現代意義的歷史問題，近代中國轉型運動如不能於短期內完成，它可能還會繼續，所以我們有義務要了解一下的。

政權政策的轉換問題

第一是在打天下和共患難期間，革命夥伴，同生共死，親如弟兄，沒啥尊卑之分。漢朝的劉邦已經做了皇帝了，在慶功宴會上，有些老粗，酒喝醉了，還要「拔劍擊柱」，胡鬧一通，使新皇帝惱火不已，所以他以後要「起朝儀」，分尊卑，搞三跪九叩，來加以約束。一九四九年後的新中國，幾乎是完全一樣的。在五星紅旗升起之後，滿朝文武，都一致主席長、主席短之時，彭德懷那個「張飛」，卻改口不了，還是老毛老毛的亂叫，成何體統？據說當「彭大將軍」（毛給他的封號）從朝鮮血戰歸來之時，有要事要晉見主席，適逢主席正擁豔晝寢，彭德懷這個「樊噲」，不耐久等，竟推門直入，就更不成話了（《史記》上相同的故事則說劉邦正「枕宦者而臥」，意思是劉邦正在搞同性戀，樊噲卻排闥直入）。彭樊噲最不可恕的，還是把岸英未保護好，被美帝飛機炸死了。原來，高麗戰爭爆發之後，毛主席為鼓動士氣，派長子毛岸英從軍入韓。這在古代原叫做「太子監軍」，何等嚴重，想不到彭德懷這個老粗，竟讓美帝飛機把個「監軍」給炸死了，豈不令人浩嘆（抗戰期間，蔣公介石也曾把緯國派到胡宗南部下當連長，胡則派了一團精銳來加以保護，後來國共徐蚌會戰時，緯國已升任裝甲兵團團長，率部參戰，前線指揮官也特派蔣團長在空中指揮）。彭德懷最不可恕的還是他濫用國防部長的權力，解散中南海文工團，干涉禁城宮闈瑣事，更是是可忍而孰不可忍？所以彭德懷這個「海瑞」，最後被「罷官」時，毛公實在把他恨得牙癢癢地，並親撰文告，質問這個人粗「心細」的彭樊噲，「何所恃而無恐」？朋友，毛公之黜彭，實在不是因為彭德懷上萬言書、寫諷政詩才「罷」他的呢。很多歷史家堅持這個觀點，那對「歷史三峽」中，人治政權的歷史，就未搔著癢處了。

第二，傳統皇帝之殺功臣，多半也是因為功臣功高震主，潛力深厚，怕他們遲早會造反，影響小皇帝接班，因此許多功臣縱使是老朋友、老同學，絕不會造反，但是皇上也會怕「功臣的功臣」，為著功名富貴，像宋太祖趙匡胤被部將強迫他「黃袍加身」一樣，不得已而篡位做了皇帝。既做皇帝。趙匡胤也還怕他底「功臣的功臣」來如法炮製，所以老趙要搞「杯酒釋兵權」。其實毛澤東和劉少奇的關係，和毛與林彪的關係，也正是如此。尤其是在八大（一九五六）以後的劉少奇和九大（一九六九）以後的林彪，都已羽毛豐滿，派系顯明，不但他二人自己對黃袍有心，他二人的家臣夥計，也都摩拳擦掌，躍躍欲試，足使毛公寢饋難安。縱使像彭張飛這個聖人，對毛主席絕無二心，但是他在解放軍中有統兵作戰的光榮歷史，有將士歸心的崇高聲望，這也就不得了也。

記得李宗仁先生以前曾告訴我一則有關白崇禧的故事。李說蔣介石對白崇禧的才能最為欣賞。但是對白也最不放心，就是白雖屬「桂系」，卻也能指揮蔣的「中央軍」，蔣對他就不能推心置腹了。毛對彭德懷也正是如此。毛氏明知老彭對他絕無二心，但是老彭在解放軍中有崇高的聲望，解放軍除主席之外，也可以跟彭老總走，此毛之所不欲也，彭氏不黜，毛亦寢饋難安也。但他們都是數十年肱股近臣，彭是有名清苦簡樸、不近二色的張飛，甚至是關雲長；林彪則是有名的好權而不好色的「病號」；劉少奇已貴為「儲貳」，第六位夫人又是中外有名的「校花」，所以毛公要學《續通鑑》上的趙匡胤，來頒佈一個「新婚姻法」，奉獻點「歌兒美女」、保健護士，對他三人就完全是失去效應。因此要清除這個三人幫，他就只有搞拉一派，打一派，來分而制之了。二桃殺三士，毛這個法家高手，雖然是完全成功了，但是歲月原是白駒過隙，一瞬即逝，以致毛公生命的最後的二十年，除掉連續的殺人、整人、搞拉一派、打一派之外，其他的「功業」，歷史家對他，就一無足書了。這段歷史寫下來雖然可惜可嘆，但是這也是「從帝制轉民治」的轉型過程中，兩千年帝王專制的迴光返照中，不可避免的自然現象吧。

罷相企圖的後遺症

再者，上篇所述的毛周之爭，我們如從政治學的觀點來看，它也是民國初年的歷史之中的袁世凱和唐紹儀之爭，以及黎元洪和段祺瑞之爭的翻版。只是毛主席比袁、黎二總統顯然更為強暴；周總理比唐、段二總理，則更為柔順罷了。因此毛澤東不願從「一人獨裁」，轉回集體領導（在西方政治學上則是從Autocracy轉回Aristocracy或Collective Leadership），周恩來學了乖，也就順水推舟，聽其獨裁；甚至你要向後轉，我也「同步」向後轉；你要「冒進」，咱也跟你冒進；你要殺人，我就做劊子手。總之，咱倆好，咱倆綁在一起，寸步不離，同生共死，這種「綁在一起」的關係，在最新的「航天科學」上叫做「同步」。搞不好這同步技術，就不能使用「精密武器」（precision weapon）。在太極拳家的術語，則叫做「沾綿拳」，一旦你被我「沾」上了，你縱有九段摔角高功，你也休想把我甩掉。這在美國江湖上的俚語則叫做「If you cannot lick him, join him.」（「你搞不過他，就和他合夥」；「搞不過他，就賣身投靠」；「搞不過他，就和他狼狽為奸」。）說來算是褻瀆聖賢吧，周和毛最後二十年的關係，就是如此度過的。對周來說，伴君如伴虎，為公為私，為主義理想，為身家安全，為保護老同志和知交好友，為了中華人民共和國，乃至中國共產黨的前途，他都是不得已而為之，其痛苦可知也。內心煎熬太久了，所以周氏死時，四癌併發，實在是醫學史上所少有的，至可憫也。

〔附註〕「周恩來」這個名字，筆者在孩提時期，就很熟悉了，因為他是我三舅父韋光煊在南開中學時的同班同學。我在幼兒時代，在他們的「同學錄」上就見過周恩來的名字。抗戰中期，我自己的一位中學同班周小姐和翁文灝的兒子結婚，我也被請去參加婚禮。在那紅綢上簽名時，我赫然發現周恩來也在我後面排隊，真為之大驚失色。抗戰末期某次一個青年集會上，舉行戰後對聯合政府的「假投票」，我也投了個多數票，總統蔣中正；行政院長周恩來。想見當時中國青年對周某期望之高也。後來筆者在美國教授「中國現代史」近四十年之久，對周氏之觀察，就更是從職業角度出發，而認定他是中國近現代史上，兩個半外交家之一，另一個半是李鴻章和顧維鈞。而李周二人都是外扼於強寇，內制於昏君，未能盡展所長，為之惋惜與嘆息。未嘗斷也。

英雄識英雄的最後二十年

至於最後二十年的毛周關係中的毛澤東，就不然了。在表面上看來，從土法大煉鋼到文化大革命的二十年間，中國一切的政治運動，都是毛澤東一手推動的，劉少奇和林彪只是他的兩個棋子罷了。但是一旦牽涉到周恩來，毛就無一而非被動了。就以一九五八年「罷相」這個運動來說罷，毛顯然是準備有素，用心良苦。但是在六月九日的政治局會議上，周卻輕輕鬆鬆的就過了關，毛也只好乾瞪眼，而無可如何也。

後來毛把整肅的矛頭指向彭德懷，周反而是毛要爭取的對象。毛在一九五九年的廬山會議上搞「拉一派，打一派」手法，以圖去彭時，他第一個要「拉」的，雖然是劉少奇；周恩來雖未積極的助毛黜彭，至少也是棄車保帥，坐看黜彭以自存。周本可彭溺而援之以手的，但是周卻為了趁勢自保，而見死不救。彭後來之慘遭迫害，傷殘致死，周氏對此顯然是心疚終生。

彭去之後，劉少奇惡有惡報，變成毛澤東「拉一派，打一派」的第二個對象。這次毛拉的主要同夥是林彪，但是周恩來卻被迫做劊子手。劉少奇最後被判成「工賊內奸」而遭永遠「開除黨籍」的決議案，就是周恩來所親口宣讀的。周是保不了劉的，他也無心保劉。相反的，在毛劉之爭中，他反可在夾縫裏，勉圖自保。可是被迫做劊子手來親口宣佈劉的「罪狀」，顯非周之本意也，被迫昧良心而為之。亦是不得已也。

按順序來，毛的第三個整肅的對象，就輪到林彪了。這一次，毛要「拉」的主要夥伴，則是周恩來了。這次周也心甘情願地下海，做全心全意的劊子手，沒有這個劊子手，毛要單獨對付林彪，也甚為吃力。因為林彪也不是個省油燈。英雄識英雄，林彪對老毛這一套領教已久，也早有防範。林在文化大革命時期，是全力助毛除劉的，但在除劉的過程中，他也留了一手來養寇自保。毛為除劉而發動其血淋淋的文化大革命，本來計畫，六個月就可大功告成。但是林彪也是一代英雄嘛。他知狡兔一死，走狗必烹，他也就學會了美國流氓的秘訣：「搞不過他，就和他狼狽為奸。」把個反革命、走資派留著慢慢宰割，這一來毛澤東原計畫只要六個月的文化大革命，就變成「十年浩劫」了。在拖延十年的漫長歲月中，為著對付林彪，毛澤東對周恩來就只好言聽計從。而周之事毛，也是忠心耿耿。他知道兩害相權取其輕，對毛他還可「沾」於一時；「副統帥」一旦當權，他這個可恨的老狐狸、可怕的白面虎，必然是首在開刀祭旗之列。因此周之助毛除林，雖不動聲色，卻用盡心機也。

據說某次突傳毛主席一口氣不來了，周竟為之嚇到「大小便失禁」的程度。論者或說周某工於表演藝術；此事不論其發生於「九．一三」之前或之後，不才均信其實有其事也……。蓋林彪這個「副統帥」，是好對付的？毛周合力，未必能制之也。主席突然歸天，總理一人如何應付得了？驟聞噩耗，怎能不屎尿直流？此事如發生在「九．一三」之後，周之驚惶失措，亦不難理解，蓋林家餘黨未清，林四（四人幫）餘情猶在，老毛驟去，他們兩幫合力挾恨尋仇，亦是不得了也。主席皮也，總理毛也，皮之不存，毛將焉附？

「九．一三」前夕，毛之能避掉「五七一（武起義）」的噩運；林彪之所以折戟沉沙，毛周合力，缺一不可。而在實際運作中，周之指揮若定，實遠大於毛也。五年之後，汪東興奉命捉拿江青時，曾對奉命執行的張耀祠說，要像以前對付林彪一樣，「不動聲色」。其實林彪事件，「九．一三」之前已醞釀有年，而能絕對的「不動聲色」

者，周丞相的羽扇綸巾之調度也，汪東興算個屁？

林彪一死，毛還要搞「拉一派，打一派」，來對付周恩來，他就無派可拉了。最後黔驢技窮，把個潑辣的老婆也拉出來搞「批林批孔」，再來「罷相」一番，那就是失盡人心的天大的笑話了。毛氏橫行天下數十年，蓋世英雄也，死前被老周制得服服貼貼，窩囊到如此程度，而於青史長留笑柄，亦是二十世紀中的天大趣事。迨周先他而死，毛公餘憤未了，竟拒絕參加周恩來的喪禮，也真是阿Q之甚矣。可笑也。以後如篇幅多餘，當再一樁樁、一件件，分別做較詳盡之處理，以留信史。此處只籠統的交代一下，言其大略，讀者諒之。

也是毛公和四人幫的不幸吧，周公用巧計過多，心力耗盡，終於先毛而死。他如死在毛後，四人幫何敢奪權？四人幫不奪權，以周之一貫的作風來推斷，江娘娘也不致鋃鐺入獄。如此則毛死周繼，開放改革，匕鬯不驚，多好，哪又會讓畫虎不成的鄧小平把坦克開上長安大街呢？若論政治策略之運用，實在是毛不如周也。鄧小平承繼周公衣缽，然與山高水長的老宰相相比，小平，小平，儂只是個五尺之童的小潑皮。在五千年國史上，蕭規曹隨的一幕喜劇演員而已，沒太大經緯也？

找不到治天下的藍圖

總之，毛澤東從一九五七年反右以後，直到他一九七六年壽終正寢的二十年中，除整人殺人之外，未做一件歷史家可以大書特書的善政。海內外一般毛評家，大致都可同意說，毛澤東只能打天下，而不能治天下。但是大家都未能說出個所以然來：毛澤東何以不能治天下？

筆者本人曾一再說過，毛澤東在近現代中國史上，最大的成就，就是自袁世凱以來中國所有的統治者，都要做而沒有做到的「武力統一」。「武力統一」本身，就是個最大的成就。它是中華民族在現代世界上，能否復興再起的最基本的條件。有此，就是百分之八十的成功。捨此，則一切免談。中國一分裂，則一切完蛋。這也是目前江、朱等當政者，念茲在茲，曲不離口所謂「穩定」的實際內容。這個「武力統一」，就是毛澤東這個歷史人物對中國歷史最大的貢獻。可是他的貢獻也就到此為止。其他都是負面的。

但是武力統一了這麼個大國（論人口是世界第一大國，論土地是世界第三大國）

，如何治理呢？總得有個藍圖嘛。毛公在打平天下之後，最有興趣的藍圖，便是他所最嚮往的，也是我們老祖宗，行之兩千年未變的「秦制度」，但是這個「焚坑事業待商量」的「秦制度」，毋待多說，畢竟不能再用了。毛有時雖也戲稱「寡人」，戲稱「朕」，並把丁玲「封」為「貴妃」（見丁玲回憶錄）；對尼克森、季辛吉說他是中國古帝王的繼承者，但是他只能在心中口中，過過乾癮，自我陶醉一番，真皇帝畢竟再也做不成了。

既然如此，那麼毛公底第二套藍圖，便只有向「老大哥」學習的「蘇聯模式」了。開國之初，在農村、在都市，從「集體農場」、「自留地」，到「友誼商店」等等。蘇聯的確提供過數百十種模式，讓中國來學習。不幸這些模式在四十年後，經實驗證明，多半是不切實際的破產模式。學習這些破產模式，讓中國浪費了數十年的時間，也就罷了。最糟的卻是蘇聯的黨政平行底兩頭馬車的制度，而糟中之糟，卻是他們自己也一直不能解決的黨政領袖權力轉移的問題和繼承的問題。從二十年代的中期開始，蘇聯模式由於解決不了這個權力轉移的問題，史達林為爭接列寧的班，就開始殺人了。不出十年，老史把蘇聯第二代的領袖，幾乎殺得精光，他把他在列寧時代，聯共中央「主席團」（Presidium）（編者按：當時叫做「政治局」）中的資深同僚同志，幾乎殺得一個不留（莫洛托夫和伏羅希洛夫二位是倖存的例外）。因此一部二十年代的「蘇聯黨政名人錄」，幾乎就變成史達林殺人的名單。在這一名單的背後，受他們牽連的數百萬古拉格勞改犯的悲慘命運，就不必多提了。

這個蘇聯模式顯然是個一團糟的模式，當初孫國父的「以俄為師」，和後來毛舵手的「向蘇聯老大哥學習」，如今已過去五十年到快一百年了，讓一些「事過則知」的聰明的「司馬懿」們，今日再回頭一看，才知道當年拜錯山門，而大呼負負，但是為時已晚，為之奈何？可是讀者賢達，你我能錯怪當年的孫公毛公嗎？你我今日也都是一些不大不小的「司馬懿」也。我輩當年，如果也有幸地加入了孫公蔣公的青年團、救國團；或做了毛公毛婆的紅衛兵、三八式，還不是跟著去起鬨，鞠躬盡瘁，死而後已？台灣的名作家柏楊，原來不就是這樣的革命青年嗎？後來頭腦清醒了，才恍然大悟。乖乖，這一「恍然大悟」，對他有多大的代價啊。筆者不敏，近十年來在海外、在大陸，也碰到過幾十幾百個柏楊。大家痛定思痛，今日也都恍然大悟了。一錯三十年、五十年，一輩子也就過去了，恍然大悟有屁用？個人如此，國家民族就慘不忍言了。

毛公是老一輩人物，他活到七十年代就翹辮子了；轉型階段未到，所以他是至死不悟的，也是真正的「死不改悔的」。他至死也不知道他找錯了鬼谷子，拜錯了山門，畫錯了藍圖，所以就只能打天下，而不能治天下了。我們貴國從君權神授的絕對帝制轉向高度代議民主制，為時至少要兩百年。在這兩百年中，我們不斷的犯錯，不斷的迂迴，原是歷史發展之常規，怎能怪得少數英雄人物呢？

子曰：「朝聞道，夕死可矣。」毛之不幸是他掌權於轉型中期，歧路亡羊，不知道轉型後的中國是怎樣的一幅遠景，可說是終身尚未聞道，就溺斃於三峽之中，做了個糊塗鬼。悲夫，我們這些後輩司馬懿，怎能以「現時觀念」（present-mindedness）來厚責古人。歷史發展的階段未到，雖賢者不知也，知之奈何？只是我國古史家，有所謂「誅心之論」。毛氏晚年為其方寸之私，要保權保位，而把個現代中國，弄到真正的「人相食」和「易子而食」、「父子相鬥」、「夫婦告密」的絕境，冤死者數千萬人，受害者逾億，那就是其心可誅的無賴和獨夫了。在十二億同胞之前，歷史家這樣評毛，不算不公平吧。

只有「較好」，沒有「最好」

再重複一句，在現代的文明世界中，所謂民主政治和極權政治，最顯明的區別，就是政治權力轉移（甚至於政策的轉換）過程中，殺人和不殺人的區別了。人民中國既然選擇了蘇聯的極權模式，那麼政治權力的轉移，乃至正常政策的變換，也就非殺人不可了。因此人民政權在建國之初的七年（一九四九—一九五六）的一帆風順之後，也發生了「七年之癢」，不但政策要變換，政治權力的轉移也走上檯面。現代政治觀察家不知說了多少遍：集大權於一身的獨裁者，未有不濫用其權的。為著集權不被濫用，所以才有人想出鬼主意，讓他們彼此牽制，來他個「三權分立」或「五權分立」嘛。這在現代政治學理上，便叫做「制衡制」（Check & Balance）。權力有了制衡。有權力的政客，才不致濫用其權。

這宗老生常談的學理，不但毛澤東嗤之以鼻，連喝過洋水、愛吃法國麵包的鄧小平，照樣不懂。鄧就說過，三權分立，等於是三個政府，沒有效率，在中國不能採用。最近朱鎔基總理不也說過，他派出來的人，比選出來的人，更為適當嗎？這話原都是絕對真實的經驗之談，君不見，今日柯林頓大總統煞費苦心所簽訂「禁止核試條約」，簽了字，還不是被美國參議院的政客，三下兩下就否決了嗎？八十年前的威爾遜總統曾手創了一個人類歷史上前所未有的「國際聯盟」，但是美國國會和法院，卻偏不許美國加入這個國際組織。朋友，這是什麼個國家呢？不是鄧小平所說的「三個政府」，是什麼個東西呢？

再看看台灣今日的政治，台灣今日學美國的三權分立，學的不能再像了。但是台灣這個蕞爾小島，如今已被幾百個政客，吵得天翻地覆。最近還要把個老頑童李敖哥，也拖出來競選總統。李敖是絕對當不上總統的，但是也可因此名垂史冊，因為他畢竟也是中華五千年史上，沒有當上皇帝的黑頭皇帝之一，跟林彪一樣，縱使是在溫都爾汗折戟沉沙，也是留名青史的。敖之，敖之，憑你這個嘴巴，你應該是下蠶室、遭閹割才對。今日你居然也當起候補皇帝來，跟鄧小平一樣，我輩同行，為爾驕傲焉。

不過話說回頭，大陸這麼大，如果也照台灣這樣吵起來，那還得了？不說別的，這樣吵來吵去，對財力人力，也是個無謂的浪費嘛。美國這個世界第一富強都浪費不起，暗中還要搞「中國獻金」，中國哪浪費得起呢？所以大陸上的江主席，望而生畏，因此要提出個「四不」原則來，不許台灣用台灣制度來「吃掉大陸」。朋友，你說江主席，杞人憂天？台灣行得，大陸行不得？真的，台灣吵得，大陸就是吵不得也。台灣只是個茶壺嘛，茶壺內起了風波，不會把茶壺弄裂也。大陸是個大水缸，水缸攪起風波來，就難免要缸破水流，無法收拾了。所以老江看茶壺而生畏，是不難理解的。試想今日大陸，如果也要找出個李敖哥來競選一番，豈不天下大亂哉？所以老江要恢復「立儲」舊制，也是另一種實驗也。可是江主席今日在學袁世凱，來搞個「金匱石室」制，也是令旁觀者擔憂的。學不了威爾遜，就回頭學袁世凱，總歸是不大對勁嘛。這分明就是「轉型期」所特有的現象了。

總之，一個可行的政治社會制度之誕生，原是智慧與機運相結合，經過反覆底長期試驗，才能慢慢地磨練出一個「定型」來（像傳統中國的科舉文官制，和近現代在英語民族國家中所施行的選舉代議制）。縱使如此，也沒有哪一宗制度是十全十美的。人類的社會生活中，朋友，只有「較好的制度」（better system），原沒什麼「最好的制度」（best system）。我們中國一行兩千年的考試制度，就是個「較好的制度」，不但孫中山主張加以承繼，今日大陸的共產黨還不是要繼續利用？要在擴大實行之（

注意：毛澤東卻把這一制度恨得牙癢癢的反對到底，文革時期，那位教育部長張鐵生原來就是一個在考試制度中「繳白卷」的爛考生）。因為考試制度，畢竟是比入黨做官，較好的制度。西方民主政治的理論家，一向也沒有說過，「民主政治」這位「德先生」是個最好的制度，而只是個較好的制度罷了。一個在文化轉型期中的民族，總歸要通過很長的時間，才能實驗出一項適合他自己的較好的制度來，在目前中國。把李姓兩位總統（李登輝、李敖）都弄得方寸大亂的「英美式競選制」，和大陸上從電視連續劇上學來的雍正式的「立儲制」，似乎均有待改進，才能實驗出一個「較好」的和適用的「定型」制度來。所以筆者不敢擅自預料，我們要駛出這個動亂不定的「歷史三峽」，恐怕還有四十年的實驗要做呢。

從集體領導走向個人獨裁

總之，時隔四十年，回頭一看，從毛公於一九五八年所搞的第一次罷相運動之後，直至今日，大陸上還未實驗出一個穩定的、較好的制度來。相反的結果卻是，毛周二人這一無聲之鬥，在人民中國的政治制度的發展上，卻突然劃出一道休止符。自此以後，共產中國的一切設施，皆以毛某的一言為定，舉國上下。就再無政治體制之可言了。落筆至此，我不禁想起，在文革末期，第一次返國時，一位國內教授級的朋友接待我時說，「我們雖然沒有法律，我們有政策也是一樣的。」

讀者同意否？人民政府自一九四九年定鼎北京之初，制度上雖未盡如人意，然趨勢上則一切看好也。至少在中央人民政府最高決策層次，看來是團結無間、行動一致的集體領導也。人民政府不是個民主政治，但至少是個現代化的「集體領導制」（a modern aristocracy）。在中央政治局內，高層的領袖們，為國為民，還可集思廣益的，制訂和執行一些有效的「政策」，可是在這次一九五八年的罷相爭執之後，毛澤東雖驅周未成，卻樹立了他個人的絕對權威。自此以後，在國政決策中，連國務總理周恩來，都不敢隨意發言（見前篇末節），他人可知矣。如此一來，毛澤東就逐漸走向唯我獨尊、荒淫無道的暴君行列，歷史三峽之水，在漩渦中倒流，中央人民政府就變成變相的帝王專制的朝廷了。

本來嘛，對去古未遠的中國來說，帝王專政，正如民國初年，來自美國的憲法顧問古德諾教授所說的，不但不是個壞制度，而且是個可行的制度。但是要採取這個制度則必須有兩大前提：第一是人選的問題。做皇帝的人一定要具有中國古代傳說中深具聖賢資質的堯舜。不幸在中華五千年史中，也只出現了這兩個傳說中人物，以後就再也沒有了。要不那就出個希臘哲學中所要求的「哲學家皇帝」。而在中國歷史傳說中，除掉周文王之外，也就再沒有第二個皇帝哲學家了。毛公坐在此龍座上，顯然兩者皆不是。

搞帝王專制政體的第二個前提則是，帝王專制，一定要有個鐵定的接班制，庶幾在老王死後，小王可以和平接班。沒有這兩個關鍵性的前提，那末帝王專政，就是現代文明中最壞的制度了。不幸的是，在我國第二次文化大轉型中期，出現了帝王專制的迴光返照的毛澤東政權。毛澤東基本上是個沒有帝號的皇帝，甚至比皇帝還要皇帝呢。我想我們這項看法，今日大陸上千百位黨史專家，也會完全同意的吧。

封建王朝的「宰相」是怎麼回事

再者，在中國有兩千年之久的帝王專制史上，唐太宗李世民應該說是最好的皇帝之一吧。但是一部《資治通鑑》也告訴我們，縱是聖主明君像李世民那樣，有時也曾濫用其權的。世民就時時自吹他「身兼將相」，偶爾也就有點得意忘形，可是他一看到那位守正不阿的宰相魏徵，他就會立刻收斂的。有時他也為這個礙手礙腳的宰相，感到厭煩，要把魏徵「罷」掉。想不到李世民卻有個賢淑而有見識的老婆長孫皇后，他每次要把魏徵罷相時，都被皇后苦諫而止，所以唐朝的「貞觀之治」，卒能全始至終，造福萬民，永垂史冊。這和它那「較好」的宰相制，也是分不開的。

再回頭檢討檢討我們及身而見的，紅色帝王毛主席。中國今日已非帝制時代，搞搞集體領導的政府，已經是不得已而為之。統治者實在不能再模擬皇帝了，而我們毛主席卻熱中為之。真的要做皇帝，那麼您就學學好皇帝李世民也好嘛。毛公原來也的確有個魏徵嘛，可是他偏把這個魏徵，糟蹋成一個和稀泥的周恩來，最不幸的他還討了個糟糕透頂的老婆，她不但不能像長孫皇后那樣，來致君堯舜上，她還要助紂為虐，把個老公弄得桀紂之不如，桀紂之君，荒淫無道，也不過搞點酒池肉林，逞逞私欲罷了。不像毛主席還要唱高調，來搞什麼「大躍進」，把無辜的農民，餓死數千萬，接著再搞個「十年浩劫」的「文化大革命」，又把另外的幾千萬人弄得家破人亡，這就是傳統史家所說的「桀紂之不如」了。我們實在無心要詛咒毛主席也。但是這也是過去五十年中，鐵一般的歷史事實，我們既吃寫歷史的這行飯，又怎能昧著良心，硬說它不存在，視而不見的，加以迴避呢？一直被寫歷史的人，承認為國史正統的當國者（legitimate rulers），也不應該諱疾忌醫，否認這些鐵的事實嘛。歷史就是歷史，任何人想迴避都是徒勞無功的。身為當國者，更應引史為鑑，不為暴君、昏君惡政護短，才能開闢出一個真正的民主政治的新世紀來。如反其道而行，在歷史三峽中逆水行舟，那就永無出峽之望了。

「大躍進」的序幕

現在再讓我們回頭大略的看看，毛主席的「大躍進」是怎樣搞起來的。得機再闢專題做較詳細的處理。大躍進的前奏曲，最早發端於一九五五年的冬季「一五計畫」接近尾聲之時。「第一個五年計畫」是中共在毛氏有生之年，所搞的所有的五年計畫中，最成功的一次；也可說是唯一做出結果來的一次。一九五六年全國工業增長指標，竟高達十八・七%，農業也增產至三・八%。這項高指標的成就，雖然也包括「恢復生產」（rehabilitation）底數據在內，但是全國工農業生產，史無前例的增長則是鐵的事實。

〔附註〕在大躍進進行期間，中國大陸對國家經濟情報，高度保密。當年海外（包括港台）學人，大都根據不完備的數據，對大陸經濟成長，加以推斷。結果與實際情況亦頗為接近。近年大陸上有關新書迭出，新史料亦源源而來，但數據也大致相同，參見《劍橋中國史》，卷十四，「人民共和國篇」，第七章。

加以社會安定，動亂減少，全國也確有其海晏河清的遠景，一九五五年底既然一切看好，人民中國的朝野兩方，難免都有些由滿足而走向驕矜的心態，中央自毛主席以次，多認為五年計畫尚可加快，因此發生一些急躁情緒。而各方面執行幹部，有的則由於片面加速生產，以致資料供應不足，而發生生產失調現象，影響了全國性的整體規劃。這些現象在工農業向前發展的過程中，都是正常而不難解決的小問題。因此以周總理和陳雲為首的經建領導中樞，乃採行了一些所謂既反「保守」、也反「冒進」的實事求是的措施。這在任何正常「發展中」的國家，都應該是最正常的運作嘛。不幸在五十年代中期的人民中國，由於政治問題日趨嚴重，「反保守」和「反冒進」甚至如上篇所述的「反反冒進」都變成了政治皮球，被踢來踢去，終至演成個死人數千萬的政治經濟的大災難，這就是所謂「總路線」、「三面紅旗」和「大躍進」了。這大躍進反映在城市的工商業裏面，就走火入魔的搞出個千古笑柄，「以鋼為綱」的「土法大煉鋼」；它反映在鄉村的農業方面，則是所謂「以糧為綱」的「人民公社」了（對這兩個題目做深入研究，資料豐富而可信，文筆也十分瀟灑流暢而公正，可讀性亦至高，可供一般參考者，下列專著，頗值一讀：丁抒著，《人禍：「大躍進」與大饑荒》，一九九六年，香港：九十年代雜誌社，全新增訂本。共三七八頁，作者為一科技教授。因成長於大陸，對書中故事有親身體驗，故旁及之，亦甚難能可貴也。專業讀者有意接觸第一手史料，入門之學，則下列薄一波著，《若干重大決策與事件的問題》，一九九三年中共中央黨校出版社出版，分上下兩卷，學術性與可讀性均高，值得推廣）。

謹分類述其大略，以後再及專題。先談談「土法」如何「煉鋼」。

「土法大煉鋼」的歷史鬧劇

原來在「一五計畫」完成時的一九五七年，中國鋼鐵生產量已達五三五萬噸，這正是日本發動珍珠港事變時的鋼鐵產量，因而這也說明中國在解放後十年之中，鋼鐵產量已接近日本明治維新後七十多年的成績，因此在「一五計畫」中，國務院乃把一九五八年的鋼鐵產量訂為六五〇萬噸。這項指標已屬超額。但是為著十五年趕上英國（見上篇），則這一指標，就未免太慢了。所以在毛主席的心目中，鋼鐵生產應該「翻一番」才好。但是當時，中國重工業的基礎，能否在已屬「超額」指標之外，再來個「超超額」，甚或「超超超額」呢？這在經濟學家的知識範圍裏（不論是計畫經濟或自由經濟），都屬於絕對不可能做到的神話，可是人民中國的建國本身，卻原是神話變成事實。加以建國初期全國各行各業，在黨的領導之下，內政外交、司法立法、經濟財政、輕重工業等等，無一而非（如羅章聯盟所說的）「外行領導內行」。在「勝利者是沒有錯誤的」（史達林安慰毛澤東的名言，見上節）心理狀態之下，不但毛主席不相信那些專家學者、小資產階級的鬼話，全國上下那些做「領導」的行外幹部，對專家的意見，就更是不屑一顧了。在一般幹部的眼光裏，蔣介石四百萬大軍，都可以摧枯拉朽的拉掉，那樣凶狠的美帝，都可以打敗，煉幾百萬噸鋼鐵算個什麼呢？毛主席既然說得到，就應該做得到，再從毛主席的角度來看，群眾的力量，是無堅不摧、無病不治的萬應靈藥。「階級鬥爭，一抓就靈」，何事不可為？在早期國際共產運動中，就曾有「勝利沖昏了頭腦」（二戰後毛的批蔣名言），和「假話說多了就變成真理；騙人騙久了，自己也會相信」（十月革命時期的俄國流言）一類的話題，在五十年代之末，大躍進期間，黨內各階層中這類潛意識，顯然是十分氾濫的。群眾相信主席，主席依賴群眾；主席完全依賴群眾，群眾完全相信主席……這個良性大循環，或惡性大循環，發起燒來，上帝就叫整個中國大陸上千餘萬的中共黨員，和數萬萬黎民百姓，一道發瘋了。

長話短說，二五計畫中，原已超額的鋼鐵生產指標，終於被毛主席的新指標代替了，這新指標對鋼鐵生產的預計是，一九五八年的生產量是一九五七年生產總額五三五萬噸的「翻了一番」，成為一〇七〇萬噸了。這一個鋼鐵產量大翻身，據當時實際主管鋼鐵生產的國務院副總理薄一波事後的回憶，也是出於一個天大的偶然。原來毛主席在一九五八年的六月初，為想提高鋼鐵生產量，曾召見薄一波到他中南海游泳池去，一起游泳。並提供口頭諮詢。毛在池中問薄，一九五八年的鋼鐵產量的指標能否翻一番？剛好薄一波正在游泳池中翻了個身，因而隨口說「翻一翻」。毛聞言大悅，就說翻一翻吧。他二位決策者，因而就這樣決定了。把一九五八年的鋼鐵產量「翻一番」，就訂下了一〇七〇萬噸的指標了。

〔附註〕這個在游泳池裏「翻一翻」的故事是根據國務院體改所前所長阮銘教授，聽薄一波在文革出獄後親口說的。見阮著《中國大陸無程序決策》，載於一九九三年五月號的《中國之春》，復被丁抒教授近著《人禍：「大躍進」與大饑荒》增訂再版所引用，見該書頁五七、七九。然薄一波在其自己的回憶錄裏，雖然也承認他確是制訂這「翻一番」計畫的重要決策者，甚或是心甘意願的幫手，他對毛的「冒進」橫行，倒頗有恕辭，蓋當時盲目樂觀，因而具有冒進心態的高幹太多了。薄一波本人，甚至劉少奇，皆在所難免。這大概就是所謂「謊話說多了，自己也相信」起來的心理問題吧，見薄著前書，下卷，「全民大辦鋼鐵的由來」，頁六九一——七〇九。

根據薄一波的回憶，以及其他相關官方紀錄，他們所訂的一九五九年的指標，則為更荒唐的三千萬噸；六二年則為八千萬噸到一億噸。這個指標訂得太高了，鋼鐵廠辦不到，毛主席乃號召，為完成一九五八年鋼鐵生產的指標，乃於是年秋季開始，搞「全民大煉鋼」，這也是因為當時各省的省委書記，都在主席面前誇口，他們各該省地方的鋼鐵產量是如何如何的茂盛。總合起來竟有七七〇萬噸之多，使毛主席龍心大悅，這現象在封建帝王時代便叫做「承旨」（康熙皇帝以前為體恤漢族婦女纏足之苦，下詔「放腳」，立刻便有漢族大臣，專摺上奏說，「臣妻先放大腳」，此次各省書記承旨，便是「先放大腳」的現代版或人民版）。毛主席既然發動了全民大煉鋼，各省市和自治區的土皇帝書記，乃蜂起競爭，大煉鋼鐵，終於把各地人民的鐵鍋、鐵床、鐵門、鐵鎖、鐵條、鐵鏈、鐵欄杆、鐵絲網……鐵釘、鐵皮，凡是屬於鐵的東西，照單全收，投入土製小高爐，送九千萬人上陣：上自大將軍、大部長、大使、大教授，乃至國母宋慶齡、國妻江青。下至販夫走卒，擔柴、賣漿，以及幼兒園的小毛頭。總之，農民不下田，學生不入校，夫妻不上床，一齊上陣，沒晝沒夜的來他個全民大煉鋼。朋友，這就是人類歷史上空前絕後的「土法大煉鋼」了。終於把幾百萬噸有用的鐵沙和鐵製器材，煉出了幾百萬噸在工業上一無可用的鐵疙瘩，筆者本人於一九七二年回國探親時，還親眼見到過。

「土法大煉鋼」一詞，今日已變成世界性的成語了。它在中國語言裏，勢將和後主阿斗劉禪所製造的「樂不思蜀」的成語，和魯迅所製造的「阿Q」一樣，在中國日常詞彙裏，永垂不朽了。

「土法大煉鋼」這一命題，在下一個世紀的中國大學裏，一定會有許多本最詳盡的博士論文出現。縱是筆者手頭的史料就足夠一個「博士生」來寫篇論文初稿，有暇不才亦當自理之。此處限於篇幅，姑且說個大略，乞讀者諒之。下節再談談「以糧為綱」的「人民公社」。

回看一下傳統的土地制度

咱們中華大帝國，在江澤民、李登輝出現之前，從盤古開天地以來，一直便是以農立國的。我國古語說「有土斯有財」，土與財是分不開的。這種對土地的佔有慾，不只是人類如此呢，禽獸亦不能免也。京戲的唱詞裏，有什麼「艷陽天春光好，百鳥爭喧」，其實會唱歌的鳥，都是單幹戶。牠們唱歌都是先劃定一塊疆土（territory）來單鳴獨唱的，同一疆土之內，牠絕不許第二隻鳥來同聲合唱。鳥兒們是不搞什麼「黃河大合唱」的。那些不會飛的獸類，那就更是如此了。君不見狗兒歡喜零星撒尿？牠撒尿的目的往往是在劃定疆土界限，不許別的獸類入侵呢。非洲的黑猩猩（chimpanzee）是一種群居動物。牠們的群（herd）都是有一定疆土的。群群之間，劃疆而居，互不侵犯。偶有疆界之爭，各群為著保疆衛土，發生內戰，往往也殺得屍骸滿山，慘不忍睹的。人類原是群居動物之一種，初民的部落也都是各有其劃定疆土的。他們之間所發生的部落戰爭（tribal war），十九也都是由疆土糾紛所惹起的。等到人類文明進入農業時期，一個部落的土地就為各該部落所公有。大家同吃、同住、同勞動，各盡所能，各取所需。這在馬克思主義歷史學裏面，就叫做「原始公社」（primitive commune），是為人類社會發展史中的第一個社會型態。

等到人類社會發展到奴隸或封建社會時，土地則屬於國王和封建領主。在這塊土地上工作的奴隸或半奴隸（農奴），則是和土地分不開的（在中國近現代史裏面，達賴逃亡前的西藏，還是如此的）。奴隸或農奴自己本身和家屬，都和土地一樣，是國王或封建主財產的一部分。在這種奴隸制或封建制之下的奴隸或農奴，都是在主人的鞭子之下工作的，他們自然不會發揮出最高的生產力。

在我國東周列國時代（前七七一—前二二一），基本上是個封建時代（馬克思主義史學家則堅持此一時代是奴隸社會，但證據不太充足，筆者曾有專篇另論之），也是中國歷史上最動亂的時代，動亂之源則是諸侯國之間搞土地兼併的戰爭。這戰爭一打五百五十年不斷，把原先的數千個（據《漢書‧地理志》所記錄，至少有一千八百個）大小諸侯國，「兼併」成七個。到公元前二二一年，就被秦始皇獨家統一成為大秦帝國了。在這歷時五五〇年的長期內戰中，西周封建式的土地公有制（部落公有制的延續），就被徹底的破壞了。老的制度被破壞了，必然就有新的制度出現。事實上，秦國在統一六國時的一百三十多年前，就開始試行一種新的土地制度，這就是所謂「商鞅變法」了。商君試行的這計新土地法，果然改善了這個落後的秦國的經濟條件，使它一躍而為七國之首的超級強權，終於統一了東亞大陸，開創了中國通史中的帝國時代。

秦國的新土地法，所謂「廢井田，開阡陌」，我們如果用中國最新的詞彙來解釋，那就是秦國把個原先已經癱瘓了的同吃、同住、同勞動、土地公有制的「人民公社」廢除了。改行「責任田」、「三自一包」、「包產到戶」、「借土與民」、「擴大自留地」，甚或乾脆賣土與民，使農民可以私有土地相互買賣，相互租佃，相互競爭，搞「農業市場經濟」，鼓勵農業生產。這個「秦制度」經過數百年的反覆試驗，幾經改良，終於在漢初落實成為一個兩千年沒有原則性改變的土地制度的「定型」。

毛澤東說「千載猶行秦制度」，這樁土地制度，就是這個「秦制度」主要的內容。其後兩千年中，多少次，多少人，多少朝代，想改變此一制度，一個王家就出了兩個重要人物，王莽（前四五—後二三）和王安石（一〇二一—一〇八六），尤其是王莽，要徹底恢復古制，化私為公，可是二王都以失敗告終。再如隋唐之間的「均田制」，乃至自漢以後歷朝的「屯田制」，尤其是佔「天下土地七之一」的明朝的「軍屯制」，也都沒有對傳統的土地私有制，做出原則性的改變，太平天国史家曾大吹過洪秀全天王的「天朝田畝制」。事實上，那從頭到尾，只是一張紙而已。

若論真要把這宗「千載猶行」的「秦制度」（土地制度）加以原則性的改變，王莽而後，實在只有我們親眼看到的毛主席了。毛澤東要向王莽學習（王莽原是近代中國馬克思史學派的英雄），復先秦之古，化私為公，最後竟然搞起同吃、同住、同勞動的共產主義的「人民公社」來，表面看來很新奇，說起來更是玄妙無比的。「土地革命的高潮」，什麼「真正實現了共產主義」，什麼超越了馬列主義底，「毛澤東思想」的「天才發明」，其實在熟讀古書的中國歷史家看來，毛氏的一切構想，皆未脫古人框架也。所以我們才敢大膽的說，毛公的政權是傳統帝王政治的迴光返照，小子豈敢謬評朝政哉？但是真理愈辯而愈明，我們倒竭誠歡迎各派同行史家嚴肅的指教。

再看看目前的資本主義

以上所說的傳統土地制度，不是個好制度。甚至是個壞制度，但也不是左翼史家所說，是封建反動的「萬惡之源」。上節已略述之，治制度史的人，不能說什麼「最好的制度」或「最壞的制度」。他們只能在「較好」、「較差」、「可行」，和「不可行」之間，做其比較的詳述。鄧小平先生在發動他底「社會主義市場經濟」之初，有句名言叫做「讓少數人先富起來」。其實，在兩千多年前的秦漢之際，那批了不起的政治家像劉徹（漢武帝）、公孫弘等人，所搞的「農業市場經濟」，其目的也是「

讓少數人先富起來」。但是這「先富起來」的「少數人」，卻有個發展的極限，那就是，你不許發展到「壟斷」(monopolization)的程度。

最近兩個世紀的世界經濟史也告訴我們，資本主義市場經濟的可怕，便是它一開始就要搞「壟斷」，不壟斷，哪還有什麼資本主義呢？所以美國人要不斷地推行他們底「反托辣斯法」(Anti-Trust Laws)。這一法令稍一放鬆就不得了也。君不見小毛頭比爾・蓋茲之竄升為當今世界的第一富豪，十數年之間事耳。對這些小毛頭不加管制，那還得了？

可是回看我們傳統的農業市場經濟，就不如此了。農業不比工業，工業集中在城市裏，管理問題不大；大規模生產(mass production)也易於推動；利潤以等加速度遞升，也不難做到(蓋茲就是這樣成長的)。我國傳統的「農業市場經濟」就不然了。它分散於農村，管理不易，農產品生產緩慢，利潤不能遞增；加以交通不便，運輸困難，大規模生產，利潤反要隨業務之擴大，而做反方向的遞降呢。加以農業經濟中，不能實行「獨子繼承制」(Primogeniture)，中國民間也無此傳統。父死財分，三代而盡。所以中國歷史上「土地集中」的問題，並不如想像中的嚴重。真正能搞土地集中的，歷史上也只有「官僚地主」，差可為之。但這不是經濟上「農業市場經濟」制度的毛病，而是政治上「官僚制度」的毛病。

「官僚制度」才是個壞制度，它侵入農業經濟，就會出現「官僚地主」；入侵工商業經濟，就會出現「官僚資本」。這一制度的遺毒，在台灣至今亦未能根治，所以才出現「黑金」。在毛澤東政權下的大陸，則正是「方興未艾」，吉拉斯（Milovan Djilas, 1911-1995）所謂「新階級」是也。但是毛澤東所製造的新階級，重點在「權」，而不在「錢」。所以今日大陸有個頗為「凡是派」所樂道的順口溜，叫做「毛澤東幹部，兩袖清風；鄧小平幹部，百萬富翁」。殊不知錢與權本來是一樣的東西。毛澤東幹部，雖然是「兩袖清風」，卻掌有「生殺之權」，所以才枉殺數千萬。這比錢所引起的惡政，就無法相比了。

鄧小平幹部「百萬富翁」，他製造了千千萬萬的「面團團富家翁」。至少不會殺人嘛。再者讓他們「少數人先富起來」，擁有了斗大的「元寶」，我們多數人至少（且引用一句南京土語）「也可啃點元寶邊」嘛。兩相比較，朋友，這就叫做「較好的制度」（a better system）；「較好的制度」，更可晉級為「更好的制度」嘛。這就是江朱二公今日看好的遠景所在了。好自為之，全民利賴，至可嘉也。後篇再續論之，這兒暫時煞車。

所以話說回頭，歷朝農民暴動，原因複雜；中國傳統社會之生產力偏低，原因也不單純。把他們一古腦兒歸咎於土地集中，泰半都是於史實無據的。在中共主政以後，我們在海外也讀過不少有關傳統中國土地史的新著，就很少不帶有政治宣傳的偏見。近五十年來，大陸上社會經濟史家在這一方面的研究，相當深入，但對土地集中問題，則始終還在假設的邊緣打轉也。所以中國傳統的土地制度，縱使是個壞制度，但是並不是一個不可行的制度。因此它才能「千載猶行」，長期不衰。消滅這個制度，本是社會經濟轉型的問題，社會轉型成功，它會自動消滅。社會轉型不成，而誤認為是「社會主義改造」的問題，或意蒂牢結的問題，那就「吠非其樹」了。明乎此，我們就可以談談人民中國的「人民公社」的歷史了。

土改分田「完全正確」

在中國近現代史上，主張土地革命的激烈，莫過於中國共產黨了，其實中共在建黨之初，那些城市小資產階級出身的領導人，和他們背後的第三國際的決策者，沉迷於馬列主義，對農民參加革命都是不太有興趣的。馬列二公都曾認為農民是保守的，甚至是反動的，不足與言「階級革命」。共產革命是「工人階級」（Working Class）的專業；所謂「普羅階級」（Proletariat），原義是古羅馬的「市平」或「市貧」，是不包括「農民」的。所以那一時期的中共領袖們，像周恩來、李立三、劉少奇、高語罕等人所策動的群眾運動，都以「工運」為主。劉少奇就是在安源煤礦，搞工人組織起家的。只有從農村出來的極少數青年共產黨員，像彭湃和毛澤東才是以組織農民為專職的，熱情甚大，在黨中的影響則有限。文革中劉少奇被打倒了，劉氏歷史被抹黑。在安源煤礦組織工人的光榮歷史，就被派給農民領袖毛澤東了。那幅有名的「毛主席在安源」油畫中的青年毛澤東，多麼英俊瀟灑。但是與事實有違也。

〔附註〕文革期中大陸上還有另一幅有名的關於「井崗山會師」的油畫，畫中人物應該是朱德和毛澤東，卻被畫成林彪和毛澤東了。據說朱德初見此畫時，看到畫中沒有朱德，卻有一拉著馬的馬夫，便笑著說，「那個拉馬的應該是我了。」因此當年在大陸上搞黨史和國史的職業人士，由於個人的恩怨，和政治的壓力，述史畫史，都難免有曲筆。縱是心存公道，也每因身在此山中，而難於掌握其全貌，我輩流落海外，雖史料不全，見聞有限，體驗不足，但有失有得，在當代史學上，旁觀者清，固亦不無其致力之處，而自覺心安理得也。

可是上述這個重工輕農的開始。長征以後就全面逆轉了。八路軍建軍以後直至「進城」，以農村為基礎的中國共產黨，幾乎就是個百分之百的農民政黨了。土地革命因此也就變成中國共產黨革命的主要內容。但是吃一塹，長一智。第二次國共合作初期，中共聲明停止土地革命，所以在整個抗戰期間，中共在其「民主根據地」中，所搞的土改只限於「減租減息」。可是日本一旦投降，毛公就立刻訓令各解放區，把原先的土改，晉級為打倒地主，搞分田運動。不但「地主」與「富農」之田要分，「中農」之田，也不能保留。根據中共戰後新政策，不但各級幹部要忠實推動，土改還要從下向上，由「貧農」和「下中農」主動執行之。

可憐的中國，二戰後的中貧農和中農，根據人民政府後來的官方統計，要佔全農村人口的百分之九十（見《國史全鑑》，一九九六年北京團結出版社出版，卷一，頁一八），也就是全國人口百分之七十上下，經毛主席這一號召。地下消息不脛而走，大家摩拳擦掌，全民百分之七十的人口，就倒向共產黨了。執政的國民黨原來也有它自己的工農政策和土地政策嘛。不幸自蔣以下的派系，這時都被勝利沖昏了頭腦。只顧在收復的都市裏，搞其「五子登科」和派系傾軋，農民，尤其是貧下中農，是不在他們興趣之內了……。老實說，國民黨在大陸的潰敗，便是從失去這百分之七十的人口開始的，不算胡說吧？相反的，共產黨在大陸的勝利，也就是從掌握這百分之七十的人口開始的。朋友，劉少奇在中共七大中說，毛主席「完全正確」，你怎能說他不是？

「高級化前土改後」

不過劉少奇所說的「正確」，實在只是從兩強鬥爭的政略和戰略出發的。可是要真正解決中國農村的實際問題，那就自當別論了。因此中共建國之後，為著完成其土地革命，並把農村建設納入正軌，乃於一九五〇年六月頒佈土改新條例，而推行之於全國。

深入研究人民政權的土改史，那將是一本鉅著，三言兩語概括之，我們可以說，全國農民在分田之後，所得到的平均地產，根據中外經濟學家的統計，在中國的東南和華南的「魚米之鄉」，人煙稠密之區，則一家五口，只能分到可耕之地約三市畝（半英畝）。在華北西北一帶貧瘠地區，或可多分若干，而產量則遞減也。不論江南水鄉，膏腴之地，物產是何等的豐盛，以半英畝土地的農業產品，來養活五口之家，在一個先進國家，乃至聯合國所認定的生活標準上，都只能算是在「飢餓線以下」（below poverty line）。在一個有數億人口的大國，有百分之七十以上的人民，生存在飢餓線之下，則這個國家只能算是個乞丐國家，在這種國度裏搞「農民暴動」，確可幫助農民領袖們，打天下，做皇帝，但是他不能解決真正的「農民問題」。

記得就在中國農民分地、熱火朝天的五十年代之初，紐約有位華裔朋友，在郊外住宅區購置一小屋，並招待親友，做詩自娛曰：「購得美洲半畝地，移來中國數株桃……」筆者當時敬陪末座，曾向同席的美國朋友和學生們說：「主人這塊半畝地、數株桃，在中國一家五口要賴以為生呢。」這一鐵的事實，曾說得舉座皆驚，認為不可想像也。

可是縱使如此，中國農民那時對中國共產黨的擁護，還是火熱的。理由很簡單，中國農村自鴉片戰爭以後已破產百餘年。對一般貧下中農來說，他們已三代五代，上無片瓦，下無立錐。如今毛主席能給與三畝荒田，也往往是三代五代始第一次擁有土地。也算是耕者有其田了，能不對共產黨毛主席感恩戴德？

不特此也。為著耕種這數畝恩田，你得購買耕牛，置辦農具（如水車、犁耙等物），三畝小農，如何能購置得起？為農民著想，兩袖清風的毛主席幹部，乃勸導農民組織「互助組」，集資買牛、購犁，輪流使用，互助合作。這一德政，真是引得農村歡聲雷動，「毛毛席萬歲」之聲不絕於耳。三年之後，在「一五計畫」發軔之時，「互助組」更奉命擴大為「初級合作社」。蓋在互助組中，互助合作者不過數家。欲集體使用化肥，學習駕駛拖拉機，則非數十家合作不為功。這樣則「初級合作社」之組織，就在所不免了。

可是中國農民正如馬克思所說是保守成性的。做個日出而作、日入而息的單幹戶，本是農村的傳統。為著購牛積肥，互助合作一下，還可勉強，真搞起合作社來，膽小的農戶，就有點怕怕了。因此初級社之組合，曾偶有阻力，稍久終能相安。加以歷年風調雨順，國泰民安，真是百年所寡有。因此人民中國開國初期的七個年頭，對中國農村本身而言，也可算是一段，為其後數十年受盡折磨的苦難人民，所懷念不置的，所謂「高級化前土改後」的黃金時代啊。可惜為時太短。一九五六年實行「高級化」之後，多難的中國農村便再度墜入深淵，幾至於萬劫不復了（這句「高級化前土改後」，形容「黃金時代」的順口溜，原為一九五八年冬毛主席在鄭州會議所引的當時農民的語言。足見毛公其時並非不通下情也，見丁抒著前書，頁四一，引自清華大學「學習資料」）。

一九五六年是個難關

一九五六年後的中國農村，為什麼又再度遭劫呢？這就說來話長、原因複雜了。我們大致可分為三項，來試做解釋：

第一，五十年後，我們回看「歷史三峽」中的潮流，可以大膽的說，人民政權原只是轉型期中的過渡階段之一，它對重大的政治社會問題，也只能做頭痛醫頭、腳痛醫腳的處理，後來所謂「黑貓白貓」是也。搞不出個「定型」來，則老病新疾，就會在短期中，做週期性的循環了。毛澤東似乎也看出這一特徵。他的解決辦法便是「在大亂中求大治」。所以在文革期間，他也說過文化革命，每隔六七年就得重複一次。

第二，社會無定型，則處理社會問題，往往不能對症下藥，《漢書》上說：「有病不治，得乎中醫。」那就是說，醫師治病，好醫師固能把病治好，壞醫師則可能把病治壞，所以「有病不治」，等於找一個「中等醫師」治現代中國的社會病，卻治死了三四千萬人，那就不如「有病不治」的好。而一九五六年，中國共產黨在城市裏搞「反右」，在農村裏搞「高級化」。就是這個「治絲愈棼」，和「藥石亂投」的開始。七年之癢，此其時矣。

第三，在「人治」依然重於「法治」的轉型末期，則國家社會一切運作，還是靠「政治掛帥」。因此政治如果出了問題，不論是暗潮，還是明浪，得不到解決，如上篇和上節所述，毛周、毛彭、毛劉、毛林之間的許多政治問題，愈來愈嚴重，則其他相關的社會經濟設施，就必然隨之擱淺，甚或滋生併發症，而每下愈況，終至不可收拾。所幸萬亂之源，集於一人，此人一死，則所謂「人死病斷根」，大家在「帶淚的微笑中」（smiling through tears）一切再從頭搞起。

明乎此，我們就可以談談一九五六年以後的共產中國裏，毛澤東政權階段的歷史了。

從「反反冒進」到「人民公社」

先回頭看看政治掛帥，人民中國建國七年的「黃金時代」，成績斐然，唯獨它對帝制轉民治、人治轉法治的進度，鮮有足述。甚至對最迫切的政策和政權的和平轉移，均在原地踏步，一籌莫展，甚至於大開倒車。等到黃金時代結束，在體制變革的需要中，政策和政權的和平轉移，都有其必要之時，這架碩大無朋的政治機器，在一九五六年的八大期間，就開始拋錨了。這一拋錨，引起的骨牌效應，問題就大了。上篇已略做交代，不再重複。

再看看工商業，上節亦已略述之。「一五計畫」原是毛公有生之年最成功的一次的五年計畫。「一五」結尾時，「以鋼為綱」的鋼鐵產量已達五三五萬噸，以後按年遞增，連赫魯曉夫也為之咋舌。可是在一九五六年後，也就煞車了。它之所以煞車，上篇也已交代過。實在是毛主席和薄一波兩人在中南海游泳池中「翻一翻」的結果。翻到一〇七〇萬噸，出不了貨，一人當國的毛主席就開始發燒，要搞「土法大煉鋼」，來補其不足。結果鐵疙瘩倒煉出了幾百萬噸，鋼鐵產量基本上是倒退了。

沒有鋼，餓不死人，問題不大，順序影響到農業生產。民以食為天，人民沒飯吃，問題就嚴重了。原來在「一五計畫」的後期高潮中，那項「以糧為綱」的中國農業生產，也逐年創立新高峰。根據這一前所未有的大好形勢，毛澤東就開始在農村推動所謂「合作化運動」了。那就是集「單幹戶」，組織「互助組」，再集「互助組」組織每單位包括數十農戶的「初級合作社」（簡稱「合作化」）；接著再合併初級社，組織每單位包括數百家、乃至千家以上的「大社」，或「高級合作社」（簡稱「高級化」）。百尺竿頭，如果更進一步，那就合併高級社，組織每單位包括數個、數十個、乃至數百個高級社，共有社員農戶千萬家的「人民公社」了。這個「人民公社」和原先的「合作社」，在性質上是有霄壤之別的……。「合作社」是「新民主主義」的建制。合作社員都是「各盡所能，各取所值」的社會主義者。在理論上各社員農戶可保留各自的私有財產。合作社社員是可以自願入社和自願退社的。

「公社」就不然了。「公社」是「共產主義」的建制。共產主義的理想是「各盡所能，各取所需」的。所有公社的社員都是同吃、同住、同勞動，是沒有私產的。個別社員除保留「一碗一筷，一鋪一蓋」之外，全部私產，涓滴歸分（正因為如此，那時農民在被迫加入高級社或公社之前，都要把私產耗盡才赤手空拳「入社」，有的在三天之內要吃盡三月之糧，竟為之脹死）。但是公社內吃大鍋飯，畢竟不要錢。大肚漢在公社食堂中，各吃所需，脹個半死，也無人過問。六億同胞如果都能大辦公社（包括城市公社），同吃、同住、同勞動，各盡所能，各取所需，這樣的中國便是人類歷史上，第一個實行共產主義的國家了。推而及於全球就世界大同了。

朋友，這就是我們「毛澤東思想」的最高境界。你能說這一思想不高明不偉大？毛主席要把這一思想內容首先在中國的農村裏加以試行。那時所有有思想的中共各級幹部，包括劉少奇、周恩來、陳雲、鄧小平，可說無人不服膺這一理想。他們之間的分歧，只是時間（Timing）的問題、快慢的問題，和實行程序的問題、方式的問題。

因此在「一五計畫」快要勝利完成之時（一九五五—一九五七年間），高高在上、滿腦理想、信心十足而意氣風發的毛主席，和一些同意毛氏，或以毛為攀援之樹的少數高幹，像柯慶施、康生等人，就和當時黨中那些目不暇接、日夜幹活的實際負責人，周恩來、劉少奇、陳雲、鄧子恢、鄧小平、薄一波、李富春、李先念等等實際工作者，就發生了思想上，和政策上的差別了。

老實說，這一分歧，是任何發展中國家都有的現象。但是只有在法制嚴密的國家裏，才可得到和平合理的解決。試看美國開國之初，開國元勳的傑弗遜和漢彌頓，不就為著重農重商的問題，相持不下。其時高高在上的華盛頓，不就親漢而黜傑。逼得傑弗遜一怒辭職，另組新黨，競選總統，實行他自己底重農輕商的樸素民主主義？但是美國當時的各項客觀條件，卻有利於漢彌頓的資本主義，終使美國政治經濟制度，再度和平的轉回漢彌頓路線，以迄於今。

可是這一相同的問題，在中國政治裏，就變成一個解不開的死結。從一九五五年起，毛主席這位理想家，就認為「一五計畫」太慢，要大力加快，一翻再翻。並藉柯慶施等激進派為前鋒「冒進」了起來。周、陳、薄等務實派專家，則認為翻不得也，一翻就要攪亂全局，大出紕漏。他們不察就裏，還在繼續呼籲要「反冒進」。可是那在暗中策劃冒進的毛主席不依了，在上篇曾約略說過的「南寧工作會議」（一九五八年一月）裏，乃揭開面紗，挺身而出，公開的領導「反反冒進」運動，並強迫周恩來自己承認是「促退派」，並企圖加以撤職。據周恩來秘書事後的回憶，周公就為那一點點的犯顏直諫，被毛某強迫去「親撰」（不許秘書代筆）認罪、坦白、檢討書，使周公夤夜一人枯坐於辦公房內，執筆流淚，使守夜不能成眠的鄧大姐，也心焦不已。隨後陳雲、薄一波等人也都被迫「認錯」、「檢討」；對劉少奇也被迫承認「頭腦沒有主席清楚」，而由「反冒進」轉為「反反冒進」。因此在全國一片冒進聲中，在全國「土法大煉鋼」、百萬座「小高爐」的熊熊烈火照耀之下，中國農村裏原有的百萬個初高級的「合作社」，在數週之內，就被合併成兩萬六千四百二十五個「人民公社」了。所有的中國農民從此也就都能「吃飯不要錢的」進入「共產主義的天堂」了。

餓死三千萬貧苦農民

上述這個吃飯不要錢的共產主義的天堂之在中國出現，是人民中國建國十週年的事。距今已整整四十年了。這個天堂，其後一直延長了三年。其實際結果是在天堂裏發生了數千萬人民的「非正常死亡」。說真話，就是農村裏面的農民，有三四千萬人，被活活的餓死了。但是當時中國農村大量餓死人的實際情況，由於黨和政府對資訊封鎖的嚴密，不但國外毫無所知，連大陸上的城市居民，如在農村沒有親友，也只是糊糊塗塗，一知半解，不知其情況之嚴重也。筆者在一九七二年第一次返國探親訪問，只略知童年期在農村的玩伴，多半死亡，固不知其死亡的原因是「餓死」也。但是數千萬人的「非正常死亡」，究竟是今日世界任何史書上的大事。紙包不住火，二十年後，消息漸出，全世界，尤其是，「事過則知」的華裔司馬懿，無不為之大驚失色。但是在這三年之中，究竟餓死了多少人，就言人人殊了。今後可能也不會找到精確的數字。但是國際人口學者，根據中國大陸歷屆人口調查的數據來統計，這三年（一九五九－一九六一）在中國大陸上所發生的「非正常死亡」，其底限蓋為二千五百萬人。根據從大陸移民出國的丁抒教授，很細心而可信的估計，則非正常死亡底限，應為三千五百萬人（見丁著前書，頁三六九－三七四，附錄：〈大躍進餓死了多少人？〉）。再根據陳一諮先生告我，他是在當時的國務院，親身參加調查所做的估計，三年之間全國非正常死亡的總數，約在四千萬和六千萬之間。陳君當時在國務院任職，曾親身參與對中國農村受災情況的調查，並在筆者的故鄉、受災慘重的安徽省肥西縣實地調查，住過甚久。後來黨和政府為著扭轉災情，更新制度，乃實驗出「包產到戶」的「安徽經驗」，由各省前來「取經」模仿。這項「安徽經驗」，便是陳君幫助一位不惜捨身飼虎的地方青年幹部郭崇毅（也是筆者的一位近親表弟，他保存有大量原始史料，並撰有專著），不顧死活地頂出來的。這項經驗，一諮曾為我在紐約簡述之。因為他所提出的，四千萬到六千萬的總數，縱有點情緒，也絕非信口開河也。

人是怎樣餓死的

既然餓死這麼多人（在中華五千年通史中，所有暴君所殺的人，加在一起的總和，恐怕也達不到這一數目呢），讀者或許要問，這麼多人是怎樣餓死的呢？政府為什麼不加防範、不加救濟呢？據說闖此滔天大禍的毛主席，後來也知道死人不少，而可憐的農民，寧死也沒有揭竿而起，來暴動反抗，毛主席為此還把農民的善良褒揚一番呢。朋友，豈今日農民比古代農民更為善良哉？今日的極權政府，管制之嚴密，豈古代專制政府，所可望其項背哉？古代農民可以揭竿而起。現代農民，你敢？這就毋須多加解釋了。

至於人是怎樣餓死的呢？沒飯吃嘛。糧哪兒去了呢？政府徵去了嘛。政府為什麼要如此超徵呢？大躍進嘛、冒進嘛。毛主席在都市中號召，工業要「以鋼為綱」，要全民建小高爐，搞大煉鋼，生產要翻幾番。翻得遍地都是鐵疙瘩。毛主席在農村號召「深耕密植」、「以糧為綱」。要把糧食產量翻幾番。農民翻不出就餓死人了。奇怪了，糧食增加不了，又怎會餓死人呢？教授有所不知，咱中國是個古怪的國家呢。糧食產不出，還要虛額上報，按虛額繳稅。公積糧繳之不足，就繳口糧，甚至種籽糧也得上繳，這樣，青黃不接之季，就餓死人了。誰個混賬東西，來強迫農民，餓死也要超額繳稅呢？幹部嘛，省委書記嘛。他們下級服從上級，全國服從中央。大家都要搶著「放衛星」，虛報生產量，還要搶著超額報稅，向毛老大討好嘛。農民的死活他們就不顧了？當了幹部，當了官，誰還去管什麼人民呢？……就是這麼簡單，二千萬農民就活活地餓死了。

死了這麼多人，政府為什麼不早為預防呢？它不超額徵稅，不就是預防了嗎？但是它又怎能不超額徵稅呢？有如此災荒，中國原可向國際購糧賑災，也可向國際報荒，請求賑濟。但是一向就鼻孔朝天的毛主席，又怎能向帝國主義乞憐呢？史達林說，死一個人是個悲劇，死一百萬人，只是個統計。毛主席大辦公社，辦死了三千萬人，在歷史上剩下的也就只是個「統計」了，夫復何言？

＊一九九九年十月二十九日於北美洲

原載於台北《傳記文學》第七十五卷第五期

三、「大躍進」和「四清五反」

吾人幼年讀國史，從《綱鑑》、《通鑑》讀到「四史」，尤其是在《通鑑》各章節中，史不絕書的什麼某地某年某月「大饑」、「人相食」、「民易子而食」，又是什麼「大蝗」、「大疫」等等刻板式的記載，可說是一覽而過，頭腦裏印象毫無。想不到這種古史上的記載，在現代中國，有時竟能及身而見之。一旦親身體驗之後，再讀古書，往往就有驚心動魄的震撼了。

抗戰期間，筆者於一九三九年高中畢業之後，曾與同班同學三人結伴從湘西的永綏縣，步行往乾城縣的所里鎮，參加全國各大學統一招生考試。循傳統的驛道，我們翻越崇山峻嶺南向走去。中途見路旁一木牌，上書「疫癘地區，禁止通行」。但是我們這四個外省青年，不認得第二條路，加以年輕，又要趕路，我們就不顧一切的繼續前進，並進入一個有商鋪民居數十家的小鎮。時值盛夏，家家門窗都敞開著。我們竟然發現每家都有死人，有時且不只一個。有的還在半死的狀態中，痛苦的呻吟著。全鎮不見行人，簡直是個鬼城。我們四人大驚，乃加快步伐脫離了該鎮再南行十數里，進入另一熙熙攘攘的小鎮。我們在一小茶館裏探聽前一小鎮的情況，才知道是鼠疫流行。一旦發生，全鎮居民會死光。其中還有個「四口五屍」命案。多出的一個屍體，據說是前晚路過該鎮，借宿的客人。故事真令人毛骨悚然。這才使我體會到古史上所記載的所謂「大疫」的涵義。

四年之後，我大學畢業了，又與安徽同鄉七八人，乘輪穿三峽至香溪（王昭君故鄉），「起坡」，再翻山越嶺。穿過河南省，走回安徽去「辦學」。一日清晨，我們正循一條筆直的河南公路步行前進時，忽見前面地平線上有一陣煙霧。同行有經驗的路人齊聲說「蝗蟲，蝗蟲」。果然不久這陣蝗蟲竟向我們迎面飛來。始則是零星的先遣部隊，接著便是大批人馬，遮天蓋地而來。那時原是七月盛夏，河南大平原上驕陽似火。可是蝗蟲一來，頓時天昏地暗，日色無光。只見千萬個知了（蟬）大小的肥肥的蝗蟲，圓睜兩個大眼，瑟瑟有聲的撲面飛來，當飛至你面前一兩尺時，乃繞你而過，兩不相撞。那時我們手持竹杖，乃揮舞迎擊。可能由於氣流的關係，蝗蟲千萬，卻十打九空。偶然擊中，則把牠打得粉身碎骨，隊伍小亂。這隊蝗蟲似乎有個總司令。大軍前進之中，如碰到綠油油的農作物（我們所見到的是一片佔地數畝的包穀田），總司令一聲令下，萬千小卒，頓時落下，只聽包穀田內一片瑟瑟之聲，群蟲爭食。十餘分鐘之後，似乎又是一聲令下，萬千小卒，立刻起飛，剩下的包穀園，只見斷壁頹垣，一片荒丘。乖乖，此情此景，真是不見不信。我記得蝗蟲起飛之後，還看見一位農村老大娘，手持一臉盆，坐地啼哭。她原先以為敲臉盆，可以嚇走蝗蟲，誰知蝗蟲根本沒有理她呢。

「他們唱戲給螞蚱哥看，」她哭著向我們訴苦說，「俺叫牠螞蚱爺，牠還是要吃俺莊稼。」……「大蝗，大蝗」，歷史書上的「大蝗」，不親眼看到，怎知是怎麼回事？

至於史書上不斷記載的「大饑，人相食」、「民易子而食」、「餓莩遍野」，一類的故事，我們又怎能相信它會在現代和當代中國出現呢？現代中國雖貧富懸殊，但是幅員廣大，貧民流浪乞討，饑荒歲月，又何至於弄到餓死千萬人，乃至人吃人，和吃自己兒子的程度呢？我們尤其不會相信它會發生在為窮人翻身而革命的毛主席領導之下的人民中國。更是做夢也不會想到，餓死卻都是最可憐的、也正是中國共產革命、最要替他們「翻身」的貧下中農呢。誰知天下事很少是按照人類思維邏輯發展的。想像中所最不會發生的事，偏要發生。毛澤東所一手製造的人為的饑荒，全國一下就餓死農民數千萬人，可能是中國史書上所記載的歷朝餓死人的總數而有餘。這一樁人民共和國五十年史上，任何人也塗抹不了的鐵的事實。按理黨史、國史，對人民都應該有個正確和忠實的交代。但是數十年來黨和國家的領導人，和黨史家、國史家，都諱莫如深，不願提起。非提不可時，就以「三年自然災害」，一語搪塞了事。這件空前絕後的民族大慘案，似乎在今後的民族史上打個「馬虎眼」，就可以矇混過去了。這如何使得呢？歷史就是歷史嘛。將來人民共和國的歷史上，至少也得照司馬光的老辦法，上筆流水賬嘛。書曰：中華人民共和國開國後十年，主席毛澤東推行大躍進和人民公社政策失當，引起全國饑荒，三年（一九五九—一九六一）之內，餓死農民三千萬，「人相食」、「民易子而食」。

根據對當前中國社會文化、政治經濟發展的趨勢來推測，筆者個人曾一再強調，中途如無重大意外出現，再有半個世紀，我國史上的第二次政治社會文化的大轉型，可能就會順利完成（最近北京的江澤民主席也曾說過類似的話，真是大略相同）。到時與世界列強輪流坐莊，說不定也要和今日美國一樣，來他個九合諸侯、一匡天下呢。人類歷史的發展，本來是風水輪流轉，三百年洋東轉洋西；季候風倒吹起來，化西風壓倒東風，為東風壓倒西風，也是順理成章的事嘛。一桌麻將，哪能讓一家霸莊到底？

新文藝和新史學

根據近二十年海峽兩岸學風丕變的趨勢來推測，我們更可正確的預料，今後四十年中，一個空前絕後的新的「文藝復興運動」（Chinese Renaissance），要在中國出現。在這項新的文化運動裏，歷史學必然是個重要的組成部門，到那時近百餘年來在中國歷史上躲躲藏藏的，真正的牛鬼蛇神（不是被紅衛兵捉進牛棚的假的牛鬼蛇神），試看剃頭者，人也剃其頭，是其是，非其非，都要在歷史上暴露原形。自己把頭插到沙裏去的權威人士，總要被將來的史學博士生拖出來，重見天日的。

〔附註〕

半個世紀以前。反對共產黨最激烈的「西山會議派」中堅分子的鄒魯的幼子鄒達兄告我，他父親的傳記，現在已是北京社會科學院近代史研究所裏的博士專題。一葉知秋，這一消息，已足夠把中國的學術自由，推向世界最先進的學術行列。鄒魯可以構成博士專題，將來誰又能阻止張玉鳳女士，成為歷史學、社會學、政治學、心理學博士生們，研究的對象呢？如此發展下去，那麼歷史上的鴕鳥先生，恐怕一個個插在沙裏的頭，都要被拖出來了。五四以後傳統史學中的「孔子作春秋，而亂臣賊子懼」，這個教條，早被丟到茅坑裏去了。但是看現在的史學趨勢，這一教條似乎還有餘熱。司馬光作《通鑑》，評價歷史人物說：「德勝於才，是為君子；才勝於德，是為小人。」不管時代如何變換，君子和小人，畢竟還有其若干客觀標準的，有意留名青史者，其三致意焉。

所以把餓死三千萬農民的人民公社的災禍，推給上帝，說是出於「三年自然災害」，這就是一種鴕鳥政策，可以自裝糊塗於一時，三二十年之內的歷史家，會把它揭發得盆底朝天的。但是在人民政府公佈全部檔案之前，歷史家單憑堆積如山、而難免於雞零狗碎的個別史料。是很難寫出一部有系統底專著（monograph）的。所以筆者在拙著上篇裏，只三言兩語，言其大略。可是現代歷史學的書法，原有宏觀微觀兩種方式，在人民政府有關「大躍進」這段國家檔案正式公佈之前、宏觀治史雖不無困難，可是積小成大，把千萬件個別史實，用電腦統計起來，由小看大，見微知著，還是可以窺其全豹的。只是此一法則還是工程浩大，有待於集體研究計畫（Comprehensive Research Projects），眾志成城，始可略窺堂奧，非一二退休老教授，私家治史，力所能及也。所以在本篇裏，我們只能略談如上述的「大疫」、「大蝗」等，絲微的一手史料，聊供當今的讀者和將來的史家，做為個人觀察的參考，餘則藏拙，以待來者。

安徽餓死人的實例

發生在四十年前中國的「大饑，人相食」的史實，因為死人太多，每一個華裔家族，幾乎是沒有不受衝擊的。筆者本人便出身於一個農村大家族。我自己就有個親堂弟德譓全家餓死。原來先祖有子六人，生我堂兄弟十八人。我則居長，德譓行三。戰後我考取留美，德謙尚在高中。「解放」後無力升學，乃在家鄉落戶當農民，並娶一村姑為妻，生有子女二人。土改時分得若干土地，自耕自食。「三分自留地，幾隻老母雞，一對好夫妻，兩個小把戲」，做個新時代、新農民，在「公社化前土改後」，也倒頗能自安自得。不幸一九五八年底被編入公社，吃大鍋飯，一九五九年春「青黃不接」，公社無米為炊，他自己的口糧、種籽糧也早已上繳，全家斷炊。德謙不得已乃往合肥市，尋覓親友以圖借貸。蓋當時城市居民口糧，政府尚保證供應也。然此時城市親友也家家缺糧，借貸無門。德謙乃加入盲流，擬在城市乞食維生。然因無城市戶口，乃被公安趕回鄉下。德謙向警察訴求。如被迫還鄉，三數日便會全家餓死。據說警察告訴他，餓死也得在鄉間餓死，不能死在城內。德謙被逐還鄉之後，不出三數日，一家四口便同時餓死了。

我在一九七二年底取得簽證返蕪湖探母，曾詢及德謙。家人從老母以下都支吾其詞，不敢實告。八年之後我再次以交換教授身分返國授課，此時已是改革開放時期，言禁大開，鄉親乃告我德謙餓死實情。一時情難自持，竟伏案大哭。讀史數十年，初不知「大饑，人相食」的故事，竟亦發生在自己家庭中也？

從德諴之死開始，我才知道幼年期在農村的玩伴：小烏龜、小和尚、楊道士、小根子幾乎全部餓死，死的情況各有不同。然死於公社缺糧，則無例外也。有些倖存者告我。當年餓死者往往以青壯年男子為最多。怪而詢之，原來青壯男性，往往自信體健，不易餓死，有時尋點糧食，自己捨不得吃，不是餵老，就是餵小，而孩子無知，終日叫餓，為父心有不忍，為著一家老幼，自己就永遠挨餓了，偶爾眼前一黑，就一去不復返了。我在北京和山東，所聽到無數的故事，都大致相同。

最不忍卒聽的是，人死了留在家中不敢埋葬，因為飢民往往於夜間盜墓，偷吃死屍也。更無法卒聽的是父母往往乘幼年兒女熟睡時，用枕頭或被褥把他們悶死。然後與鄰人交換「蒸」食。這就是古史上所說的「民易子而食」活生生的現代版。朋友，您說是誇大嗎？實例至多，鄉人言之鑿鑿，吾為之戰慄不已也。

至於我安徽究竟餓死多少人，我記得在母省旅行時，麵包車司機為我指點，某村死光，某村死一半，某村逃亡，始終無一人回村，他似老生常談，我不忍卒聽也。學界政界朋友，估計我省餓死者，蓋在二百萬與六百萬之間。據說政府曾有統計。在官方數字公佈之前，任誰亦不知其確數云。吾有一四十年黨齡之老友，發誓在退休後，以餘生精力，把他親眼所見，我省餓死數百萬人之實況寫下來。留為信史。有他們這樣的第一手著作，筆者三言兩語，談點皮毛。就難免隔靴搔癢、微不足道了。記絕對真實的所聞所知於此，只略備探親之鴻爪也。

劉少奇升任國家元首

安徽省和山東省，在大躍進時是重災區，受禍最慘。兩省加起來餓死人數在千萬以上。若與東西歐、南北非，或中南美諸小國人口相比，則全國人死盡矣。思之豈不驚人？那時其他各省受禍雖不如皖魯兩省之烈，然亦無一省倖免者，真是千古奇禍。人死得如是之慘烈，當時中共全黨，亦為之驚動。副主席等中央領導人，自劉少奇而下幾乎全部出動下鄉調查。對公社化「搞早了，搞糟了」（這是朱德元帥在全國視察後的評語），無不眾口交責。毛澤東自己在出巡之外，並派其隨身衛士，還鄉密訪。得報也是全國一片糜爛，軍心不穩。根據後來文革期間紅衛兵的「揭發」，當年各高幹目睹災情之嚴重，上「萬言書」向毛氏抗爭，因以彭德懷最為垂名史冊，而個人情緒反應之強烈，劉少奇實更為義憤填膺，劉氏竟公然號召農民向黨中央反擊抗命。

〔附註〕個人曾根據紅衛兵後來所揭發的新材料，為劉君試作一新傳，曰：〈劉少奇，劉少奇集團，劉少奇主義〉，載《第一屆中美「中國大陸問題研討會」專輯》，一九七一年台北政治大學國際關係研究所編印，頁一四三—一五六。筆者當時讀史書的印象，認為彭信多係講情說理，劉少奇在初開始時對毛氏胡作非為的抗議，則是義憤填膺，情難自已，十分情緒化。劉氏後來轉而擁毛批彭，顯然是毛氏在一九五九年春，向劉「讓位」結果。而劉卻因為這一讓位，終至死於非命，比彭德懷傷殘至死的下場，有過之無不及。

全國各省大批餓死人畢竟是件大事，在群情激憤之下，禍首毛公也知道情況嚴重，而思有所補救。尤其是數十年來，和他最親密的同鄉、同學、同志，一文一武的兩大肱股，劉少奇、彭德懷，都有從事窩裏反的趨勢。劉彭聯袂造反，縱是毛澤東，也感到有點「緊張」了（見上引劉傳，註五二）。很明顯的，毛公就把他在江西打AB團時，就已純熟運用的拉一派、打一派老法寶祭了起來。毛氏是拿得起放得下的蓋世英雄，重賞之下必有勇夫。他決定把「國家主席」這個最崇高的寶座讓出給劉來繼承，以爭取劉對他的全力擁護，以分彭劉之勢。在中國的傳統政治學上，孔夫子就說過，「唯名與器不可以假人」，而毛氏今日為爭取劉少奇的合作，居然以國家的最高「名器假人」，實是一著最大的「險棋」（文革後期，劉少奇被搞死之後，林彪就想這個位置，毛就絕對不許了，這才激起了林氏父子的「五七一計畫」。到時再說）。這著險棋的落子也可看出毛氏敢作敢為底草莽英雄氣質。毛氏看爛《三國演義》，他就取笑「父子皆豚犬」的袁紹，「多端寡要」，拿不起，放不下，所以才為曹操所敗。英雄們都是最大的賭徒，你要賭翻攤、牌九，和二十一點，輸了，你要有把老婆孩子也「押」到賭台上去的雄心，才能翻本，才能發財。畏首畏尾，婆婆媽媽，「多端寡要」，哪能上得了賭場，玩得了股票。蕭何曹參，原都和劉邦是穿一條褲子的朋友，等到他們要聯合造反了。蕭曹都怕「秦人誅九族」，才公推劉邦帶頭。後來項羽把劉邦的老子捉去了，逼迫劉邦放下武器，否則人頭相見。劉邦說你把我老子宰了、烹了。可別忘「貽我一杯羹」。乖乖，這才是英雄；蕭何、曹參、周恩來、張聞天都絕對做不到，那你只有讓「老毛去領導了」（這是彭德懷的名言）。蔣公介石也是這樣的人。他們國民黨人當年革命失敗了，落難在上海賣股票，戴季陶、胡展堂都把褲子輸掉了，只有「

蔣偉記」(介石的行號)一家賺了大錢。云云,何足異哉?何足異哉?記得沈亦雲女士(黃郛夫人)告訴我一個故事:蔣公微時,某次當莊賭牌九,餓了,招呼姚夫人,煮點東西來吃。姚煮了一碗年糕呈上。蔣接過一看,未說二話,便連碗帶年糕,從眾賭徒的頭上丟了過去。因為莊家手氣正不好,而年糕之形,像牌九上的「鱉拾」也。乖乖,這計英雄氣魄,胡漢民、汪精衛做得到?所以才敗下陣去。

毛氏這次讓位,是早在一九五八年底,便放出口風,他說將於人民政府第一任主席於翌年「任滿」之時,退位讓賢。因他本人年事漸高,身兼兩主席,實不堪勞瘁。然一旦倦勤,深恐引起全國不必要之震動,故先辭人民政府主席一職,迨接班程序穩定,他或將兩職同辭,以待賢者。毛雖未言明讓位於誰,然大勢顯明,年富力強、經驗豐富的劉少奇副主席,應是當仁不讓之人選。

毛主席放出此政治空氣之時,情辭懇切,曾惹起全國人民之同情,和劉副主席肝腦塗地的效忠和知遇之感。本來嘛,人民中國之開國是何等艱難。開國之後如今天下承平,開國元勳,功成身退,揖讓為國,三代以下無斯聖,國族前途真是一片光明也。果然說到做到,當二屆人大在一九五九年四月集會北京時,毛主席謙恭退出競選,劉副主席乃以全票繼位。全國一片歡騰。斯時我輩在外遙觀，也為祖國慶幸不已。君不見北美合眾國之有今日的超級富強，如無早期開國者華盛頓、亞當斯、傑弗遜諸賢之揖讓為國，盍能至此？我祖國歷經百年苦難，終於也有今日，亦步亦趨，走向北美式的富強之路，我輩僑民雖流落海外，亦當為祖國大浮三白也。

全國仰望廬山的神仙之會

不特此也。更有錦上添花。俗語云，福無雙至今朝至，禍不單行昨夜行。在全國全黨的期盼之下，毛主席更在一九五九年六月通知中央有關部會，以及地方各省市書記，於七月初在避暑聖地廬山，召開工作會議，也就是所謂「廬山會議」。這一會議當時給全國朝野一致的印象是「糾偏」、「糾左」，將三面紅旗的極左路線，適時改正。冒進冒的過火了，及時煞車，原非難事。在毛主席的聲威之下，只要他老人家發現錯誤，有意改正，實是舉手之勞。因此，時值盛夏，大家忙裏偷閒，到避暑聖地小憩數日，靜候改正佳音，豈非「神仙之會」。尤其是毛氏身邊有秀才之稱的幾位青年秘書，胡喬木、田家英和李銳，都富有詩才（就詩論詩，他們三位的舊詩水平，皆在「

主公」之上）。如今白日遊山，晚間跳舞，風景如畫，佳麗如雲（這些「舞伴」，都是從解放軍各單位調來的，政治最可靠、人材最標緻的「文工團員」，雖然她們卻被不解風情的老粗彭德懷誣衊為「選妃子」。見文末所引《實錄》，頁三五二）。島瘦焦寒，有酒豈可無詩？美景良辰，勝會更多勝友。所以群賢奉召，初上廬山之時，大家都心情舒暢，由主席和總司令朱德帶頭，廬山這個陶淵明住過的桃源古洞，頓時一遍詩聲。毛主席那首「陶令不知何處去，桃花園裏好耕田」的七律，就是此時的「即興」之作，印發全會觀摩的。四秀才踵起步韻，舉國和之。無不以共此一神仙之會，為樂為榮也。因此初會兩週，題出十九道，四平八穩，由六組分議。秘書們奉旨，小做結論，大家就可收拾行囊，各還建制了。毛主席雄才大略，文采風流，神仙之會，本是一時之盛事也（李銳當時是大會紀錄，隨身記有詳細筆記，三十年後編纂成書，不特是一手史料的歷史文獻，也是一本可讀性極高的報導文學。值得反覆研讀。見李銳著《廬山會議實錄》，一九九四年，台北新銳出版社出版，共三八九頁）。

從糾左到反右的「盧山會議」

可是有誰知道，毛公此人，深不可測。兩週之會，和風細雨，只是颶風之前的寧靜。七月十四日彭德懷因想對毛氏做私人諍諫而無法面談，乃上一「萬言書」，略抒他自己對黨中大煉鋼、大辦食堂之個人意見。他肯定大躍進「有失有得」；但總的說來，得不償失。大煉鋼生產有限，需中央補貼，一補數十億，數目之大超過國防預算。如折價購買「消費物資」，堆積起來，可以和廬山同高。這實在是一種「小資階級的狂熱病」云云（「有失有得」四字曾被毛公抓住，說彭德懷人粗心細，用意至為狠毒。其實此四字只是秘書抄信稿時的筆誤。彭為保護僚屬，不願辯白）。

彭德懷這封「萬言書」，來得其時。毛氏將其印發大會公開討論。此時大會參與者，從劉少奇、周恩來而下，都不知毛公葫蘆裏要賣什麼藥，而紛紛在暗中默測「風向」（見上引《實錄》，頁八十）。彭信既出，風向漸明，因為毛彭之間有歷史過節。彭之不叫主席，不叫萬歲，不唱「東方紅」，說調文工團是「選妃子」，並不時點名評毛的大嘴巴，是全黨馳名的。如今印發彭信，必有下文，是不待智者而後明也。

果然七月二十三日毛公乃收起笑臉，向全體大會講話。毛的這篇講話，歷史家如把它當成個重要的歷史文獻來讀，他除開反覆強調總路線和三面紅旗絕對正確、食堂照辦、「兩小無猜」（小高爐、小轉爐）繼續進行之外，通篇演說，可說是嬉笑怒罵，七扯八拉，隨心所欲，信口開河，把大會中嚴肅的聽講者，不當成為國家服務的高級官員，而只是他私人的一群太監黃門、馬弁和副官。主持國家大政的將相級人物的個人尊嚴，可說是被他糟蹋殆盡。毛氏發言態度之惡劣，竟與明朝皇宮之內的「廷杖」無異，只是沒有公開打屁股罷了。

更可嘆的是，這時居滿朝文武之首的周恩來、劉少奇，和十七日才趕上廬山的林彪，竟然在毛的講演中，不時「插話」，為毛溜鬚、助勢。一人拍馬，其他二人就非跟著拍不可了。周劉林三雄帶頭齊拍，其他與會者百餘人，誰敢不拍？這個連環套，就是極權政治最可悲的地方了。

〔附註〕事實上郭沫若作頌聖詩，也是個連環套。你歌頌史達林是「永恒的太陽」，你就不能不歌頌毛澤東是「兩個太陽」。既然，歌頌了主席愛人。你就不能不向夫人「江青同志學習」。江青同志得勢時，你要向她學習，她垮了，你就非得罵她是白骨精不可了，否則你不是變成為四人幫保持緘默、做他們的孤臣孽子了嗎。這一連環套唱了起來，那你郭老在歷史舞台上，又怎麼不畫白鼻子呢？

因此在歷史文獻上，歷史人物為自己的清白，無端的留下了不可磨滅的難堪，讀史人，責備賢者，真為之扼腕不已也。

總之，毛主席七月二十三日一場講演之後，半日之間這一場在中國近代史上有關鍵性作用的「廬山會議」，就從個神仙之會，立刻變成個魔鬼之會了。一不做二不休，毛氏索性宣佈，在此次「政治局擴大工作會議」之後，接著便在廬山召開中國共產黨「八屆八中全會」，把政策落實，也把三面紅旗，無限期的延續下去。同時把彭德懷，和同情彭德懷的前中共總書記張聞天、總參謀長黃克誠、湖南省第一書記周小舟，定性為反黨反革命的「軍事俱樂部」，是長期潛伏在黨內的「右傾機會主義思想」的公開化，陰謀反黨奪權。毛更聲稱要率領全黨，來推動一個「反右傾」的群眾運動，加以鎮壓（注意：一九五九年的「反右傾」，和一九五七年的「反右」，是兩回事。反右是以黨外反黨的右派大嘴巴為打擊對象的；反右傾的對象，則是黨內以彭德懷為首的反冒進的高幹）。風向既定，山中警衛乃立刻奉命，對「軍事俱樂部」成員彭德懷、張聞天等，加以「隔離反省」（廬山會議的警衛是隨毛上山的北京中央警衛師，也就是所謂八三四一部隊的一個中隊），因此頃刻之間，不但彭張等再無單獨碰面的機會、遊山玩水的自由，甚至在公共食堂吃飯的權利，也就同時被剝奪了。古書上所謂「畫地為牢」，今日親驗之矣。

彭下林上違犯國法黨章

看清了毛公在廬山會議末期的變臉，才知道他不是華盛頓，或傑弗遜，更不是搞禪讓的唐堯虞舜。他把劉少奇暫時踢上高樓，只是一樁以退為進底巧妙的權術運用而已。他不把劉少奇拉到肝腦塗地底擁護他的程度，毛是不敢輕開廬山之會的。毛的厲害之處，不但是不打沒有把握的仗，他也不開沒有絕對把握之會的。如今周恩來對毛早已馴服如綿羊，久病思動的林彪，是上山來接長國防部，前途無限，劉少奇是毛新近才「禪讓」出來的嘉慶皇帝，對太上皇的知遇之恩，是肝腦塗地、說一不二的。在當時的中國共產黨中，有周恩來、劉少奇、林彪三人的絕對擁護，毛主席何事不可為？這就是他對開「廬山會議」的絕對把握了。

由於篇幅所限，以下的「八屆八中全會」一邊倒的批彭盛況，和彭張等「右傾機會主義者」，被迫自我檢討，承認那莫須有的「軍事俱樂部」反黨奪權的陰謀，以及種種不堪的欲加之罪，也就沒有浪費筆墨的必要了。這兒寫歷史的人不得不提出一件怪現象，那就是毛開會的目的，原是以林彪來代替彭德懷為國防部長。開會之前，毛把這宗腹案是深藏不露的，等到全體大會一百餘人，人人加入批彭時，毛才公開他和彭德懷的歷史舊賬，原來從江西時代開始，他二人就已經是「三七開」，七分衝突，三分合作。彭有歷史反革命、反毛、篡黨的舊賬，毛早就要換掉他的，「萬言書」不過是個導火線和藉口罷了。

當然，不用說，廬山會議之後，彭被撤職，下放成都，林彪就正式接掌國防部長了。國防部長在帝王專制時代叫做「兵部尚書」。兩千多年的帝王傳統中，對一個兵部尚書的嬗替，是有一套繁雜程序的，以示對國家名器的尊重。政府的內閣閣員，不是馬弁副官，或保健護士，要換就換的，它總有一系列的升降程序。可是這次廬山會議，一直到八月十六日休會之時，中央常會和中央全會，均未發現黜彭升林的正式提案。這件大事卻發生在休會之翌日（十七日），毛氏補開個非正式的小型的中央工作會議，才決定撤彭、升林為中央軍委第一副主席和國防部長。然後再送交人大常委會去追認，去蓋橡皮圖章。嚴格的說起來，這項任免是既違黨章、更違國法的，而毛公和尚打傘，卻悍然為之，不以為意。歷史家如對這種違法亂紀之事加以解釋，那就是和尚打傘，實為近代中國政治社會文化大轉型中期，避免不了的落後現象吧。將來如有暇，寫點有關法制轉型的專題，當再細細琢磨之。

所有大獨裁者都是精神病患

總之，一九五九年「廬山會議」，這個從「糾左」開始，到「反右傾」結束，是出乎全黨上下，和全國人民的意料之外的。其關鍵實係於毛澤東這位大獨裁者的一念之間。國家的廟堂大政，他老人家根據自己情緒的變化，在一念之間就可做出一百八十度的大轉變。毛公一身繫天下安危。上面一計邪念，下面可憐的小民，就千萬人頭落地了。因此在中華五千年國史上，空前絕後的餓死農民三千萬的所謂「三年自然災害」，實在是從失敗了的「廬山會議」開始的。我們要向五千年祖宗的在天之靈，和今後千萬代的後輩同胞，交代一句，這三千萬被活活餓死的冤魂，無死的必要也。他們的冤死，實出於毛某人的一念之間。要其生則生，要其死則死也。豈不令讀史者為之嘆息流涕。

再者，毛澤東在廬山會議上，也曾兩度繼續強調：「鎮壓反革命，殺一百萬，極有必要。」（見上引《實錄》，頁二〇七、二四四）他說的那麼輕鬆。他不知道，一百萬人排起隊來，要幾百個足球場才能容納；殺掉過後，要挖一百個真正的「萬人坑」，才能埋得下去。朋友，您認為說這種話的人，「心理健康」沒有問題？事實上晚年的毛澤東，已是個精神病患者，他患有極嚴重的「偏執狂」和「精神分裂症」，才能草菅人命若此（這種精神病的症狀是患者自己時時懷疑他在企圖暗殺他底仇人的包圍之中，他要殺盡仇人，自己才會有安全感。其實這種精神病，在很多個性倔強的老祖父身上，都會發生，只是一般老祖父只能打打老婆、罵罵孫子，為害不大罷了）。

吾人搞比較史學，讀中國政治史，和世界各國政治史，才知道這種精神病例，不止於毛氏一人也。所有的大獨裁者，老年期都是如此的。晚年的朱元璋，就是個嚴重的精神病患。德國史家談希特勒，俄國史家談恐怖伊凡、談史達林，都是有相同底結論的（彭德懷的另一大罪狀，就是他也說晚年的毛澤東，就像「晚年的史達林」）。何以如此，那就是心理學上的重大課題，一言難盡了。做這種精神病患的部屬，那就真叫「伴君如伴虎」了。做毛澤東機要秘書最久、而終於被迫自殺的才子田家英，就時時慨嘆毛氏反覆無常，莫測高深，難於伺候。

關於「廬山會議」，今日最完整的第一手資料，應是上引李銳著的《實錄》了。吾人細細咀嚼該書，就不難看出「廬山會議」的全貌。它底全盤運作，是以一個權力無限、又無法無天的大獨裁者毛澤東為其主軸。他就能在光天化日之下，紅口白牙，指鹿為馬，顛倒黑白，變是為非。分明是他老人家驅策九千萬工農，去煉鋼煉鐵，他偏要說那是九千萬群眾對他的擁護，只彭德懷一人，唱其反調。終於把彭德懷那樣一位曠世難逢的、有聖賢資質的愛國者，硬性栽贓，說他組織「軍事俱樂部」陰謀反黨奪權，最後竟處死之於暴徒之手。彭德懷後來死的那麼慘，以彭氏之死，比諸南宋秦檜之殺岳飛，則毛某就不如秦檜遠矣。因為秦檜還承認岳飛的罪狀為「莫須有」，不像毛某之栽贓到底也。

四十年過去了，如今彭毛二人墓木皆拱，吾人推動滑鼠，執簡書之，是非之間，豈不皎如日月？而那時全國中央和地方數十位主持國家大政的中樞將相，和封疆大吏，都圍繞著毛氏一人打圈圈。無法理，無原則，一切全以他一言為定。而他老人家，在政治和道德生活上，朝秦暮楚，一無規矩繩墨可循。而日日夜夜卻和幻想中的、實際上並不存在的「仇人」相對抗。這一幻想的心理狀態，事實上自一九五六年的八大企圖抑毛之後，就是他幻覺上一個永遠存在的黑影。其後二十年，他老人家便陷入此一走火入魔的幻覺深坑，而不能自拔，與這一黑影魔鬼相搏鬥，至死方休。國事在這樣一個精神病患者的、獨斷專行的、胡作非為之下，又怎能不糟呢？五十年回顧，血跡斑斑，治史者撫今思昔，怎能不廢卷長嘆？

與毛共事最久、知毛亦最深的李銳先生，說毛的毛病是出在他自幼就迷信未醒的過激的共產主義，毛甚至要在中國搞「廢除家庭制度」的烏托邦。但這個過激的共產主義，顯然只是毛公病源之一部，給李銳先生過分強調了。蘇軾作廬山詩說：「橫看成嶺側成峰，遠近高低各不同；不識廬山真面目，只緣身在此山中。」李銳先生所強調的顯然只是「橫看成嶺」的一部分，是「身在此山中」的印象。吾人治比較史學，隔洋觀火，則覺得毛澤東是個精神病人。這當然也是「側看成峰」的另一部分。要識毛氏這個「廬山真面目」，我想成嶺成峰，皆不可偏廢，把諸種因素都集中起來，加以電腦分析，就雖不中亦不遠矣。

讀史者可能要問，近代中國為什麼會出了個像毛澤東這樣的大獨裁者呢？既出之後，人民中國的滿朝文武，和全國人民對他又都毫無辦法呢？這一問題並不難回答，雖然是說來話長。一言以蔽之，那就是在中國歷史「轉型」的過程中，毛澤東只是個傳統帝制的迴光返照。他是我們歷史中最後的一個暴君。對付這種暴君，我們一向是辦法不大的。這是政治制度上的一種瓶頸問題，君不見，滿清末年的滿朝文武和全國人民，對一個獨裁的老太太慈禧太后也是毫無辦法嘛。舉此一端，該可思過半矣。

解放軍大換血

「廬山會議」的直接後果，便是毛澤東在中國「絕對權力」（Absolute Power）之建立。語云：「絕對權力，絕對腐化」，這就是毛澤東生命最後二十年的中國政治的絕對現象。毛雖是個自私獨裁的暴君，但毛澤東並不昏庸。相反的在玩弄政治權術中，他卻是九段高手。他在「廬山會議」中雖然「大獲全勝」，建立了他個人的絕對權威，但他也知道，全國長期大批餓死人總歸不是個了局。所以在廬山會議之後，他就能放手讓劉少奇去收拾殘局，自己在黨政工作上，退居「二線」（這個「退居二線」的行動，毛自述是一九五九年底，他自動提出的。到一九六二年，劉少奇才認真的把他落實為二線領導）。以毛的聲威，他怎能「退居二線」呢？但是毛公是個能屈能伸底不動聲色的好漢。古書也讀得很熟。他知道物有本末，事有終始，知所先後，則近道矣。他那時所忙的第一要務原是整軍。軍整好了，有槍桿在手，還怕搞黨從政的人不聽話。所以他就暫時把黨政要公，讓劉少奇去自行其是，雖然他對劉的所作所為，還是遙為監控的。

毛為什麼要整軍呢？前章不說過，高麗戰爭之後，人民解放軍不是早已四野歸一，全都變成了他底「嫡系」（且借用個國民黨的名詞）了嗎？還有什麼可整的呢？殊不知這些嫡系部隊，現在都掌握在他底嫡系將領（彭德懷、林彪等元帥）之手。廬山會後，他把彭德懷的兵權奪掉了，把彭下放成都去搞「三線」（毛那時準備對美蘇兩面作戰，戰敗了就退往中國西南的深山大壑裏去，長期游擊。西南山溝，就是毛公的「三線」）。可是代替彭德懷出任國防部長的，卻是比彭張飛更為詭譎萬倍的林彪。他對彭都不能放心，對林簡直就要發生恐懼了。再者，黃克誠被黜之後，代黃的又是一位搞特務公安出身的另一「黃埔生」羅瑞卿。這又是使毛夜不能眠的另一「嫡系」。乖乖，這一宗軍事難題不解決，他是沒空去搞黨搞政的。

在毛看來，他對解放軍的問題的解決之道，只有來個全軍大換血，把所有的嫡系將領，至少是參謀後勤之外的戰將、帶兵官（長征時一三軍團中的將領）全部換掉，而代之以新血（如原張國燾系統中的許世友、陳錫聯等等）。不能全部換，也要換掉一大部，庶幾彼此可以相互牽制。使驕縱的嫡系人馬，不敢造反，搞黃袍加身。

〔附註〕許世友之竄升，便是個極有趣的故事。許原為少林寺的小和尚，頗有武功，曾在吳佩孚部下任小軍官。三十年代投入張國燾的四方面軍，因為驍勇善戰，遽升為師旅長。張氏叛離共黨後，原四方面軍分子頗受毛氏嫡系之排擠，某次蒙毛召見，許竟跪地大哭。毛招手呼其：「起來，起來，還是回去帶兵去。」這樣許才能恢復「帶兵」。遞升至南京軍區司令員，因此對毛的知遇之感，肝腦塗地。某次毛詢其治軍原則，許氏悍然答曰：「主席指到哪裏，我打到哪裏。」其對毛之愚忠可知。其後在林彪事變過程中，許為對林監控最主要的力量。筆者曾撰短評論許，認為是近代中國軍事轉型的重要現象。陳錫聯也是四方面軍的人。毛最後竟擢升之為北京軍區司令員。原一三軍團分子，對此都至感不平。而當時在加拿大養病且死的張國燾，對許陳在中國之竄升則至感興奮。筆者有史界友人曾訪問張國燾，長談四方面軍故事甚詳。我至今還保留此錄音帶。

將不專兵，主席才可將將

毛的第二步整軍計畫，顯然是向趙匡胤學習，搞「將不專兵」。所有帶兵官，只能奉旨帶兵，私人自己不許擁有一兵一卒，像張作霖、吳佩孚，或李宗仁、馮玉祥那樣。甚或像四野分立的前例。關於這一點，在周恩來全力協助之下，毛做的十分成功。其後軍區調整，司令員換班，都只能單刀赴會，不許帶私人衛隊或大批參謀人員，集體接事。這點制度之養成，周恩來實功不可沒。因為周在解放軍中有至高威信，而沒有私人系統，他的建議，既可服眾，也可使疑心極重的皇上放心也。周恩來之高明為許多古大臣之所不及的是，他功高而不震主。這才是耍政治的最高藝術境界呢。

將既不能專兵，則國防部長、總參謀長都成了專司軍政的官員，不能染指於軍令和指揮系統。這樣則軍委主席或黨主席，乃可以將將方式，越級直接指揮各兵種如臂之使指也。如此，則林彪雖接任為國防部長，他身邊卻沒有一連、一排，乃至一班，自己可以指揮得了的衛隊。他可以發動四百萬解放軍來學習和宣傳「毛澤東思想」，卻不能調動一團解放軍，來聽其隨意指揮。他治下有海軍艦艇百艘、飛機數千架，但除一兩只不帶武裝和專為交通運輸使用之外，他也不能任意調動一兩只，供其私人使用。縱是專供他使用的車船和飛機，他可隨時飛上天、開出海，但是機場的啟閉、港口的開關，他卻無權指揮。正如他全家最後一次的空中航行的實例，天，他可飛上去；地，他卻不能輕易的落下來。所以就葬身外國，折戟沉沙了。毛周在軍事上這樣的安排，也正是《西遊記》上老佛祖的功夫了。孫悟空，你這位齊天大聖好厲害，一個筋斗可翻十萬八千里，翻了無數個筋斗之後，才發現沒有翻出老佛祖的手掌心。

羅瑞卿那位毛公心腹，接黃克誠為解放軍總參謀長，最後弄到跳樓自殺、折腿沉沙的絕境，就是犯了中國「二十五史」上說了千遍的老毛病，他未能「善體上意」而自作聰明的結果。你這個搞特務出身的大特務，如今又接長兵權，身跨軍特兩界，而不知善體上意，兢兢業業地去「體諒領袖苦心」（這是國民黨大特務戴笠的口頭禪），卻和林彪來勾勾搭搭，亂抓兵權，去搞什麼「全軍大比武」，豈非畫蛇添足，折腿沉沙，死有餘辜？

羅瑞卿之另一糊塗之點，是他也大招林彪的嫉忌，林也非除之不可。蓋林之回朝代彭，意在兵權。如今兵權卻在羅長子（羅在軍中的諢名）手中。羅長子顯然亦如國民黨軍中的參謀總長陳誠，和國防部長白崇禧的關係。是毛派來制衡他的棋子。這顆棋子不拿掉，他想抓兵權，則永遠是緣木求魚的。林篤定要除羅，毛又坐山看虎鬥，分而制之，不加保護，羅長子就跳樓了。

可是毛公在黨政軍特的操縱上，也只抓其重點。不親細務。關於日常的管理事務，和細節的安排，那他就完全有賴於周恩來了。而周就是這樣的一個人，對毛也就鞠躬盡瘁，死而後已。在林彪事變時，周的越級指揮，可以直達中央警衛師的一個連，亦可驚矣。

破壞黨政軍系統，越級指揮

我們今日回看歷史，毛澤東在一九五八年，搞合作化，搞「鄉社合一」時最大的一著險棋，便是存心破壞原有的黨政軍系統，搞越級指揮。在人類世界史上，共產黨實在是組織最嚴密的一個大幫會。在它那針插不進、水滲不透的大金字塔裏，層層節制，下級服從上級，全黨服從中央。不得稍違。他們推動政策時，也是從塔尖開始，層層下達，看政策的性質，規定下達到某層某層為止。可是在一九五八年搞「公社化」，和「鄉社合一」時，毛澤東就把這個體制完全的破壞了。

所謂「鄉」，原是「千載猶行秦制度」的最低層的行政單位（台灣今日還是如此的）。可是在一九五八年毛開始搞「公社化」之時，所謂「鄉社合一」，就是把「鄉」這一級的行政單位取消，而代之以「公社」。「公社」不是政府機關，它是共產主義的基層建制，是包羅人民生活，從出生到火葬，各方面一把抓的總體。因此實行「鄉社合一」是何等嚴重的「改制」？按共產黨的老規矩，應該由中央政治局做出詳盡規劃和相關文獻，然後層層下達，慎重試行。可是毛在一九五八年底搞鄉社合一時，他就完全丟掉了這個老香火，來搞越級指揮，一聲令下，數週之內就把近百萬個「高級社」，改組成兩萬幾千個「人民公社」了。毛澤東這一破壞體制的行為，周恩來裝聾做啞，視而不見；劉少奇則忍氣吞聲，敢怒而不敢言；彭德懷則痛心疾首，張開大嘴巴，點名叫罵（參見上引《實錄》，頁二二五）。他罵的結果，以上諸節已道其詳，而不幸的是，劉少奇由於躋身高位，對前任毛主席有肝腦塗地的知遇之感，竟在此關鍵問題上，對毛幫腔，背著良心說彭陰謀篡黨，並指著彭的鼻子說，「與其由你來篡黨，倒不如我來篡黨」，云云。

由於黨內外簡直無一句反對的聲音，毛乃一不做，二不休，把黨政軍特財政、外交等老的體制，一體破壞無遺（毛在援外的款額上，往往不顧中國本身的財政困難，把議好的數目字的後面，擅自加個圈圈，在當時中國，也不是個秘密）。

糾左高潮的「七千人大會」

當毛主席退居二線，與周總理親密合作，不聲不響地搞其全軍大換血之時，劉少奇主席新正大位，能者多勞，也忙的不得開交。事實上，從劉氏於一九五九年春出任國家元首開始，直至一九六六年「文化大革命」爆發為止，這七年（一九五九—一九六五）時間，他位尊九五，全國一人，是劉氏一生的黃金時代。關於劉主席的生平，在劉氏失蹤之後、劉夫人王光美被判死刑之時，筆者由於職業感的驅使，曾細為查考，試為劉做蓋棺之論。已略述如上，因為他畢竟也是我國歷史上四百幾十個皇帝之一，讀史者對他不應忽略也。如今三十餘年又過去了。筆者最近重讀舊作，覺得尚無太大修正的必要。有暇或再重編之，以就正於方家和嚴肅的讀者，對劉的許多細節故事，本篇就不再重複舊論了……。然吾人細察劉主席主政中華人民共和國七年之間，史家秉筆直書之，錯誤雖亦難免，大過實在說不出，而其所作所為，功在生民，則甚顯然也。

劉氏接棒後第一項要政，無疑的，便是把毛氏的極左政策，慢慢地扳回頭。餓死人的狂瀾，就逐漸退潮了。例如他想把農村制度，恢復到「公社化前土改後」的黃金時代，回到「三自一包」或「包產到戶」的老路上去，但他卻只取其實，而避其名。他不敢再用「包產到戶」這個老名詞，因為這個老名詞，曾被毛氏定為「促退派」、「反革命」、「反社會主義」，劉恢復此老制度，則名之為「責任田」。事實上也就是「

包產到戶」也。但是本篇所言的劉氏「新政」（亦如二戰前羅斯福在美國破產的農村所搞的「新政」New Deal一樣），只是舉一反三，言其要略，若要打破砂鍋，則非十萬八萬言不能盡意。加以筆者在前為劉傳之內曾扼要言之，此處就不再重複了。一言以蔽之，劉氏的原則就是個「退」字，從毛澤東的極左政策上「退」下來，與民休息，再鼓起幹勁，從頭來起。

劉少奇這一政策是成功的。農村不斷餓死人，這個腥風血雨，到一九六二年基本上是煞住了。農村由死亡到復生，到恢復繁榮，從頭算起，少奇之力也。後期一些在安徽的基層幹部，不顧上級的畏首畏尾，而大膽搞起所謂「安徽經驗」，對此曾起過關鍵性作用，有暇當繼續剖解之、整理之，庶幾存真史冊，以便後輩史學博士生，能跟蹤繼續探索也。

劉氏在復興農村的努力之中，難免的也稍有自負，和藐視老毛的心理和行動。在劉氏心目之中，他和毛公在主持黨國大政上，平起平坐，輪流坐莊，原是天經地義的（注意：周恩來就向來不敢做此想）。當國太久了，就應該倦勤退休，做「榮譽主席」也是順理成章之事。事實上，在中共八全大會中，修改黨章時，在劉的動議之下，就曾列有黨主席退休後由黨中央聘為「榮譽主席」一條。當時毛澤東就認為這一條是專為他而設的，劉也從不諱言。如今毛已「退居二線」，進一步退為「榮譽主席」，自然也是順理成章的事。因此在一九六二年一二月之間，劉少奇在其主持的在北京召開的中央政治局「擴大工作會議」（也就是聲勢浩大的、前所未有的、黨政軍財一鍋煮的，所謂「七千人大會」）中，做冗長報告時，表面上對「毛澤東思想」恭維上天。實質上卻把一九五八年「公社化」以來的虛妄、浮誇、浪費、「共產風」等等的惡政，所帶給國家和人民的傷害和損失，批評得比彭德懷的「萬言書」有過之而無不及，劉更以國家元首、黨副主席的身分，號召全國全黨，今後務必要遵從民主集中制，遵從集體領導，以避免再犯過去的錯誤。同時把數十萬在「反右傾運動」中被迫害的幹部和人民，平反、恢復名譽、分配工作，引起全國朝野一片歌頌之聲。筆者在安徽有個近親郭崇毅，就因直言入獄，在此次獲得平反出獄。且看郭的自述：

一九五六年冬季，我奉命以省政協委員身分，到肥西縣肥光高級農業合作社去視察，發現這社上報的糧食產量有浮誇，把減產報成增產，我如實向省裏做了彙報，不料因此招了大禍。認定我是「蓄意反對農業合作化」、「造謠破壞」。除開了數十次批鬥會外，《安徽日報》還於一九五七年七月九日、七月十七日兩次以大半版篇幅對我揭露批判。後來把我逮捕，以現行反革命罪判了十二年徒刑。雖然，在黨中央七千人大會後，給我平反了，而且又當了省政協委員。但是，農業生產依然停滯不前……（見郭崇毅著，〈我是怎樣參與農村經濟體制改革的〉，載安徽省政協文史資料委員會，歐遠方主編，《農村改革的興起》，一九九三年，北京中國文史出版社出版，頁五八）。

老實說，這個前所未有的「七千人大會」之召開，實是劉氏主政以來聲望和權力的最高峰。從另一角度來看，也是毛澤東聲望的最低潮。毛在大會中表面上也曾自我批評，認為犯過錯誤。他也一反三年前「反反冒進」，和根除黨內「右傾機會主義」的老調，跟著劉少奇大唱其「實事求是」，以順應劉周合著的「調整，鞏固，充實，提高」的八字箴言原則下的糾左改革。

兩個主席爭權，數千萬人陪斬

其實在毛的內心裏，這個七千人大會，就是逼他退向榮譽寶座的第一步。所謂「退居二線」原是他在一九五八年冬，在「八屆六中全會」上，放的煙幕，至此竟被劉少奇加以落實。劉在七千人大會糾左的氣氛中，竟然把中常委分成一二線，毛被分入二線，成為真正的「二線領導」。其後在文革期間，據江青透露的內幕消息，毛氏對這個「七千人大會」，是深惡痛絕的。然毛臨場卻能忍氣吞聲，而不動聲色，真不愧為能屈能伸的大丈夫。可是劉少奇這一理論、心理和亦步亦趨，對毛做離休的安排，卻使他自己變成為毛氏的第一個眼中釘，毛決定非殺之不足以雪心頭之恨的最主要的原因。可悲的是，劉氏為人比較正直，公忠體國，而城府不深（這是他老相識、老政敵張國燾對他的評語。張氏對其他政敵，如毛、如周，都有不堪入耳的評論和鄙視，唯獨對劉卻頗有好評）。但是劉氏搞政治、搞黨不夠機警，防人之心不足，結果一身橫死不足惜，最後竟因毛之嫉忌一人，而釀成數千萬人為之陪斬的「十年浩劫」。他毛劉兩位主席的爭權，幾乎搞到整個中華民族，也為之亡國滅種，為禍之烈，五十年回頭看去，同胞們，匹夫當國，能不令小民膽顫心驚？

社教運動和四清五反

以上所述的「七千人大會」是一九六二年一、二月之間（一月十一日至二月七日）召開的。也是劉少奇主政三年後，為全黨和全國人民一致擁護的「糾左」政策的總結。可是有誰知道，糾左未及六月，黨中央在毛主席的安排下，又在是年九月底（九月二十四日至二十七日）召開了一個「八屆十中全會」。在十中全會裏，在毛主席聲色俱厲的堅持之下，一下就把六月前所開的「七千人大會」的糾左政策，全部翻了案。在全會議程中，毛氏堅持全黨全國，要繼續實行「階級鬥爭」。他堅持「階級鬥爭」要「年年講、月月講、天天講。」（見上引《國史全鑑》，卷三，頁二八四一）

毛並於同時提出要在全國各階層推行一項以階級鬥爭為主旨的「社會主義教育運動」。這一運動的主題反映在農村工作上，便是所謂「四清運動」：清公分、清賬目、清財物、清倉庫。反映在城市工作中，則是所謂「五反運動」：反貪污盜竊、反投機倒把、反鋪張浪費、反分散主義和反官僚主義。這一來，在國家政策上說，劉毛兩派就變成水火不相容的兩個敵對的政黨了。白刀進，紅刀出，不是你死，就是我活了。

〔附註〕兩個政客，分別領導兩個派系，推行兩個絕對相反的政策，民主代議制中，原是最正常的現象。美國開國之初，在華盛頓領導之下的大陸黨，原來也是搞一黨專政的。後來由於重農輕商的傑弗遜，和重商輕農的漢彌頓，兩派水火不容，才分成兩黨，以迄於今。即將到來的二千年度的美國大選，就是這針鋒相對的兩黨，最近一次的較量。它兩黨勝敗之間，對我們中國、兩岸之間的關係，將有不同底決定性的影響，……。朋友，美國人民對不同政策的選擇，可以用選票決定。我們為什麼一定要動刀動槍，一死數百萬人呢？這就是筆者數十年曲不離口的「歷史三峽」的問題了。我們從帝王專制，向民主政治轉變，至今還未轉到底。海峽兩岸如今都還停滯在一黨專政心態之上。雖然台灣今日有數十個政黨，但是一黨獨霸的傳統心態，變動甚少也。我民族要在歷史上「出峽」，大致還要等四十年。

前十條、後十條，和二十三條

長話短說，這個「四清運動」，從一九六二年底開始，毛劉兩派為此而糾纏、捽跤，一直延長了三整年（一九六三—一九六五）不得開交，到一九六五年底，毛派就快刀斬亂麻，不擇手段搞起「文化大革命」來了。文化大革命事實上便是這個四清運動的延續，而四清運動則是文化大革命的前奏曲。毛澤東眼見四清運動，扳不倒劉少奇，才要賴搞起文化大革命的。

話說回頭，讓我們先把四清運動稍微檢查一下，再及其他。為著擴大四清，毛在一九六三年五月，在杭州舉行的一次工作會議裏，制定了一項指導四清的工作綱領，便是所謂「前十條」。劉毛那時並未正式翻臉，毛氏制定政策，劉氏還得加以推行。劉認為這個「前十條」是個極左文件，真正實行起來，一定又是數十百萬人頭落地，打擊面未免太大了。為著保護一般黨內的正常幹部，和可能遭殃的善良人民，劉對這十條乃加以修正，就變成所謂「後十條」了。這是一九六四年九月，劉在另一次工作會議上，領導修正通過的。這也可以說是劉為保護自己的，也是曾有糾左背景的幹部，不得已而為之的。

劉氏這一修正，一下就觸怒了毛主席，毛幾乎就在「後十條」頒行的同時，就召開另一中央工作會議，立刻廢除「後十條」，而代之以更左的「二十三條」（正式名稱是「農村社會主義教育運動中目前提出的一些問題」）。這一來毛劉二人就短兵相接，非鬥個你死我活、不得開交了。

就當他們兩位主席，捽跤捽得不得開交時，筆者那時卻在美國哥倫比亞大學，擔任中文圖書部主任。每日清晨上班時，辦公桌上都放滿了郵局新到的大陸發行的各類報章雜誌。為著對祖國各項運動的關心和好奇心，我們對大陸出版品的追蹤，可說是如醉如癡。但是當我們看到上述的前十條、後十條和二十三條，實在被弄得一頭霧水，不知道文字背後，究竟發生了些什麼事。一直等到文化大革命發生了，我們收集了五百多種紅衛兵所發行的小報，把它們當花邊新聞全看了，有許多不解之謎，才豁然而解。原來那個「前十條」和「二十三條」，本是毛主席所手訂的、金光萬道的革命文獻，而「後十條」則是工賊內奸叛徒劉少奇，妄圖反抗毛主席，所炮製的「黑文件」。這一來才思想搞通，豁然而悟。原來如此！

毛澤東主席頗像洪秀全天王

這個一拖三年的可怕的「四清五反運動」，毛派算是再次大獲全勝了。但是對手方的劉派，並沒有敗下陣去。劉派之所以能最大狂風起，仍然穩坐釣魚台，劉少奇數十年的革命歷史和革命功勳，當然是主要原因。中共之所以能打平天下，毛澤東、劉少奇、彭德懷這三位湖南老鄉，如兄若弟的親密合作也是個重要因素。他們的合作和分裂，和早年太平天国革命時期，天王和東王、北王、翼王，從同生共死，到你死我活，頗有異曲同工之妙。

〔附註〕國民黨的桂系李、白、黃三雄在打平廣西之後，也形成火併之勢，其後所以化險為夷者。就是他們想到長毛的故事才罷手的。

長毛的可悲，是他們天下才打了一半，便自己火併起來，所以就被敵人消滅了。毛澤東和他們稍有不同的是，毛已打下了天下，才關門火併，危險性就比較小了。

可是火併還是要火併的。在這次四清五反，和接著而來的文化大革命中，老毛是篤篤定定底，要把洪天王學到底了。他先殺彭德懷這位東王，再殺劉少奇這個北王，又想殺林彪這個翼王。林彪和翼王石達開一樣，想搞分裂，另成局面以自衛，不成，才向翼王學習，想遠走高飛，又不成，才折戟沉沙的。毛把老夥伴都殺完了，最後又想來對付周恩來，無人可拉，乃再度向洪天王學習：洪秀全最後只能靠兩個膿包兄弟來保駕（參閱拙著《晚清七十年》，太平天国分冊，頁一五二），毛則想靠老婆和姪子來保駕，如何保得了呢？他老人家最後還能躺進玻璃棺材，而沒有像洪天王以黃綾裹屍，被投入陰溝，也實在是鄧小平所說的「命大」。

劉集團和CC系的區別

再者，劉和毛的關係，也頗像國民黨裏陳立夫和蔣的關係。國民黨的現象是全黨皆知的「蔣家天下陳家黨」。共產黨裏沒這句話，卻有這個事實，那就是「毛家天下劉家黨」。筆者曾撰有專篇論「劉少奇集團」，可是劉少奇集團對共產黨的掌握，卻又與國民黨中的CC系不同。CC是個棒打不散的、排他性極強的派系組織；劉集團則是大山頭對小山頭的呼應。眾山頭之間有其共同的次文化，和一致的方向性，而不構成一個像ＣＣ一樣的派系整體。

共產黨的權力結構，原是一個大金字塔，籠罩著大大小小無數個小金字塔。在打天下期間，它們確能下級服從上級，全黨服從中央，形成一個鋼鐵的戰鬥組織。蔣介石不解此理，以一個單獨的小腦袋，去敵兩國（美蘇）、一黨（一個鋼鐵的戰鬥團體），不敗何待。結果時不出三年便被摧枯拉朽的拉掉了。可是共產黨這個鋼鐵一般的戰鬥團體，打平天下了，大家一共其安樂來，它也就鋼鐵一般的僵化了。僵化是從這個大金字塔的塔尖開始的。毛澤東享有絕對權力，也絕對腐化。他老人家從一九五八年冬，大搞其「公社化」開始，越級指揮，把黨政軍特財外運作的系統徹底破壞。黨內正常的各級幹部（彭德懷之外，劉周以下的勤勤懇懇的工作幹部），皆敢怒而不敢言；有野心、有邪念的幹部（像康生、柯慶施、李井泉、林彪，乃至後來的四人幫），就乘機搞鬼和助紂為虐；一般乾脆沒頭腦的幹部，習慣於五千年帝王崇拜，和愚忠的傳統，就都跟著「主席」盲目前進，像許世友和尚那樣，「主席指到哪裏，我打到哪裏」，這就形成了一個強大的和極左的毛派了。

〔附註〕國民黨的蔣委員長，也是個有名的「越級指揮」專家，抗戰期間，長沙會戰時，一個砲兵團忽然不見了，後來發現是被最高當局，在重慶來電話「調走了」，但是蔣的越級指揮只是個「壞習慣」而已，為害不大。不像毛的越級指揮是遍及黨政軍各部門，而又是有意為之，以限制下層領導的權力。其為害就大了。

但是毛氏的胡作非為，和極左路線，在黨內的大小山頭之間，是人亡政息，沒有真正底群眾基礎的。全國各山頭，如坐鎮組織部二十餘年的安子文，和帶著早年「晉察冀邊區」的全班人馬「進城」，接收北京之後，把北京市委弄成個「針插不進，水滲不透」局面的彭真（這是毛對彭真的評語）；以及坐鎮南中國、有南天王之稱的廣東省委書記陶鑄，他們對毛澤東的服從，都是有條件的，所謂上有政策、下有對策是也。總括說來，在「公社化前土改後」以來，尤其是在毛澤東，搞極左運動，搞得全國都天翻地覆之時，劉的糾左煞車政策，實在和這些穩健的山頭，方向是一致的。因此在劉派的聲威登峰造極的「七千人大會」期中，全國大小山頭都是以劉的馬首是瞻，和劉的方向是一致的，因此在表面上看來，他們也都是「毛家天下劉家黨」的基本成員了。所以毛雖大力推動其「四清五反」的極左政策，隔了三整年，對劉實際上，毫髮無損，且為識者所竊笑。在這一情況之下，毛公這個與天鬥、與地鬥、與人鬥最樂的鬥爭專家，非常之人，要行非常之事，建非常之功，為重建他那個「毛家天下」（他老弟毛澤覃譏笑他的所謂「毛氏家廟」），徹底搞掉那個犯上作亂的「劉家黨」，把全國黨政系統也來個大換血，他就只有另擇非常的手段了，「文化大革命」這個怪胎，因此也就隨之呱呱墜地了。

＊原載於台北《傳記文學》第七十六卷第一期

四、十年浩劫「文化大革命」

從半年延長至十年的文化大革命

「文化大革命」這宗人民中國五十年史中的「十年浩劫」（鄧小平的結語），當時的參與者、受害者和後世史家，都一致同意是毛澤東「親自策劃的、親自發動的和親自領導的」，為實行社會主義和共產主義而清除走資派的政治運動。這一運動，從「公社化」到「四清五反」的背景，已略如上述。它底實際的目的則是摧毀那個根深柢固的劉少奇集團，和劉少奇反極左的意識形態，而達成毛澤東絕對獨裁的政治運動。

從毛澤東思想的理論上說，自七大以後，《毛澤東選集》之外，不許黨中任何高級領袖，也出什麼「選集」的。他們一律都得封起鳥嘴，在理論上、思想上，無條件的跟著「毛澤東思想」前進，可是劉少奇卻是個例外。劉少奇寫了好幾篇理論性的著作，尤其是那本蜚聲世界、而被毛澤東定為「黑書」的《論共產黨員的修養》。在一九五九年劉第一次出任國家元首時，《人民日報》曾以六版篇幅全載之。一時在劉上毛下的耳語聲中，《毛選》反顯得灰溜溜了。因此在毛的心目中，劉少奇的「黑書」，就是一切反動理論的總代表，背上之芒，眼中之刺，他非徹底除之，則食不甘味，「不吃睡藥，也夜不能眠」（毛的口頭禪）。

再者，劉主席在這金色的七年之中，也享盡了個人的榮耀。尤其是當他攜如花美眷，於七年之中三訪外國時，友邦無不以最隆重的放二十一砲的元首之禮相迎。這時毛主席如果也出訪友邦，那就至多也只能聽到十八九砲了。失之毫釐，差之千里。劉本是一個從龍之士、開國功臣而已，如今竟然陳橋兵變，黃袍加身，是可忍，孰不可忍也？朋友，人總是人嘛，尤其是在那傳統帝制的迴光返照時代，毛主席為著爭回權位，爭回榮譽，他就要持大刀、翻牆頭，赤膊上陣了。朋友，相信嗎？李登輝總統如在毛的位置，恐怕也會赤膊上陣一番也。

但是，毛主席顯然是低估了當時中國的客觀形勢。在他的心目中，他是佛祖，劉只是個孫行者。他如赤膊上陣，親自出馬來「砲打司令部」，劉少奇和他那批小鬼，至多六個月就可以解決得乾乾淨淨。誰知道，他砲打司令部的結果，司令是被他打死了，小鬼卻不容易收拾，結果形勢失控，鬧得中華帝國，遍地皆鬼，他這個閻王也收拾不了，一拖十年，就變成「十年浩劫」了。

〔附註〕在發動文化大革命時，毛氏固然自覺這一「運動只搞了五個月，可能要搞兩個五個月，也許還要多一點」，就可以結束了，見一九六六年十月二十五日，毛主席〈在中央工作會議上的講話〉，載《毛澤東思想萬歲》，一九六九年，北京（？）出版，頁六五八。毛在其他接見外交場合，也曾提過有關六個月結束文革的估計。

古人說，天子一怒，會流血千里，伏屍百萬，這就是文革的結果。殊不知，匹夫也可一怒。他仁兄一怒，只要伏屍二人，流血五步，也可得到相同的效果。這就是林彪後來所說的，「丘八搞不過秀才」，但是搞個伏屍二人，流血五步，也是可以解決問題的，所以他父子、夫妻，就要採取不同的辦法，來解決相同的問題了。此是後話，下節再說。

把兩千萬字縮成兩萬字的文革簡史

總之，十年文革實在是人民中國五十年史中，最亂最糟、是非不明，但也是最多彩多姿、有血有肉的、留下史料最多的一段。文革十年中，在祖國一片腥風血雨、煙霧迷濛之際，我輩避秦海外，而留在大陸的家人骨肉，都消息全無，生死不明。在一種無能為力底悲傷的情緒之下，我們無時無刻不在追蹤大陸上的消息，想知道點究竟。就以筆者個人來說吧，身為圖書館員，對兩岸浩如煙海的官方出版品，如數家珍，不必提了，單是紅衛兵的出版品（像《新北大》、《井崗山》、《東方紅》、《財貿紅旗》、《何其毒也》、《鬥瞿戰報》等等），十年之間，就細讀過五百餘種。總字數，應在兩千萬以上吧。在蔣毛二公幾乎同時死亡以後，兩岸言禁大開。有深度有系統的專著，更是潮湧而出，有讀書癖好的人，跟蹤拜讀，又已二十個年頭了。

就以老友嚴家其、高皋伉儷合作的鉅著《文革十年史》（一九八九年十月，香港萬年青圖書中心增訂版，分上下兩冊）中，其故事就比《水滸傳》還要熱鬧。我也把它當成《水滸傳》，零零星星的讀了不知多少遍。其他的「傷痕文學」就不必談了。讀了數千萬字的史料，最後自己問問自己，文革是怎麼回事呢？仍難免一片茫然。本篇就想把讀過的史料，試為濃縮成數千字，向歷史課室裏的學生、討論會（Seminars）中的同行，和茶餘酒後、關心國事的同胞，來談談文革，到底是怎麼回事？以就教於高明。

毛親校三遍的《海瑞罷官》劇評

顯然是經過數年實際觀察和思考，毛澤東終於一九六五年初決定發動一個空前絕後的文化大革命運動。但在文革初期他只授意江青、柯慶施、林彪、張春橋（時任上海市委宣傳部長，候補書記）、姚文元（《解放》雜誌編委）一夥，在上海發動，他自己另在幕後指揮，暫不露面。他發動的方式就是叫姚文元主稿，寫一篇書評，來批判北京副市長、名史學家吳晗所編的劇本《海瑞罷官》，說吳晗是資產階級向無產階級反攻倒算，要替被罷了官的彭德懷翻案。其實海瑞這個名字，沒幾個中國人知道也。那原是數年之前，毛氏在廁上讀《明史》才發現的，覺得他是和包公一樣，正直的「

清官」，因而號召幹部和人民學習海瑞。聖旨一出，天下從風，吳晗就承旨，寫了這個劇本，由京戲名伶馬連良唱了起來，一時全國轟動，好評如潮，弄得另一名伶周信芳（麒麟童），也踵起效尤，自編自唱了一番。這原是「廬山會議」以前的事，《海瑞罷官》的劇本，原來也只是一本承旨文人所寫的「馬屁書」，與彭德懷的罷官沒屁關係。可是它此次卻雀屏中選，變成了文化大革命第一砲的砲靶。當姚文元奉命撰寫此一劇評時，曾九易其稿，歷時半年以上，十度派專機密呈毛公「御覽」（見《文革十年史》）；毛也承認他對姚氏原稿，親自修改了三遍，可見其用心之深之苦也。

從「二月提綱」到「五‧一六通知」

根據後來政治局勢的發展，寫歷史的人，就不難把毛氏發動此一運動的來龍去脈，從頭說個明白了。毛的原始計畫顯然是先把這一運動，披上一層「文化」的外衣，揪出個既是史家、又是文理家、也是黨員官僚的北京副市長的吳晗來祭旗，以發動這個「文化革命運動」。從吳晗再擴大至所謂「三家村」（與吳長期合作的名作家「三家村札記」作者，《人民日報》總編鄧拓，和《前線雜誌》總編廖沫沙）；依次蔓延至其他黨內外所有的走白專路線的學術權威，再升級鼓勵各大中學革命師生，向各學校、各單位的領導和「當權派」奪權、造窩裏反，來他個天下大亂，並乘機拿下陸定一把持的中央宣傳部，和周揚的中央文化部，以及兩部屬下的報章雜誌和廣播電台，以統一宣傳口徑，讓國內外聽不到一點雜聲。

毛的第二步，顯然是奪取那個被彭真所盤據的、「針插不進，水滴不透」的北京市委（彭真是當時的北京市第一書記，兼北京市長），和北京地區的一切媒體，尤其是受市委控制、由鄧拓總編的《人民日報》和廣播電台。掌握好了北京這個根本重地，然後再循黨的既定程序，通過政治局和人民大會，來把劉少奇隔離審查，如此，這個運動只要搞五個月，或「兩個五個月」，也許還要多一點」，就可以恢復秩序，達到四海歸毛、天下太平了。這樣，毛主席也就可以只做個總設計師，和總策劃人，永遠在幕後指揮，用不著揭開帳幕，拋頭露面，自己來赤膊上陣了。

想不到，可能也是想像中事吧，姚文元這篇書評，於一九六五年十一月十日在上海《文匯報》刊出之後，反應冷淡，縱是毛用黨中央的名義，推動全國報刊加以轉載，北京的《人民日報》和華南各大媒體，則認為它立論太左，不得人心，而加以杯葛。這顯然是因為在彭真控制下的北京市委，和楊尚昆掌握中的廣東省委，初不知此一新運動是由毛主席躲在背後，親自發動的，並且要雷厲風行的。他們顯然誤認為，這只是若干極左派，柯慶施、康生者流恃毛之寵，而興風作浪，他們也可以在必要時說服主席，而加以抵制也。這主要的原因是，毛此次所搞的，是絕對的「陰謀」，而非「陽謀」。他搞「絕對保密」的結果，連極度敏感的周恩來，也被蒙在鼓裏，對毛的這著新棋，毫無所知。黨內其他高幹和全國朝野，對此也沒絲毫的心理準備。才有華北華南一致杯葛的情況出現。毛如一開始便披掛上馬，誰又敢對他做正面抵抗呢？因此這一尷尬局面，可能就不會出現了。

再者，在姚文元發表之後，主席只裝做同情，只表示有意發動一個文化革命運動，來加以推廣之時，他還是按照黨的舊體制，組織了一個「中央文化革命小組」（所謂「五人小組」），做為指導機構。提名彭真、陸定一、康生、周揚、吳冷西為組員，並指定彭真為組長。這個雜糅左右派於一爐的「五人小組」，竟使彭真毫無感覺，這是「引蛇出洞」的舊戲重演，也是他自己罷官、審查、坐牢的第一步。相反的，做為五人小組的組長，彭真竟認真的於一九六六年二月四日，在該小組的會議上通過了一項決議：「文化革命五人小組關於當前學術討論的匯報提綱」，簡稱「匯報提綱」或「二月提綱」。根據這項提綱，五人小組乃把這個「文化運動」的範圍，完全局限於「文化」領域中去，並認定《海瑞罷官》與彭德懷的罷官，二者不是一回事。這樣，他就保護了吳晗，也把政治問題，給完全撇開了。

可是彭真這一無意的、公開的反毛安排，卻激怒了暗中有意去彭的毛澤東。他終於揭開帳幕，丟掉假面具，走向前台，自己就赤膊上陣了。毛氏這一計從幕後走上幕前，為時雖短，卻程序複雜。我們只能刪繁就簡，長話短說，那就是毛為對付彭真的杯葛，終於在四五兩月，連續在北京召開政治局「擴大會議」並於五月十六日，經他自己「八次修改」之後，才拋出的一項「中國共產黨中央委員會通知」，這就是毛澤東發動文革的誓師詞，所謂「五．一六通知」是也。

〔附註〕「二月提綱」和「五．一六通知」，在一九六六年都是全世界媒體上的大新聞。而全世界的所謂「中國問題專家」，都苦於無法知其全文，正好有個原在北京學習的日共黨員，他在北京街頭花了兩分錢人民幣，買了一份鉛印本的「二月提綱」，當他返日路過香港時，發現國際媒體和美國特工，都想搶購此一文件。誰知這位日本共產黨原來是個走資派，他乃提高價錢，和購者討價還價，最後據說被一美國人以兩千美元的高價購去。那位老美可能以更高價格，轉手出讓，亦未可知也。

呱呱墜地的四人幫和極左派

在這項「五．一六通知」裏，和由此而演變出來底政治新形勢，簡單的說來，便是：一，徹底廢除「二月提綱」，並把這個「反革命」文件，訂出「十大罪狀」，昭示全黨；二，解散原「五人小組」，另成立新的「中央文革小組」，對上直接聽命於政治局常委，對下則直接指導文革（包括後來的紅衛兵）底一切活動。並指派陳伯達為組長，江青為副組長，康生為顧問，組員則有張春橋、王力、關鋒、戚本禹、姚文元等人。他們不用說了，都是當時中國，甚或當時世界上，極左派的共產黨人了。新小組成立未及兩月，江青便再度竄升，代陳為中央文革小組的組長。後來再從上海工總司招攬一個王洪文，就形成了以她為首的「四人幫」了。

江青，這位主席枕邊人，在一九六六年初本已受林彪「委託」，負責主持人民解放軍的文藝工作，穿上了軍衣。如今出任中央文革小組的組長，就文武兼資的進入黨政軍的最高階層，襄贊主席愛人，來從事全黨全軍的改造運動了。從此領導個世界馳名的「四人幫」，權傾朝野。一帆風順，直到主席躺入玻璃棺材，她才被捉進牢裏去。

就當四人幫呱呱墜地、極左派日上東山之時，彭真這位「混進黨內三十年的資產階級的反革命分子」（毛主席這時公開送給他的帽子），自然就相對滑坡了。為處理彭真事件，還是毛主席的話，說得最清楚。毛說：

凡是在中央有人搞鬼，我就號召地方起來攻他們，叫孫悟空大鬧天宮，並要搞那些保「玉皇大帝」的人。彭真是混到黨內的渺小人物，沒有什麼了不起。（我）一個指頭就捅倒他（見〈批判彭真〉，一九六六年四月二十八日），載《毛澤東思想萬歲》，頁六四一）。

北京市委被撤換之後，彭真不久便鋃鐺入獄，一坐十二年，到江青也入獄了，他老人家才恢復自由。與彭同其命運被鬥臭鬥垮的，有所謂「彭、陸（定一）、羅（瑞卿）、楊（尚昆）」四大反革命，也就無須一一交代了。

對資產階級代表人的全盤清洗

文革初期，在毛主席的親自領導之下，除人事安排向極左發展之外，意蒂牢結自然更是左上加左了。毛氏認為中共「進城」之後，把舊時代舊社會中的舊知識分子「全部包下來」的政策，是個絕大的錯誤。其結果不但是新中國的文教機關被舊知識分子把持了，其他黨政軍財外諸單位，沒一個不是充滿了「資產階級的代表人」；有的（像彭真包庇的吳晗）已經當了新政權的領導；有的「例如赫魯曉夫那樣的人物（像「玉皇大帝」劉少奇），他們現在睡在我們的身邊」。這些人「打著紅旗反紅旗」，一有機會，他們就要專無產階級的政。所以毛氏要在全國全黨，黨政軍財外，中央地方各單位來個總清洗。

清洗的辦法恕我們搞歷史的替他老人家綜括敘述一下，抓住中央，則一朝權在手，便把令來行，一竿到底。中央有人搞鬼，大權旁落了（這是林彪諷諫毛主席的話）。那就「號召地方來攻擊他們」。黨政軍財外，各單位、各山頭、當權派、土皇帝、閻王爺出毛病了，那就發動各該單位之內的有野心、膽大肯鬧事的小鬼，造窩裏反，向他們爭權。對付朝野上下，赫魯曉夫以次，一般的當權派和反動派、資產階級的代表人，則發動在學校讀書的小鬼，「一不上課，二管吃飯，三要鬧事，鬧事就是革命」（見毛主席於一九六六年七月二十一日〈對撤工作組的指示〉，載上引《思想萬歲》，頁六四五）。在另外不同場合，毛也一再提到，要全國學校，停課六個月，讓學生「吃了飯要發熱，要鬧事，不叫鬧事幹什麼？」並鼓動他們打倒一切權威，樹立新權威，毛自問自答：「現在權威是誰？是姚文元。」（見同上，頁六三七，三月二十日，毛在擴大會議上的講話；及上引嚴家其書，卷一，頁二六。）

學生要鬧事，軍警一概不許干涉，放手讓他們鬧去，打砸搶，又怎樣？只有他們才能「橫掃一切牛鬼蛇神」（這是陳伯達奉命於五月三十一日代替吳冷西，接管《人民日報》之後的第二天該報的通欄大標題）。只有通過大亂，才能求大治。學生造反愈亂愈好。毛主席有解放軍四百萬，武裝和便衣特務，不計其數。他老人家可以隨時的撥亂反正，有什麼可怕呢？

不過話說回頭，毛公對中國的高知，還是有點顧慮的。上篇我們曾提到過，一九五六年的鳴放期間，毛曾想利用高知，來幫助他整風清黨，結果弄成了全國高知聯合反黨的尷尬局面。這次他老人家吃一塹長一智，再不敢利用高知，連大學生也不敢輕動。因此他搞一不上課，二管吃飯，三要鬧事，原是從中學開始的。搞出經驗了，紅衛兵才漸漸上了大學的。

果然，在五一六之後，紅衛兵就在北京的幾個中學，先從清華、北大附中來起，蔓延至北京全城幾十個中學裏，中學生數十萬人中，迅速的出現了。

主席的紅衛兵，太后的義和團

「紅衛兵」這個中國近代史上的怪胎，吾人雖著書百萬言，也是說不完的了。筆者在個人論史的拙著中，曾有論述清末「義和團」的長篇。在該書中，我曾反覆強調慈禧太后的「義和團」，便是六十六年之後，毛澤東主席的「紅衛兵」。今日吾人來談紅衛兵，則反之亦然。毛主席的紅衛兵，便是當年慈禧太后的「義和團」。一個「鬧教」，一個「鬧革命」。毛主席有個「四人幫」和「文革小組」，巧的是西太后也有個「親貴四人幫」，和指揮義和團的御前小組。兩者都是讓讀史人哭笑皆非、正反兩面、永遠說不清的歷史大鬧劇。只是論規模，則後者要比前者大出一百倍以上吧了。被西太后請進北京「鬧教」的義和團，大致不過十餘萬人；可是毛主席在北京八次檢閱前來「鬧革命」的紅衛兵，據說總數在一千一百萬人上下，真是不可想像。這兩位，一個無知的老女人，一個強不知以為知的老男人，為此，幾乎都把國家民族弄到萬劫不復的程度。是怎麼回事呢？（參閱拙著《晚清七十年》，卷四，「義和團」。）

要回答這個歷史問題，還是「氣功師」說得好：「真理半張紙，閒言萬卷書。」你說他複雜，則萬卷書，豈能盡意？你說它簡單，也最簡單不過了。那就是在一個充滿不平的社會裏，人心動盪，身受不平的人都蠢蠢思動，也可說是民心思亂吧。清末的社會不平，權且不談，人民中國在解放後的社會不平（Social Injustice）並不比解放前，有什麼太多的改善。因為中國最基本的問題是國貧民窮，孫中山所謂「大貧小貧」是也。中共在解放後，殺了幾百萬「小貧」（地主、富農），但是並沒有解決幾萬萬「大貧」的問題。加以多年搞公社化的惡政，死人數千萬，做土皇帝的地方幹部、黨員的仗勢凌人，為非作歹，黎民百姓敢怒而不敢言，青少年就更有思亂之心了。一旦社會發生動盪，他們就成群結隊的參加造反了。這在傳統帝制時代，就會發生農民起義，共產黨管得太緊，暴動不了，他們就只有寄望於朝中的包公和海瑞了。如今有海瑞、包公，甚至皇帝和娘娘都來領導造反，造反有理，也就管不得是造誰的反，和造反的頭頭是老幾了。造反本身就是個對社會不平的發洩。

再者，解放後中共的工運，也只是製造一些另一種的社會不平。解放後，工人階級是統治階級了。但是真能享受統治階級之特權的（如終身職、鐵飯碗、醫藥保險、休假、旅遊、療養、兒女教育等等），也只是極少數、極少數、大致有幾十萬人的產業工人（Industrial Workers）；其他幾百萬、幾十萬所謂合同工、服務工、替工和待業工，還是一窮二白，一無所有。大家同是工人，為何有貴賤之別？這種佔工人階級中絕大多數的「賤民」，心懷不平已久，而投訴無門。忽然間「文化大革命」起來了，聽說毛主席夫人江青同志，領導了中央文革小組，專替俺工人打抱不平，這真是俺工人階級告御狀、出頭之時。成千成萬工人上京告御狀，蒙江青同志接見，談到俺「合同工」的苦處，江青同志當眾灑淚，人家是「娘娘」呢。同情俺工人苦命若此，你說她不是聖母娘娘、觀音菩薩、窮人的救星、工人階級的至高領袖？朋友，在這環境之下，你說江青同志只是個野心家、白骨精，「壞婆娘」（鄧小平語）？江青同志也有她的革命群眾和社會基礎呢。

當然，社會既有其不平，大路不平有人鏟，革命家、慈善家、宗教家、爛政客，和壞婆娘，也就都有他們插手的機會了。你能說只有彭德懷才是英雄？朋友，當年慈禧太后時代，一分為二的社會，也是如此呢。

不上課，管飯吃，鬧風潮

總之，紅衛兵的組織一經發動，立刻便如火之燎原，一發難收。讀者賢達，設身處地想想看。我們都做過中學生。在我們做中學生的時代，學校忽然停課了，大代數、解析幾何的習題也不要做了，英文背誦甩過一邊，學校伙食免費供應，要我們青年男女，成群結隊上街去鬧風潮，乖乖，天下哪有這等好事？我們對毛主席他老人家，能不山呼萬歲？到後來，搞串聯，出任務，調查反革命黑材料，火車輪船一概免費。有特殊任務（像出差成都去抓彭德懷歸案），還可坐免費飛機，俯看秦嶺、三峽、都江堰等名勝。到處有解放軍招待，小將長，小將短，恭維溜鬚之辭，不絕於耳。身為紅衛兵小將，頸繫紅巾，手執皮帶，雄赳赳，氣昂昂，好不英俊？看到牛鬼蛇神，只要一聲吆喝，對方無不俯首聽命。朋友，短短數十寒暑，人生不如意事，十常八九，勸君應惜少年時，像這樣風光歲月，一生能有幾年？您怎能怪我們小將，搞打砸搶之起勁哉？只是在毛主席鼓勵聲中，在諸小將棒下鞭下，祖國大地上，不知又平添幾千百個屈死的冤魂罷了。

如在眼前嘛。當年替毛主席佩帶紅衛兵袖章的、在北師大附中就讀的高幹子弟——小美女宋彬彬，主席嫌她芳名太文雅了，勸她要武一點。果然她就改名宋要武。其後在要武的銅頭皮帶猛抽之下，就有六個牛鬼蛇神被要武活活打死。後來改革開放了，這個美麗的小殺人犯、murderer，曾再度改名到美國留學、結婚、流產。霜晨月夕，面對在暗處徘徊的六條冤魂，不知她姑娘何以自遣良宵？朋友，彬彬原來也是個受害人啊。關於這六條命案，法官應該判她呢？還是應判她背後的唆使犯？想到我們美麗的祖國，何以一時變成如此的鬼域世界？我們又從何說起呢？

第一張大字報

在紅衛兵的大小兵團，三千五千、三萬五萬逐日增漲，千萬個紅衛兵全國「串聯」

，輪船火車都被他們擠得癱瘓之時，近代中國文化史上有名的「大字報」，也鋪天蓋地而來。眾所周知，在這數十萬張大字報的領先之作，是由北京大學哲學系黨總支書記聶元梓領銜寫的。聶是一位中年婦女，在北大搞黨十分起勁，與該校黨委書記陸平有宿怨。今次「中央文革小組」改組之後，康生、江青等乃看準北大這塊政治沃土，乃想利用聶元梓與陸平的惡劣的關係，在北大「點火往上搞」。聶元梓得到中央文革的暗中支持，乃聯合同事七人，於五月二十五日貼出北大，也是中國的，第一張向上級領導造反的大字報，質問：「宋碩、陸平、彭佩雲在文化革命中究竟幹些什麼？」宋是北京市委中陸的上級領導，彭則是陸在北大的同事校委。在共產黨的體制中，「下級服從上級」是有其鐵的紀律的。犯上作亂，向為黨紀所不許。加以聶在校中聲譽本不好，而宋、陸等又不知聶與新「中央文革小組」的秘密關係，乃發動全校各單位遍貼大字報加以反擊，一時北大校園之內，一片字山報海，掀起了文革期間第一陣大字報大辯論的狂潮，而聶同志則眼見勢有不敵也。

中央文革一見大事不好，乃夤夜將聶氏大字報原文，報向在西湖劉莊度假的毛主席。毛即下令公開廣播聶元梓的大字報。在五月三十一日，陳伯達強制接收改組了的《

人民日報》上，聶文乃在翌日該報上以通欄標題，與上述〈橫掃一切牛鬼蛇神〉的社論，同時刊出。一時真相大白，北大全校，乃至全國的形勢頓形逆轉，原在下風的聶元梓，一夕之間就變成北京大學的「老佛爺」了。隨之，便是一陣狂風暴雨，北京城就是造反派的天下了。所有各機關、各學校的黨委領導，都變成衝擊對象而搖搖欲墜了。……在同一個北京城，六十六年前曾是義和團小將們的天下啊。

「工作組」問題始末

當時在北京主持中共中央日常事務的劉少奇和鄧小平，見大勢失控，二人無能為力，乃聯袂飛往杭州請示，扳請主席回京坐鎮，為毛氏拒絕。毛囑咐二人回北京安定大局。這樣才出現所謂派「工作組」問題。原來按共產黨辦理一般黨務的傳統，遇有大事，都由黨的上級指派「工作組」，進駐各單位就地解決所發生的問題。此次劉、鄧依照老辦法，乃由留京中央常委一致通過派「工作組」進駐北大、清華等重點學校。盼將革命師生的造反行動納入正軌。劉少奇為慎重其事，竟把自己的夫人王光美也派為駐清華的「工作組」成員，以了解下情。可是，這時一不上課，二管飯吃，三要鬧學潮，大家揪鬥原在校中作威作福的當權派，大造他們之反，正在起勁之時，忽然中央派來了工作組，大潑其冷水，就激起眾怒了。鬧學潮就必然會出頭頭，後來的天安門事件，出了王丹、柴玲、吾爾開希等頭頭，這次在中央文革小組，公開和秘密的煽風點火之下，清華北大就要產生司令了。果然，清華化九班就出了個與王光美正面衝突的蒯大富，蒯司令了。蒯司令其後極盛之時，曾擁眾數千人，終至數萬人，甚或數十萬人，一時風頭之健，實非後來的柴玲、王丹可以望其項背。

筆者在個人拙著裏，曾一再強調：「天下無不是之學運」。那麼我們對蒯司令這種學潮，如何評價呢？曰，是是非非。蓋共產黨是個極權政黨，一黨專政，老子獨大。尤其是在毛澤東時代，大學中搞老子獨大的領導，搞久了，很少不是學閥的。可是這些學閥所面對的，卻也是一批趾高氣揚、小子獨大的小學閥、大學生，特別是清華、北大這一級的大學堂，有志青年，一旦考入這種學堂，哼！老子將來不是江澤民（中大、交大），也是朱鎔基（清華），你這個作威作福的小小的校黨委、老學閥，算個屁。老子能鬥你一下，就請你「坐坐飛機」。毛澤東也就是掌握這種群眾心理的九段高手，面對此一情況，真是得心應手。

本來這種目空一切的小臭老九們的心態，也沒啥不正常。筆者在中美兩國都參加過學運，實在覺得全世界小臭老九，都是一個娘生出的。只是北大造反派，最後竟把陸平的母親埋在冰雪堆中，活活凍死，這就不是人類的行為了。他們為北京大學光榮的校史，寫上最可鄙可悲的一頁。

毛澤東「砲打司令部」

就在這個「工作組」和蒯司令的紅衛兵鬥得難捨難分之際，蒯司令終於力有不敵，被捉將官裏去，而劉、鄧兩司令，也不知下一步如何是好之時，忽然晴空霹靂，毛主席於七月十八日，在暢游長江之後，突然返回北京，未待劉、鄧有機會申訴，毛即公開申斥工作組為反革命組織，並立即加以撤除。恢復蒯司令自由，並放手讓鬧事的學生鬧個夠。一時北京城內，歡聲雷動，數十個中學的紅衛兵，和各機關的造反派乃應聲而出。劉、鄧亦一時手足無措，蓋他二人亦不知毛搞起這個運動，究竟所為何來也。

為擴大此一紅衛兵運動，毛乃於八月一日至十二日，正式召開中共中央八屆十一中全會。在大會中途，八月五日，毛氏忽然在中南海貼出一張他自己親撰的大字報。標題是「砲打司令部——我的一張大字報」。這一下一直藏身幕後三四年之久的毛主席，至此終於赤膊上陣了。在此之前數日，有人問劉，文化大革命究竟是怎麼回事？劉少奇還在感嘆地說：「我老實回答你們，我也不曉得。我想黨中央其他許多同志、工作組成員也不曉得。」在此之後，則黑白分明，正如鄧小平自我檢討時說：「在十一中全會中，毛主席一張大字報，就是砲轟劉少奇同志和我兩人的司令部。」（參閱《文革十年史》，上，頁三七、一〇二）

這一下好了。八屆十一中全會就陣線明朗的表達出，它是個「打倒劉少奇和鄧小平的中央全會」。至此全黨全國也和劉鄧本人一樣，才恍然大悟，文化大革命的主要目的就是要幹掉劉少奇，如此而已。以後大會決議，有規範紅衛兵活動的「十六條」，就不必多費筆墨了。

文靠陶鑄，武靠林彪

由於毛的赤膊上陣，有許多人民政權中的不解之謎，一下都豁然開朗了。例如陶鑄的升降，和最後的被迫害至死的這一謎團，寫歷史的人就不難解開了。陶鑄（一九〇八—一九六九）這位湖南學徒出身的黃埔五期生，是個允文允武的領袖人才，和篤信馬列的共產黨員。他和林彪一樣隨著共產黨出生入死。國共內戰期間，陶原是林彪四野的骨幹，解放後文革前，陶已歷任廣東省長、廣東省委第一書記、中共中南局第一書記、廣州軍區政委等方面要職，有南天王之稱。

在一九六五年毛澤東計畫發動文革時，陶調職中樞，升任國務院副總理，一九六六年六月，陶又出任中共中央書記處常務書記，兼文辦主任，陸定一被打倒之後又兼宣傳部長、文革小組顧問，有權指導文革小組的一切活動。八屆十一中全會時，陶又蒙增補為中央政治局常委，躍升為毛林周之下的黨內第四把手，可見毛對他期望之切，和倚畀之深。顯然的，毛在砲打劉鄧之後，希望提拔陶鑄和林彪，一文一武，彼此牽制，為他大舉推動文化革命的哼哈二將、肱股大臣。這一現象極其明顯，毋待贅述。不幸陶氏正是司馬光所稱述的，「德勝於才」的一個方正之士，既不像二把手林彪，主動走向極左，甘願做主席的打手和鷹犬；他也不願師事三把手周恩來，對毛氏無條件的馴服。陶鑄自有其個性，不願指鹿為馬，將非做是，因而他對極左派江青，和文革小組成員的言行，每每不能同意，反而對劉、鄧時有寬恕之辭，以致與文革小組唱其反調，而激起文革小組發動群眾，來打倒這個「叛徒」、「保皇黨」。揪陶批陶運動逐漸升級，直至把陶鑄與劉、鄧同列，一齊打倒而後已。糾紛拖到一九六七年初春，最後輪到毛澤東自己來落錘定案了。顯然的，毛認為陶鑄不識抬舉，既不能引為朋友，就必然要打為仇人。在那個毛澤東年代，一旦被列為仇人，那就非置之死地不可了。毛的結語是陶是堅決執行劉鄧路線的人，只有讓紅衛兵去解決他了。紅衛兵應聲而來，陶鑄就由失去自由而失蹤了。一九六九年十一月三十日，六十一歲的陶鑄被發現死在合肥。屍身無人能辨識，因為上面只有一個號碼。在陶死的十八天之前，劉少奇的屍體也在開封被發現，也是無人能識。陶比劉小十歲，但只比劉多活了十八天。

林彪大唱個人崇拜的獨腳戲

文化大革命中，陶鑄這幕小小的插曲，表面看來無關痛癢，其實關係大矣哉。因為從各項史實看來，毛想把他自己的權力聲望，和個人崇拜，推到巔峰，他原先的設計，是讓陶鑄、林彪，一文一武，來合唱其「對口相聲」的。陶鑄半途罷工，終於被迫害致死，這台對口相聲就唱不成了。最後由林彪來獨唱，結果就完全不一樣了。

林彪這位中華五千年史上都難得一見的名將，豈是個省油燈？他眼見彭德懷、劉少奇、彭真、陶鑄、羅瑞卿……等人的可悲下場，他能心中沒有警惕？朋友，這只是個常識嘛。你我讀史者、看戲人，都看得很清楚，何況這位最會搞「知彼知己」、「虛虛實實」、「兵不厭詐」……的歷史上的「名將」？

林將軍原是個「病號」。據說他怕光、怕水、怕風，到大小便失禁的程度。我的朋友、美人張寧女士，對他就有最直接、最深刻的觀察。看他老人家風燭殘年的樣兒，他絕不可能是個搞篡黨奪權的野心家和陰謀家。他是在退休養病的狀態中，被毛主席徵調到廬山上去接替彭總的。自此騎虎難下，就欲罷不能了。

林彪的另一不幸，是他娶了個受過高等教育、而本質上是個潑辣無知、卻野心勃勃的老婆，簡直和汪精衛的陳璧君一模一樣。更可嘆的是林彪底兩個子女。他二人為愛護爸爸，而走上了對立的路線。立果是個北大畢業的硬漢子。眼看毛公對爸爸的玩弄和壓制，他氣憤填膺，就要搞「武起義（五七一）計畫」，來加以反抗。立衡（豆豆）是個柔弱的好姑娘，她看不慣她母親葉群那女光棍的作風把父親推入絕路（和陳璧君逼汪精衛做漢奸一樣），她轉而乞憐於周恩來，請周總理來保護父親……。可憐小兒女，不解憶長安。他們這對小青年，怎能搞得過曹操和諸葛孔明？下節再說吧。

總之，在中共八屆十一中全會之後，在「十六條」的號召之下，全國紅衛兵數百萬人，一哄而起。大家免費旅遊，南征北討，全國「串聯」的最高潮（和當年的義和團小將們一樣），便是奉召晉京，受毛主席親自檢閱，「鬧革命」。果然在一九六六年秋季三個月之內，毛主席八度親自檢閱紅衛兵，前後達一千一百萬人之多。這些如潮似水、螞蟻蝗蟲一般的紅衛兵小將、小義和團、小長毛……把個北京城鬧得天翻地覆。他（她）們一見毛主席出現，無不涕淚交流，把「毛主席萬歲」、「破四舊、立四新」……各種革命口號，喊破了嗓子。火星上如有居民，火星也會聽得見……。毛主席的個人崇拜，也因此打破了人類有史以來的紀錄，而達到巔峰狀態（這時筆者有個十一歲的小外甥也在蕪湖「失蹤」了，把他父母急得半死，原來他也到北京去接受毛主席檢閱去）。

這次史無前例的紅衛兵運動的「總司令」，不用說是毛主席了。但是總招待、總指揮、總提調卻是新近竄升黨的「第二把手」的林副主席（劉少奇這時已退居第八位）

。林彪不是個狂熱的人。他對毛內心原是深惡痛絕的。他這次搞毛的個人崇拜，搞到如此狂熱的程度，顯如美諺所說的「搞不過他，就加入他，和他同流合污」的結果。

沒個陶鑄做夥伴，在這場搞毛氏的個人崇拜的舞台上，林彪就只有大唱其獨腳戲了。毛之發動紅衛兵，志在驅劉，後來劉一旦被驅，接著毛林之間的直接衝突就無法避免了。毛對個比較忠厚老實的文人劉少奇，都不能容忍，劉去林來，林比劉要詭譎得多，而又手握兵符。劉垮之後，毛之不能容林，而林為著自衛，勢必用盡各種解數來反制，二人之間又沒個第三者（像陶鑄）足以牽制和緩衝，則治絲愈棼，就不堪設想了。此是後話。

劉少奇主席之死

因此文化大革命發展至此。驅劉誅劉，已經淪為次要的問題了。在帝制中國的傳統裏，和現代極權國家的政爭裏，像劉少奇這樣的政敵，一旦失敗，都很少有壽終正寢的先例。毛對他一定要斬草除根，免留後患。劉在發現自己對毛的驅迫無法抗拒之時，曾訪毛要求辭職，「還鄉務農」，毛只微笑，要他讀書學習，不許辭職。毛之驅劉誅劉，至此已不是問題。問題在採取何種方式而已。劉畢竟是國家元首。他一未違憲，二未違法違警。毛要動用軍警法院，面子上都無法交代。他在深思熟慮之後，就只好動用紅衛兵了。

毛是熟讀古書的人。他在《史記》和《通鑑》裏就學到了無數政治權術，而能活學活用之。《史記》〈匈奴列傳〉裏就有一則故事：一位單于王子想陰謀篡位，乃養了許多善射的死士。他訓練他們，他自己射向何處，戰士就一致射向何處。一次他把箭頭射向自己的愛馬，眾箭齊發，就把自己心愛的馬給射死了。另一次他又把箭射向自己的愛妾，眾箭隨發，就把愛妾射死了。最後在一次宮廷宴會上，他把箭頭射向老單于，眾箭齊發，就把老單于射死了，他就繼位做小單于了。

毛主席也有個許世友，主席指到哪裏，許就打到哪裏。但是以許驅劉，對全黨全國，面子上無法交代，萬全之策，毛公就決定使用紅衛兵了。毛始用紅衛兵鬥殺高知吳晗、翦伯贊、老舍等人，都如響斯應。再用紅衛兵鬥彭德懷、賀龍等老帥，也得心應手，再升級，就可揪鬥國家主席劉少奇了。

前已言之，在毛的「砲打司令部……」的大字報貼出之後，群眾隨之大搞其揪劉批劉運動，已如野火燎原。在毛氏縱容之下，批劉群眾乃迅速擴大。至毛氏貼大字報一週年時（一九六七年八月五日），天安門廣場，曾有三百萬人集會慶祝，「誓師」聲討。中南海內外亦聚集數十萬群眾，呼嘯批劉。劉少奇、鄧小平、陶鑄的住宅內外的紅衛兵千萬人則正在以最難堪的方式（如「坐噴氣式飛機」和拳打腳踢），分別揪鬥劉陶兩對夫婦。劉為著「捍衛國家主席的尊嚴」，曾手執「中華人民共和國憲法」，憤怒抗議，然究有何用？總之，從是日起，劉夫婦、子女均遭分別拘禁。劉則被關入中南海中一間囚室，日夜遭受紅衛兵對身體和精神不斷地磨折和屈辱，終至百病叢生，癱瘓在床，而奉命來醫治和「搶救」的醫師和護士，為著自保，在施診之前，均要對劉辱罵毆打一番，然後，才打針服藥，也是藥石亂投。劉被磨折毆辱至兩年之久，其遭遇之慘絕人寰，史家執筆記之，有不忍卒書者。至一九六九年冬，劉少奇已被磨折成一具活的骷髏，奄奄一息。毛顯然不願讓劉少奇死在中南海，一九六九年十月十七日，劉少奇這具活的殭屍，乃被專機送往開封，關入一幽閉小院。在這小院中，劉的生命又拖延了二十七天，在十一月十二日早晨六時四十五分，這位中華人民共和國的元首，終於抽盡最後一口氣，孤獨地死去，時年七十一歲。當他底遺體被送入火葬場時，工作人員發現屍身上的名字叫「劉衛黃」，職業欄填的是「無業」，死因是「烈性傳染病」（參見《國史全鑑》，卷四，「劉少奇冤案經緯」，頁四一四四—四一五八）。鄧小平則於一九六七年十月底，由專機送往江西勞動。周恩來聞訊乃密電江西當權派，嚴囑善加保護，差免一死（見《細說周恩來》）。陶鑄命運，大致與劉相似。一九六九年冬他被秘密囚死於合肥時，屍身上掛的假名，則為王河（見同上引《全鑑》，卷四，「陶鑄生命的最後四十三天」，頁一一五八—一一六〇）。

九大前後的毛林暗鬥

毛澤東親自發動「文化大革命」的目的，原是自清君側，尤其是搞垮劉少奇。由於劉集團在全黨全國潛力深厚，不開無把握之會的毛澤東，就執意破壞黨章，拒不召開中共的「九全大會」（大會應該五年召集一次）。直至一九六九年，劉集團和劉本人都已奄奄一息之時，毛就決定召開「九大」了。可是林彪這時已代替了劉少奇竄升為全黨第二人。手握兵符的林集團，可比劉集團更可怕啊！九大中如何安排林彪，因此就為毛氏腹案之中（且用他自己的話來說）最「主要的矛盾」了。

從林彪的一方來看，「詭計多端的林禿子」（這是紅軍老帥們對林彪一致的評語）豈不知道「狡兔一死，走狗必烹」的古訓？他在「九大」中何以自衛？自然也是他心智中的第一要事。因此，毛、林二人各有腹案，都不能明言，兩方就難免於「暗鬥」了。關於毛、林這一計暗鬥。大陸史家（包括老友嚴家其夫婦）幾乎都一致詛咒禿子叛黨叛國，最後一家滅門，死有餘辜。他們對四人幫的興亡，也是持相同看法的。

可是我們在海外，隔洋觀火，卻認為這一看法是「吠非其樹」。狗兒追貓，貓兒跑得快，一下就跑到樹上躲藏起來了。狗兒未看清楚，不知貓兒上的是哪棵樹，往往向無貓之樹仰首大叫。洋人看得好笑，因而有此洋格言叫“Barking up the wrong tree!”其實「林、四」都只是毛主席的兩顆棋子、兩頭狼犬（江青同志早已公開承認她是主席的一條獵犬）。如今狼狗咬死人了。狗主無罪，警察只把狼狗拉上法庭，判無期徒刑。這樣判罪，對狗兒就有欠公平了。上引宋彬彬小姐這個美麗的殺人犯的情況，也是一樣的。彬彬也是受害人。教唆犯才是主兇！

中國共產黨的「九全大會」是一九六九年四月召開的。在毛主席底政治日程裏，這個會應該是「文化大革命」的結束之會也。「文化大革命」的所有既定目標，都已達成了。如今王侯第宅皆新主，文武衣冠異昔時，但是在這一新時代裏，它有「五年文革」所製造出的新生事物要加以落實，它也有「十年浩劫」中途所發生的新問題和後遺症，要加以處理。

新生事物大致可以列舉的蓋有如下數項：第一便是毛澤東的「絕對威權」（Absolute power）之建立。文革之前，這位開國之君，已享有至高之威望。而絕對威權，全黨全國再沒個人敢對他說半個「不」字，則是文革後期的事。因此在一個全國無片紙之法的大帝國裏一切的軍政大事，都以他的金口御言為斷。他底片紙隻字、一喜一怒，都是法律，也都是全國政治氣候的風向。可惜（也是可嘆可喜吧）他老人家已漸入暮年，「老王晏駕」可期。寵臣、佞倖，固在準備接班；敢怒而不敢言者，也不無「看爾橫行到幾時」的樂觀期待。因此這個一千五百人的大會，開得非常成功。舉凡毛氏極左的意蒂牢結，什麼階級鬥爭、不斷革命論，和中共八屆十中全會以來毛所推動的四清五反、文化革命等等實際工作成果（如肯定劉少奇為「內奸、工賊、叛徒……永遠開除黨籍」），都一概落實。

再者，為酬勞有功，在修正了的「新黨章」中，也破例規定「林彪同志是毛澤東同志的親密戰友和接班人」。根據後來黨史家的觀察，這篇新黨章刪去了黨員權利的條文，只有黨員義務的條文，「黨員處於無權利之地位」。新黨章內也「沒有了絲毫黨內監督」（見《國史全鑑》，頁四一七五）。因此九大雖然很成功，但也製造了新問題。

公平處理「九・一三」

對「九大」所製造出的新問題，不吃睡藥就晝不能眠的當然還是毛主席自己。罷掉個彭德懷，突出個劉少奇；搞死了劉少奇，又換上個林彪，並且寫入黨章。這在毛公「不斷清黨」的安排之下，簡直就是王小二過年了。為免養癰成患，毛在九大結束之後，立刻硬做出收拾林彪的安排。地點還是選擇了收拾彭德懷的廬山！

現在我們還得回頭看看九大。九大原是結束文革的論功行賞之會。而在文革中，全力襄贊毛公、不惜自身毀譽的，原有「林、四」兩組勢均力敵的鷹犬。九大論功行賞時，所有黨政軍要職因此也就由這兩組人馬分擔了。且看下列名單：

中央委員會主席毛澤東；副主席林彪（唯一副主席）

政治局常委毛澤東、林彪（以下按筆劃排名）、陳伯達、周恩來、康生

政治局委員：葉群、葉劍英、劉伯承、江青、朱德、許世友、陳伯達，陳錫聯、李先念、李作鵬、吳法憲、張春橋、邱會作，周恩來、姚文元、康生、黃永勝、董必武、謝富治（按簡體字筆畫排）

候補委員：紀登奎、李雪峰、李德生、汪東興

在這群統治中國要人的名單裏，除朱德、董必武、葉劍英、劉伯承等備位元老，和毛公的公安系統中的康生、謝富治、汪東興以及許世友、陳錫聯兩位原是張國燾歸屬的軍區司令員之外，就是林四兩派的天下了。林四原是同林鳥，是一個動物園飼養出來的鷹犬。現在毛主席可要把他兩派分開來互鬥一番了。

設置國家主席和天才論的是非

顯然是為解決林彪問題的「九屆二中全會」，是在一九七〇年八九月之間（八月二十三日—九月六日）在廬山召開的。主要議題是籌備召開「四屆人大」，並修改中華人民共和國的憲法。在修憲的消息中，毛曾一再明言和暗示將不再設置國家主席。這

顯然是防範林彪的第一著棋，因林彪和其夫人葉群，尤其是後者，早就有志及此。以故在二中全會開會之初，毛立即做此聲明，而為林彪所反對。林認為一國不能無主，因此力勸毛公回任國家主席，毛曾六拒其請。斯時身為政治局五常委之一的陳伯達，竟然也認為一個國家不能沒個元首，林黨中人，自黃永勝、葉群以下也一致附和。

二中全會時，林彪還有個罪狀叫「天才論」，那顯然也是個欲加之罪。林彪從江西時代起，就是毛黨的骨幹。在西柏坡時期，王明就是因為有暗結林彪、挖毛公牆腳的嫌疑，為毛所痛恨。王明其後不逃往蘇聯，下場不會比陶鑄更好。國共內戰末期，林彪主宰東北，毛主席曾有「閫以外，將軍主之」的名言。將軍將百萬之師，未辱君命也。

「文化大革命」中，毛引林彪為第一號打手，林彪也是「主席指到哪裏，我打到哪裏」的愚忠人物。為毛揹黑鍋做代罪羔羊，血債如山，為全黨全國所痛恨，至今未已。然對毛未辱所命也。

舉世皆知的毛主席的「四個偉大」（偉大導師，偉大領袖，偉大統帥，偉大舵手）、「三個天才」（天才地，全面地，創造性地），也都是林彪炮製起來了，叫了多少年了。主席老人家，一直被叫得飄飄然呢。怎麼文革剛結束，狡兔盡死、走狗待烹之時，一下都變成罪狀和「屁話」了呢？（毛告訴美國老友斯諾之言。）毛公這一逆轉，使讀史者都不能理解，首當其衝的林氏夫妻父子，對這個B-52的翻臉不認人的狡詐，就恨入骨髓了（註：B-52是一種美國重轟炸機，林立果用做毛的代號）。

極左派軍師陳伯達的下場

毛主席為警告林彪這個軍人集團，不得妄窺大位，乃先捉起一個秀才陳伯達，以殺雞儆猴（毛說，這叫做懲前毖後，治病救人）。在林系全班男女都被迫做口頭和書面檢討之後。大會剛散場，陳伯達就以反革命大罪鋃鐺入獄了。

陳伯達（一九〇四—一九八九），福建人，曾任教授，為一留俄歸國的老共產黨員，抗戰期中去延安，做過毛澤東的政治秘書，長於寫作，有「夫子」和「理論家」之稱。解放後隨毛流入極左派。五十年代中期，毛氏大搞公社化時，「人民公社」這一名詞，便是陳伯達發明的。文革發軔時，那項極左文獻「五・一六通知」的原稿也是陳氏的傑作。「八屆十一中全會」之後，陳氏迅速上升，至為全黨第五把手（陶鑄當時名列第四）。九大中，陳再次擢升，竟當選為中央政治局五常委之一。名次竟與周恩來相頡頏，甚或有以過之，實為陳一生搞黨從政地位之最高峰。孰知，在上述二中全會中，偶一失言，竟於一夕之間，從瓊樓最上層跌入谷底。這時黨中央亦發動全黨「批陳」，來勢之猛，不在批劉批陶之下也。其實毛之原意顯然是以陳代陶，制衡林彪，而陳未能善體上意，致淪為陶鑄第二。批陳事小，其作用（且用個台灣政治術語）蓋為山雨欲來之批林運動「造勢」也。我國古法家有言，「用智莫如乘勢」。形勢比人強，大勢所趨，雖千萬人吾往矣。毛公當國二十八年，無年無月不在搞運動，然無一運動，不從「造勢」開始也。如今批林之勢已成，尤其是毛氏提議召開「九屆三中全會」和「四屆人大」之後，又決定「南巡」吹風，公開批林。看趨勢風向，三中全會和四屆人大之召開，必為批林整林之會。屆時林彪夫婦和林系人馬，勢必亦步亦趨走上劉少奇、陶鑄的絕境！

小艦隊 vs. B-52

這一來，林氏父子才如「熱鍋上的螞蟻」，惶惶不可終日。為著衝開毛主席所佈置的天羅地網，二十七歲的林立果，竟自作聰明的，於一九七一年三月夥同他在空軍總部裏，幾個副處長級的青年同事周宇馳、于新野、李偉信等人，由于執筆，草擬了一份搞武裝政變的計畫叫「『五七一工程』紀要」。五七一就是「武起義」的諧音（全文見上引《全鑑》，頁四四五一─四四五六）。同時他們也組織了一個執行此計畫的小團體，叫「聯合艦隊」。這一名稱是立果看日本電影所得來的靈感（見《文革十年史》，上，頁三四四）。

立果乳名老虎，是林彪、葉群的兒子，一九六五年他二十一歲畢業於北京大學物理系，即由林彪介紹給空軍司令員吳法憲，任低級職員，二年由吳介紹入黨，三年被擢升為司令部辦公室副主任，兼作戰部副部長。由於林副統帥的關係，司令員以下的各級領導，對他都奉承備至。軍中因有「一年兵，二年黨，三年副部長，四年太上皇」的順口溜（見《全鑑》，頁四三六六）。

立果是個很標準的「高幹子弟」，氣大才粗，目空一切。但他也確是個很傑出的北大畢業生。此時他父母為他尋找異性對象，一時傳為「選妃」，轟動全國。最後竟然找到一位絕代佳人，文工團員出身的張寧小姐。張寧曾把他二人的哀豔故事譜成專書，筆者曾應約為她寫了一篇長序。有深入興趣的讀者不妨一讀也。

但是他此時不知輕重，要以他那支「小艦隊」，來對抗那無堅不摧的B-52，那就是螳臂當車、以卵擊石了。原來毛主席在「批陳」高潮之中，宣佈了短期之內召開「三中全會」和「四屆人大」之後，乃決定專車南巡，安撫四方，穩定陣腳，使兩會開來萬無一失。主席專列於一九七一年八月十四日，自北京開出。攜有名廚、美女、醫師、護士、隨員、警衛和羽林軍八三四一部隊數百人，浩浩蕩蕩，直趨武漢。沿途戒備森嚴，各省文武百官，恭謁請訓，請聖安如儀，這皆史有前例，遠自秦皇漢武、隋煬帝，以及康熙爺、乾隆爺，六下江南，七下江南，故事哪裏說得完？如今毛皇帝下江南，熟讀史書的人，都不會大驚小怪也。

毛主席在武漢、長沙、南昌、杭州、紹興、上海都分別駐蹕，召見各省督撫、文武百官，或安撫或警告，各取所需，在一片萬歲聲中，毛特別提出林彪近年所犯的錯誤，以及他自己和「中央」，如何懲前毖後、治病救人的菩薩心腸。毛亦莊亦諧地說他用盡「甩石頭、摻沙子、挖牆角」底一切方法，削弱了林彪集團，以暴力或以和平轉移方式奪取國家政權的一切陰謀。暗喻文武百官，莫再對林副統帥存絲毫幻想，自取滅門之禍！

毛這系列所謂「南巡講話」一出爐，立刻有人報告在北京的總參黃永勝，黃立刻轉報葉群、林彪。老虎自然也立刻得報，他就要立刻發出「動員令」，要他的「小艦隊」立刻向B-52開火了。在開火之前，他顯然要老爸寫張手令，以俾號令全軍。果然林副統帥就在九月八日，寫了一張手令曰：「盼照立果、宇馳同志傳達的命令辦！」這是林彪生前搞武裝政變，唯一的第一手證據，而這證據是他逃離中國前五天才寫的。

「何以在逃亡前五天，才決定搞武裝政變？」嚴肅的讀史者不免要問。

我們的觀察是林彪生前對於搞武裝政變，始終是猶豫不決，直到最後已無可挽回之時，在老婆和兒子的催逼之下，才匆匆地寫了這十四個字。我記得汪精衛對做漢奸投日，也始終是猶豫不決的。直至木已成舟非幹不可了。陳璧君再逼問他，不能再「反悔了」。汪才說：「決定了，決定了。」林彪的「決定了」，豈亦如此哉?!吾不知也。

刺毛的鬧劇和林彪之死

關於林立果的小艦隊刺毛的鬧劇，我底中西朋友和學生們，都把它當成偵探小說來看。親毛的總會詛咒林彪父子如何叛國反黨，這樣，那樣……；恨毛的則慨嘆這樣那樣，棋差一著，如何可惜可恨云云。筆者喜讀史書，閱人多矣，從不作此想也。因為林立果這幾個毛頭，能把老毛殺掉，豈不把早年的蔣委員長氣煞哉！蔣公當年出了天文數字，二十五萬銀元的賞格，要購毛之頭而不可得。其後想殺毛的世界仇人，會少於一百萬？而毛之頭無恙也。你這幾個毛頭，有若是之本領，能把毛公宰掉哉？不怪自家無見識也。

予亦嘗細玩立果的「五七一工程紀要」，覺得它只是童子軍帳棚之內的一種露營筆記，哪能算歷史文獻？寫這樣歷史文件的去亂搞殺人的政變，只能算是自殺了。果然在上海刺毛不成，被毛漏網而去，專列一溜煙便於九月十二日下午安抵北京。立果得報，不得了，毛主席馬上就要抓人了，林氏全家乃匆忙逃竄。這一情況不是不可預料的，為啥不早為之計呢？立果這個少不更事的毛頭，害了他全家，也害了美人張寧！

再者，林家於十二日深夜十時半從北戴河趕往山海關機場的情報，是林立衡（豆豆）告密的。豆豆與其母葉群早有矛盾，與其弟立果亦不協調。她向周恩來告密，恐亦非一朝一夕之偶然事件也。林彪對他一家四口的矛盾都掌握不了，遑論黨國大事。還有林家匆忙逃走時，他的衛隊曾奉命阻止，而晚了一步。他的警衛秘書李文普，也在半途跳車，並與立果開槍互擊，凡此皆可說明，林彪的逃跑，非正常的逃跑也，而是一種變相的「越獄」。他們林家在「中央」不動聲色的嚴密監控之下，早已身在牢中矣。不自知耶？抑是知亦無可奈何耶?!

記得大陸上有一位前高幹朋友告我說，你們在海外說俄國是鐵幕，中國是竹幕。告訴你，我們毛主席的中國是個「鐵桶」！吾讀史至林彪逃亡記，才粗諳吾友之言的真意。

總之，林副統帥那架二五六號三叉戟，在一九七一年九月十三日晨零時，從山海關空軍機場於黑暗中冒險起飛。一機八男一女，卻未帶領航員和足夠的汽油。周總理接報，曾用傳呼電話，向該機呼叫，勸林氏回頭是岸，未聞回音。該機終於凌晨一時五十分穿越國界飛入蒙古。當周總理以此消息報於毛公時，毛說：「天要下雨，娘要嫁人，由他去吧！」——誰知他此去未到四十分鐘，約在二時三十分，三叉戟就墜燬於外蒙的溫都爾汗。曾經顯赫一時林副統帥的一家，就機燬人亡了。

林氏墜機後，歐美曾盛傳，林彪在瑞士銀行存有私人存款美金四百萬元。此消息的正確與否，就要看人民政府將來開放的國家檔案了。

毛周雙亡的歷史意義

林彪死後，毛周二公也只有五年好活了。二人皆身罹絕症。走入歷史朝夕可期。四人幫雖一幫獨大，還在興風作浪，然張春橋、江青那一套，比林立果的「小艦隊」高明不了多少。這一群小獵犬，雖然還在仗主人之勢，狐假虎威，繼續搞批林批孔，把矛頭指向周恩來，希望幹掉周公就可以向毛公接班了。毛澤東雖也有意去周，以扶值老婆接班為武后、慈禧，然強弩之末，尸居餘氣，他知道自己來日無多，四人幫沒個老頭子做後台，興風作浪，就是自取滅亡了。

筆者在不同的拙著裏，都曾一再說明過，在毛澤東政權裏，周恩來是個「政治建制」（Political Institution），代代承傳有人（事實上，周死之後的鄧小平、胡耀邦、趙紫陽，乃至今日的江澤民、朱鎔基，都是接周氏衣缽的）。古人所謂「五世其昌」也。而毛則是個獨夫，人亡政息，一世而斬。

毛是個熟讀古書之人，他似乎也看到這一點，雖然角度不盡相同。毛雖有意栽培寡妻，但他也覺得四人幫是個扶不起的阿斗，愛莫能助。溺愛之反足以害之。毛的角度是他底老經驗：「槍桿出政權。」解放軍是政權之本。但毛也極為清楚，他警告四人幫說：「我活著，解放軍跟我走；我死後，解放軍跟老帥走。」

因此他活著的時候，要把老帥殺光（像朱元璋那樣），才能傳妻。但是他費盡九牛二虎之力，才殺掉三個——彭德懷、賀龍、林彪，已筋疲力竭了。還有七八個（包括二野政委的鄧小平）未殺掉，老婆哪能接班呢？——可嘆的是無知的四人幫，乃至後來凡是派的頭頭華國鋒也不明此理，因此一個個都被「老帥」們消滅了。所以林彪死後五年（一九七一——一九七六）直至毛周雙亡，中共政權走向一個「反高潮」（Anti-climax）的灰暗時期，不值得再過分浪費篇幅了。故事就說到此處為止吧！

漢末的十常侍，明末的魏忠賢

最後，讀者們或許還要問問我們搞歷史的，對文革，甚至毛政權整體的評價。這是一本大書，一言難盡。我們只可說毛政權最後二十年，不但搞得死人數千萬，文物財產被他破壞得無法補償。最糟的還是他把整個中國弄到廉恥喪盡，是非全無，幾乎到了萬劫不復的絕境，三代五代都不易恢復也。我們肯定在中國政治社會文化第二次大轉型中，毛澤東政權，是傳統帝制的迴光返照。但是在兩千年帝制傳統裏，也只有漢末的十常侍和明末的魏忠賢的亂政，才差可與毛政權相比吧！乞讀者教之，為幸。

＊一九九九年十二月二十三日於美國加州

原載於台北《傳記文學》第七十六卷第二期

五、收拾不了的爛攤子

在上篇我們曾略敘「文化大革命」的故事，和它的前因後果，一言以蔽之，它底「前因」便是毛劉兩主席的權力鬥爭。當然我們也不能否認他二人之間，也有思想問題的隔閡（毛是個瘋狂的極左派，劉則是個比較務實的社會主義者）；但是思想的問題，他二人是可以用理智來協調的。只有權力鬥爭，才會弄得非你死我活不可。毛澤東顯然是有感於自己的大權旁落，非要向劉少奇把政權黨權，全部奪回來不可。這分明就是他發動文化大革命的最主要的目的。這個結論，不特是海外隔洋觀火的歷史家和政論家，幾乎完全一致的看法，縱是在大陸上，身歷其境者的認知，也是大同小異的。文革後不久，一位「毛主席的小同鄉」，湘潭籍的省級高幹，就曾向返湘探親的我的朋友任先民、何慶華夫妻教授自豪地說：「我們湖南兩位主席鬥一鬥，中國人民死了幾千萬。」（見何慶華著，《紅星下的故國》，頁二四六）其實這不是某一省的高級幹部的看法，全國各省人民的意見，幾乎無不皆然。在這場權力鬥爭中，劉是服輸的。他曾向毛告饒乞命，請求老同學、老同志、老同鄉、老朋友高抬貴手，饒他一條命，好讓他「返鄉務農」，但毛氏非殺之，甚至非殘殺之不可。絕不心慈手軟也。可是關於毛對劉的殘酷殺害，到目前為止，大陸上的官私史家，很多都還把這一筆血債，上在「林四」的賬上，而不及於毛，這分明是為尊者諱。他們何以如此呢？其原因蓋有二端。第一是，大家現在都還在靠毛的遺產吃飯，不能不飲水思源。第二便是，二千年來，「天皇聖明，臣罪當誅」，這個崇拜權威的「醬缸文化」還在繼續作邪。在我國史上，帝王專制時代，「海瑞罵皇帝」，三千年來，只此一人也。因此一般史學家，縱在轉型末期，思想上硬是出不了「三峽」。我們說，毛澤東的政權是「帝王專制傳統的迴光返照」：如今改革開放又已二十年了，中國歷史哲學的發展，仍然未能完全脫離其老窠臼也。但是，朋友，稍安毋躁，一個嶄新的「中國文藝復興」已近在眼前，那才是真正「橫掃一切牛鬼蛇神」的時候。這也是個任誰也逆轉不了的歷史上的「必然」啊。中年以下的讀者，自會目睹之也。

至於文化大革命的後果呢？那就是「林四」助紂為虐者，惡有惡報，與紂同誅也。不過林彪元帥之慘死，與賀龍元帥與彭德懷元帥之慘死，有異同乎？曰，其死者一也；其「慘」者，亦無殊也。然在今日大陸上官私史家（包括我的老友《文革十年史》的作者嚴家其、高皋伉儷）筆下，則有君子小人、聖賢禽獸之別，何也？賀彭兩元帥之慘死，死於冤獄，死於奸臣秦檜之手，故國人悲之。而林元帥，則是助紂為虐、指鹿為馬的趙高也、李斯也；惡貫滿盈，死有餘辜，故國人恨之也。可是，朋友，您如置身於巫山之巔，俯看三峽中之孤篷危舟，他們同是被暴君船長，投入激流險灘之受害者也。被投落水之方式，雖各有不同，而受害則一也。形勢比人強，聖賢禽獸之別，君子小人之辨，史家落筆，能毋三思？

「四人幫」只是幾個黃門佞倖

至於「四人幫」的作用，在今日人民政權的歷史紀錄上，雖然是被過分的強調了。其實他（她）們（在中國傳統史學上）只是一個好權、無知而潑辣的皇妃、才人、美人，竄升皇后，夥同三個黃門佞倖，被她底愛人皇帝，蓄為鷹犬，縱容他們去咬人傷人罷了（事實上江青也是以此自況的），但是他們「狗仗人勢」傷人太多，一旦老皇晏駕，他們就必然成為過街老鼠了。其實歸根究柢，鷹犬有罪，罪在朕躬也。把這小窩鷹犬，擴大成政治上一大奪權的「幫派」，強調他們的罪惡，以之做替罪羔羊，好為他們的主人公的惡行開脫，就不是春秋之筆了。

記得在一九七六年九月，毛公在大陸上「崩逝」之時（「崩逝」一詞是前一年蔣公在台灣死亡時，國民黨所使用的名稱，今姑借用之，亦是帝制傳統「迴光返照」之一例也），有一位川籍教授電話告我曰：「我今後中國將是『女主當權』了。」我曾斷然的說「絕不可能」。彼詢其故。余答曰，搞歷史的人只能根據既往的史例，對現實政治，做抽象的推測，不能學預言家做具體的論斷也。數週之後，余又接教授來電說，你這個「鐵嘴」說對了，江青被抓起來了。其實我當時對「毛澤東的老婆」前途的看法，只是覺得她和「袁世凱的兒子」一樣，二人都沒有繼承大位的「歷史條件」罷了。「袁太子」的故事，吾固熟知之矣。至於「江皇后」的下場。吾則但知其不會有好結果而已。想不到她夫人武后未做成，卻做了楊貴妃也。他袁江二人，一男一女，前一個謬為個人的野心而害了爸爸；後一個則為丈夫刻意的栽培所誤，撈過了界，而害了自己。袁克定，這個紈袴子，在歷史上算老幾？不足論也。江青這個壞婆娘，又何足道哉？因此筆者在上篇論文革的拙稿裏，就只談到林彪一家在溫都爾汗，折戟沉沙為止。為節省篇幅，原擬把「四人幫」的故事，一筆帶過，就不再多提了。

可是事後細思之（也有讀者好友們建議），這點篇幅省不得。毛澤東的死亡，和四人幫的覆滅，還是應該扼要的說一說才好。朋友們的理由（也是筆者自己的想法），認為毛澤東的死亡是中國歷史上「告別帝制五千年」的一個「句點」。歷時兩百年的制度轉型底、二次方程式曲線中的一個分水嶺。這個Bye bye的故事怎能不鄭重的提一提呢？再者，從讀者的觀點來看，大家也希望多知道一點，新舊時代交替底關鍵時刻的歷史嘛。言之有理，筆者就決定把「小平中興」底故事，拖一拖，先來談談這個帝制的「終點」，和今後千百年「民治」的起點。這個「終點」和「起點」，都決定於毛公的最後一口氣。現在且讓我們看看，他這劃時代的一口氣是怎樣斷掉的。

強弩之末，專制尾聲

毛澤東之死距今不過二十餘年，他老人家最後的歲月是怎樣地度過的，集權政府保密雖嚴，但是中國畢竟是個超級大國，而毛公又是個世界史上的超級要人。天下沒有不透風的牆，保密再嚴，消息也是會不脛而走的。只是在政府官方檔案公佈之前，歷史家利用私修史料，甚或「小道消息」，乃至司馬遷所說的「街談巷議」著書，取捨之間，應該特別審慎罷了。例如毛主席的健康問題，他老人家在文革期間，以七三高齡，猶能橫渡長江，漂游數十里，我國五千年當國者，所未嘗有也。如此健壯體格，在林彪墜機之後，據當時大陸盛傳，毛氏健康竟隨之迅速滑坡，數年之內終至於不起。予初聞之，也認為是小道消息，不足信也。蓋據當時訪毛者所述（包括尼克森和季辛吉），無不說他老人家紅光滿面、神采奕奕也。

記得，我在一九七二年，初次返國探親時，在北京曾拜謁年屆八旬之顧頡剛老師。顧師告我說，他顧家五代都未嘗活到他今日之高齡。我進而問及老師的「養生之道」。老師笑說，他自己的養生之道，倒無足述，那位克享遐齡的毛主席的養生格言，卻值得學習。毛公的格言是：基本食素，經常散步，心際寬敞，勞逸適度。這則顧老師傳授的「毛語錄」，當時倒使我頗為心折，故至今未忘也。自思毛澤東能幹出那樣的驚天動地的大事，沒那樣好的身體，斷然不能勝任也。君不見，那位焚書坑儒的秦始皇乎？始皇帝每天都要批閱公文數百斤（竹簡的重量），沒個好身體，哪裏吃得消？殊不知就在我羨慕他老人家身體好的那年頭（一九七二—一九七三），毛公的健康竟正如小道消息所傳，真的是在江河日下也。且抄一段，他私人保健醫師李志綏的紀錄。李說：

林彪的策劃武裝政變和死亡，對毛無疑是一次巨大的精神打擊，一九七〇年十一月，毛將我從黑龍江召回北京替他治肺炎，從此他就沒有完全恢復。毛的體質上有了驚人的變化。在林彪的黨羽陸續被逮捕、毛的安全確定後，他又像一九五六年反右運動時那樣，一天到晚睡在床上，表情憂鬱，毛話變得少了，無精打采，一下子蒼老了許多，步履遲緩，站起來的時候，背駝得明顯，睡眠更加紊亂（見李志綏著，《毛澤東私人醫生回憶錄》，一九九四年，台北時報文化公司出版，頁五一九）。

〔附註〕此書曾受到大陸官方嚴重的批判，認為故事多屬虛構。但是李任毛的私人醫生至二十二年之久，如果此一身分不屬「虛構」，則目錄學家便應把此書斷為「第一手史料」。書中故事如無確切有力的反證，則可信度甚高也。

所以我們可以肯定的說，毛澤東統治中國至二十八年之久，運動不斷。尤其是從一九五六年中共八全大會之後，他自清君側，把原先從龍的功臣，一個個殺掉。和傳統的帝王以及當代東方幾個獨裁者（像袁世凱、蔣中正、金日成）一樣，到頭來還是覺得，搞「家天下」，來傳子傳妻，最為可靠。我們要知道，這種心理，原不值得大驚小怪。因為這只是一種從「帝制」轉「民治」底政治轉型期中，轉得「不乾不淨的現象」而已。不幸的是，中國大陸畢竟和台灣小島和北韓半島不一樣。蔣經國和金正日接班之前，所要清除的政敵無多也。且看台灣，吳國楨、陳立夫被逐，陳誠自死，孫立人被關之後，嚴家淦鞠躬讓賢，經國就大搖大擺的接班了。金正日的環境也比較簡單，不必細考了。

再回頭看看當年的袁克定。克定當年如果也有蔣經國和金正日那樣單純的政治環境，還不是接班了？可是在中國大陸上搞政治，可就不那麼簡單了。長話短說，老毛晚年的江青，就是袁世凱晚年的袁克定。克定做不了皇帝（甚至做不了總統，雖然他的名字早已留在「金匱石室」之中），和江青做不了「主席」，其理一也。毛澤東是多麼精明的政客，他對此一政治形勢洞若觀火也。雖然他死前還要縱容「四人幫」，再試試「批林、批孔、批周」，心有不甘，知其不可而為之也。不幸毛氏的權威，這時已是強弩之末，餘日無多。他不是不想傳妻，心力不從也。糊塗的江青不知此理，卻誤認為她之不能位尊九五，攔權接班底最大的阻力，卻是自己的老頭子。老頭子一死，政治上再無阻力，她就可以做「武則天」了。江青這個心理，只有和他夫妻關係最密的汪東興看得最清楚。這現象是汪告訴李醫生的。江青這個白骨精，一時得意忘形，狐假虎威而不自知，也真是愚不可及了。

原子砲和紙老虎

再者就在毛氏精力衰竭、漸入老境之時，中蘇之間發生了「珍寶島之戰」（一九六九年三月），此時蘇聯正在暗中遊說美國，搞冷戰解凍，企圖與華府合作，在對華糾紛中從事「根本解決」。蘇聯之所謂「根本解決」者，便是取得美國諒解，把剛開頭的中國原子工業，一舉炸平也。為此蘇方在對北京交涉中，亦不隱瞞，有時甚至做公開恐嚇。毛公「家裏光棍，一里侯」，大言不慚，牛皮通天，一再揚言，帝國主義只是個「紙老虎」。可是那時俄美兩帝，真的要攜起手來，用聯合空軍「像他們近年在科索沃的幹法），把我們的羅布泊炸掉，您老毛能吹個屁？其實，毛公左右開弓，大罵美帝蘇修，也是色厲而內荏也。且再回頭看看，一九五八年由毛公在北戴河親自指揮的「八·二三金門砲戰」的經過便可知其大略。

原來在一九五八年夏，毛公正在推動「高級化」，如火如荼之時，老人家或許想的是攘外可以幫助安內，乃不聲不響地，組織了一齣「砲打金門」的鬧劇。從八月二十三日開始，出其不意的對國民黨軍所防守的大小金門島陣地，萬砲齊發。一日之間，國軍陣地，往往落彈在十萬發上下。如此連續十餘日，眼見守軍補給困難，金門解放，就在旦夕。台灣蔣氏父子不得已，乃援引「中美協防條約」向華府乞援。因此在雙方砲戰最高潮時，艾森豪威爾總統乃密令以美軍中的最新武器的「原子砲」（atomic howitzer）運上金門前線增援。當時主其事者，副總統尼克森也。尼氏固知原子武器不可輕用，乃故意洩密，暗示毛司令員，足下之百萬發巨彈，固不敵艾帥之一尊小砲也。主席得報大驚，好漢不吃眼前虧，所以毛公才為「人道」著想，改連續砲擊為「單打雙歇」云。

〔附註〕關於美國以「原子砲」增援金門事，台美雙方公私史料，均有實據。只是何以有砲未放？台方則歸功於老蔣總統，說蔣公不願以美國原子彈炸死中國同胞，手令不許開砲，此說可信，亦不盡可信，因此時蔣夫人適在美國，在電視新聞中，有記者問蔣夫人，美國若以原子武器炸中國，中國人民將有何種反應？夫人答曰，中國人民久苦於共產暴政，「將再歡迎美軍之動用原子武器」，云云。這次電視訪問，筆者便在當時的電視節目中，親見親聞。其時華裔社區對此一新聞之反應，見仁見智，也頗為熱烈也，至於有砲未放的真正原因，還是毛氏突然改變戰術，變不斷砲擊為「單打雙歇」的結果，毛司令員何以來個功敗垂成，停止砲擊？那就是尼克森故意洩密的結果（尼氏此一暗示為毛氏所領悟。英雄識英雄，這顯然就是他二人神交的開始）。再一點，就是北京也曾援引「中蘇友好條約」，乞援於莫斯科，而為赫魯曉夫所婉拒的結果。筆者有暇，當為中國國際關係立一專篇，再細論之，此處限於篇幅，就說到此為止吧。

「老帥座談會」和遠交近攻

可是事隔十一年之後，就陰陽倒轉了。在中共九大前夕（一九六九年三月二日）中蘇珍寶島一戰，人民解放軍戰士，手揮有求必應的「小紅書」（林彪編印發行至數億冊的袖珍小書《毛主席語錄》），雖前仆後繼，視死如歸，英勇抵抗，然終不敵蘇軍之現代化砲火，守土烈士與珍寶全島一同化為焦土。更不得了的是，隨後俄帝百萬大軍壓境，數千里邊疆守軍皆進入「一級戰備」，中蘇大戰迫在眉睫。更可怕的則是，克里姆林宮竟然秘密計畫（曾在不同階層，引誘美國共同行動），並公開聲明，要「根治」對華問題。這時縱是最長於「鬥爭」的毛主席，除掉搞點農民起義的土辦法，深挖洞、廣積糧之外，也束手無策。他老人家在內外交煎之下，外弛內緊，縱然吃了十倍於常人的美製安眠藥，也不能安眠（據李志綏醫生的報導，毛公此時吃安眠藥的份量，高於常人十倍，一般人吃之會喪命的）。自救之道，顯然是聯絡友邦，來牽制蘇聯，無奈在毛主席革命外交路線指導之下，人民中國此時在國際上只有一個阿爾巴尼亞（面積遠小於台灣，人口略多於台北市），是真正的攻守同盟的朋友。然遠水不救近火也。

這時那深諳國際形勢的陳前外長，和周總理，真急爛肝腸。他二人深知，對付此北極大熊，只有運用我們祖宗的老辦法，來他個「以夷制夷」、「遠交近攻」。目前只有聯合美帝，才能對付俄帝。而美帝精明，固早知中國有此需要，十年以來，就曾不斷運用各種方式，伸出觸角，向毛主席示好，希望能在北京討個嬌嬌滴滴，做文成公主，同中國「和親」，而毛主席不屑一顧也。為此也夜不能眠的陳毅元帥，就曾一再嘆息地說，「美國人可以登上月球，可是卻接近不了中國」，是何等的可惜。而毛公忙於鬥彭、鬥劉、鬥林……，卻無動於衷也，奈何。

珍寶島以後，周總理顯然認為中國自我孤立的政策，不能再拖了，再拖會出回天無術底大紕漏。但是周也知道，他底國務院絕不能越俎代庖，來替毛主席制訂「革命外交路線」。你若勉強為之，就必然產生反效果。甚至有「裏通外國」的殺身之禍（彭德懷就有這項罪名），因此那最善於利用人事關係的周恩來，顯然是運用了他不世出的「內交」天才，轉彎抹角地，挖掘了毛主席的智慧，終於炮製出一計所謂「四老帥外交座談會」來襄贊毛主席和林副主席，研討外交的新方案來。此四老帥為葉劍英、陳毅、聶榮臻、徐向前（葉時年七十二，聶七十，陳、徐均六十八）。這四位老帥都是在文革初期，一九六七年所謂「二月逆流」以來一直被迫靠邊站的開國元勳。如今在蘇聯大軍壓境的緊急關頭，被毛主席重新起用來商討國家大事。

毛主席要他們討論的主題是：「蘇修美帝，誰是我們最危險的敵人？戰爭是否真的就要到來了？」毛要他們坦白討論，不帶條條框框，直言無隱，四老帥奉命，乃從一九六九年六月七日開始，在中南海武成殿「座談」，四人不帶手稿，沒有提綱，隨意侃侃而談。另由熊向暉、姚廣兩後輩做助手。從六月七日至七月十日，四老帥座談六次共十九小時，歷時一月有奇，終於達成一致意見，由陳毅定稿，寫出一項對中國命運有決定性作用的有關外交政策的重要報告：「對戰爭形勢的初步估計」。此後這項座談又延長至三月之久，總算在關鍵時刻，替人民中國製出了一份「在毛主席指導之下的革命外交的總路線」。這條路線既然由陳毅「定稿」，其主要內容自然是，在美蘇之間，兩害相權取其輕，利用美蘇矛盾，遠交近攻，以夷制夷。四老帥一致認為應付蘇聯是燃眉之急，禍在肘腋；而美帝遠在天邊為患不大，加以百餘年來美國侵華未佔寸土，不像俄帝侵華一佔便是數十百萬平方公里，而至今野心未戢，以故四老帥一致主張與美國恢復邦交，以抵制蘇聯對中國所構成的邊患。在此項歷時三月的研討會中，國務院與外交部均未插手也。夫如是，始能顯出，新的革命外交路線是「毛主席的革命外交路線」也。

正因為此一新路線之建立，始有尼克森之訪華，與「上海公報」之出現，自此蘇聯對華「根本解決」之方案，始徹底破產。人民中國始安如磐石。嗚呼，周公這一著安邦定國、內說昏君、外禦強寇的好棋，真叫做「運用之妙，存乎一心」。周公自己隱姓埋名，而扶危救傾，實為「古大臣」所不能及，令今之讀史者，不能不擊節三嘆也。

余小子不肖，流落海外二十餘年，竟能及身受惠於文革末期返國探親，與思子成疾之老母，見其最後一面也。關於「毛主席的革命外交路線」，筆者於拙著前篇，亦嘗論及之，不再贅（參見拙著《晚清七十年》，台灣版，卷一；或王爾敏著《晚清商約外交》，頁xv）。

〔附註〕關於此次北京外交政策之劇變，國內史家都歸功於毛主席，我輩小民，身受其惠。佛語說：「施者比受者有福。」飲水思源，不應對真正施者的周恩來總理，做「曲筆」之記也。此次中國外交政策之能徹底扭轉，「四老帥座談會」實是關鍵，而四老帥全是以周公馬首是瞻的老班底，對國際形勢的看法亦與周完全一致。他們對毛早期之「一邊倒」，和後來的兩面開弓，都不以為然。但是他們四人，都沒有個人野心，公忠體國的背景都十分清白，為多疑的毛氏信任得過之人。在此中蘇交惡、千鈞一髮之際，毛公只會搞「深挖洞」，把中國大陸挖得遍體鱗傷（此亦為筆者所目擊而嘆息不已者）。在毛四顧茫然之時，周能不露形跡，微妙地促成此「老帥座談會」而扭轉時局，內交實難於外交也。筆者不學曾遍查中外史料，和尼克森、季辛吉、赫魯曉夫、莫洛托夫諸人之回憶錄，固知毛澤東在這次國際牌局中，主動甚少也。因為一九六九年是中國極左派的高潮期，聰明的毛主席，絕不會暗中做兩面派，試圖「勾結美帝」也。只是國際局勢太緊張，林四都揚言不惜對蘇修一戰，而毛則色厲內荏，雖有意搞以夷制夷，他也要讓老周來建議。如果搞出個「裏通外國」的結果，則砍老周的頭；如果搞得成績斐然，產生了正面結果，則應該是「毛主席的革命外交路線」，如果周恩來搞聯美帝抗蘇修，能達此化境，則主席對總理就言聽計從了，而老周就有此本領，能達到主席的心理要求，這就是「古大臣」所謂「承旨」是也。有關「老帥座談會」簡明的二手史料，讀者可參閱：邱石編《共和國重大事件和決策內幕》，一九九七年，北京經濟日報社出版，卷上，頁六七四ff，本書編者就把全部功勞歸諸毛主席，這顯然也就是周總理之原意也。

中美解凍的負面影響

這一「老帥座談會」，和隨之順流而下的骨牌效應，不特在中國外交上發生劃時代的影響，它對中國內政也有其正負兩面扭轉乾坤的作用。

長話短說，在四老帥竭誠進諫之後，毛主席也接納忠言，表示有意與那有殺子之仇的美帝，外交解凍。接著乃有了一連串的什麼「斯諾傳語」、「乒乓外交」，和季辛吉的「陳倉暗渡」，北京終於擠掉台灣，「重入聯合國」，以及尼克森的「越洋訪華」，簽訂「上海公報」，甚至所謂「中美蜜月」等等的外交變化，至今未息。這段中美外交史，是一本大書。筆者有暇，亦頗有興趣為海內外讀者簡報之，此處是說不完的了。

這次中美解凍，對兩國人民，以至世界和平，都是一件好事。但是天下事往往都有其正反兩面。中美解凍，對中國內部的各種糾紛，卻也有意想不到的負面影響。語云：無敵國外患者，國恆亡。何也？敵國外患，往往是解決一國內部紛爭的萬應靈藥。古語所謂「兄弟鬩於牆而外禦其侮」也。亦即張學良少帥堅持的所謂「攘外始能安內」也。當年的蔣委員長不亦云乎？「抗日戰爭一起來，國內一切糾紛，都可迎刃而解。」此均我輩老朽、過來人，記憶中事也。

在此次「珍寶島事件」（一九六九年三月）之後，俄帝百萬大軍壓境，中國原子工業岌岌可危。全國朝野均憂心忡忡之際，熱火朝天的文化大革命，在備戰氣氛及林副統帥「一號命令」之下，顯已有轉變方向、逐漸退燒和全黨恢復團結的趨勢。靠邊站老帥多已回朝；林四兩方之奪權競賽，亦略見降溫。蓋覆巢之下，焉有完卵？國之不存，權從何來？人雖至愚亦不難體會也。可是中美緊張關係，一旦解凍，馴至化為蜜月，俄帝百萬大軍也就隨之降壓了。不挖洞，不積糧，只要美國和日本不在一邊鼓掌稱快，諒你北極大熊亦不敢貿然南下。朝野都有了安全感，則原有的權力之爭，不免又浮上檯面，甚至變本加厲了。首先在毛氏心目中，國無外患，黨內就可以繼續清黨整風，則林彪就非遭走狗之烹不可了。

反之從林彪的觀點來看，據說林得知尼克森即將訪華，立刻便動念與尼晤談，腹案為何？無人知曉也。但林彪在毛主席咄咄進逼之下，懼為彭劉之續，力圖自衛，則至為顯明。不幸林副統帥終於走火入魔，動了殺機，當尼某尚在訪華途中，林彪自己就慘遭滅門之禍了，亦至可悲也。事詳前章，此篇就一筆帶過了。

不過林彪之死，也憑空為中華五千年史，增加了一條極不光彩的血案。而毛氏亦無法對治下臣民做圓滿的交代。這項「反面教材」，可能也刺激了原是「愚不可及」的億萬黎民百姓，「不再愚不可及」（後來流傳海內外，所謂「天安門詩詞」中，不朽的一句），而使歷史加快「出峽」。歪打正著，固亦未可知也。

毛周病危，小平復出

中美解凍的另一正面影響，那就是它導致鄧小平的二度回朝，因為四老帥原與鄧皆是一樣的被打倒的對象。只是鄧某情節較重，被視為僅次於劉少奇的第二號走資派「司令」，下放勞改。其他四人只是「靠邊站」而已。如今靠邊站者已悉數回朝，重據要津，則小平案情之遞減，亦可能在意料之中也。果然在「九・一三事變」之後，毛周二公都生了絕症（毛生的是罕有的「內側縱索硬化症」；周生的也是少有的「三癌併發」），二人體力上都不耐繁劇了。毛是全國的最高統帥，而唯一副統帥和法定接班人又已叛國亡身，代替無人，也就算了。可是周總理卻是全國的「總管家」，不可一日無此君也。然當時遍觀全國，有其才智，有其經驗，而能舉重若輕，勝任愉快，代拆代行，足能代替老周者，鄧小平之外，實鮮有第二人。小平因此在江西勞改三年之後，乃蒙盡赦原罪，於一九七三年三月，二度回朝重掌政柄（詳見下節）。

鄧小平（一九〇四—一九九七）是人民中國唯一「命大」、而能禁得起「三起三落」的戲劇化的領袖，他這次復出也是充滿戲劇性的。小平雖然是連個中學教育也沒有完成的草莽英雄，但是此人天才横溢，文武兼資。年方十六，往法國「勤工儉學」時，便捲入共產革命。俄國受訓歸來，年方二十三就當上了中國共產黨中央總書記（編者按：或做中央秘書長）。當他身畔的夥伴，成批的被蔣介石捉去槍斃了，小平命大，獨能漏網。一九三三年小平潛往江西服務時，適逢國際派當權，彼此觀念不投，小平被奪權下放邊區，是為鄧氏平生有名的「三起三落」之「第一次起落」也。此後朱毛紅軍「長征」兩萬五千里，小平「跟著走」（見小公主毛毛著《我的父親鄧小平》），也征到陝北。抗戰期中在八路軍和敵後「民主根據地」中迭任要職。解放戰爭時，竟能與獨眼龍劉伯承，合將二野，打贏淮海戰役，進佔南京，横掃西南，威震全國。五十年代初期被老毛看中，調回北京。不數年便再度出任中共中央總書記。一九五九年赫魯曉夫訪華，在臨別酒會上，毛澤東曾暗告赫氏，那個「小矮子」非池中物，能力非凡，將來可能接他的班。說得赫禿大驚，忙持香檳專訪聯絡，備極親暱，而「小矮子」不知也（見赫氏回憶錄）。其後中蘇共在意蒂牢結上鬧分裂，鄧小平這位中學未畢業的馬列主義理論權威，竟能代表中共遠征列寧故都，大打其理論官司而名揚國際。可是槍打出頭鳥，文革一起，毛澤東要「砲打司令部」（詳見上章），他這個矮司令，一下就被打得灰溜溜，不久就被送到江西的「五七幹校」去勞動改造了。是為小平之「第二次起落」，時在一九六六年，距第一次起落，已三十三年矣。

須知在人民中國裏，能被毛澤東封為「司令」的，都非等閒之輩也。這種「司令」，如一旦被下放勞改，簡直是林沖發配，凶多吉少。一九六九年小平被發配江西，便是如此。因江西革委會主任程世清傾向林彪。小平如落入程某之手，就不得了也。事為周恩來所知，乃連夜急電江西地方當局，嚴令保護。才為小平留下一條小命（參見上引《細說周恩來》，頁七五四，〈盡心竭力護小平〉）。可是他底上級「司令」劉少奇，就沒這麼幸運了。劉被留在中南海的牢室之中，迨被磨折至死亡邊緣，始被專機送往開封就死。因此縱有門生故吏、同志舊友，想臨場搶救也為時已晚矣。主席篤定要他慘死，就不能倖免了。悲夫，關於小平的「第三次起落」，那就是周恩來死後之事了，下節再續敘之。

周恩來為鄧小平巧妙平反

周恩來在江西救了小平一命，再由江西把他弄回北京，二度官復原職，也是十分戲劇化的。事緣人民共和國發展至此，當年開國功臣，今日白頭老帥，縱能倖免於人為的鬥爭之災，終難逃避自然的凋零之果。那位搞出「二月逆流」（一九六七年二月公開「否定」文化大革命）的英雄陳毅，終因癌症辭世。陳因曾與林四為敵，死後應有的「告別儀式」，原被安排得十分低級。孰知事機不密為毛公所知。他老人家軫念故舊，聞訊乃自病榻上一躍而起，來不及更換睡衣便趕來八寶山參加喪儀（見張玉鳳自述）。因此這項「低級」的喪儀，乃於頃刻之間，變成了特級的追悼大會，弄得天下小亂。

當陳總的遺孀，哭成個淚人兒，連連向主席請罪，抱怨亡夫，「不該也反對過主席」。主席聞言心有不忍，也自含淚告訴這位年輕貌美的未亡人張茜說，陳毅和鄧小平的情形，與劉少奇不同。陳毅和鄧小平雖也曾反對過他，但那只是「人民內部的矛盾」，不算什麼。不像劉少奇的反對他，那是「敵我矛盾」，不能饒恕也……。主席固言之無心也；陳夫人張茜，亦聽之無意也。想不到在一旁侍立的周總理也聽到了。事後周乃悄悄地告訴這位未亡人及其子女，主席的話是對她亡夫亡父的嘉許和平反，勸陳家上下，把主席之言「傳出去」。張茜果然就大大的傳述一番，弄得全國皆知。陳故元帥固然因之死有餘榮，待罪江西的勞改犯鄧矮子，也就隨之平反了。可能也是得到周總理的暗示吧，小平就向主席寫了兩封信，表示想戴罪立功，雖然年已六十八歲了，精力猶旺，在主席的領導之下，還可以為黨、為人民，繼續服務。主席讀信大悅，小平就於一九七三年三月，二次奉詔回京了。

返京之後，小平立即恢復原職，任國務院副總理。同年八月，中共十全大會時，鄧又晉級為大會主席團成員；十二月又被提升為中央政治局委員，參加中央領導工作。一九七四年十月，周總理病危住院，毛再提升小平為國務院第一副總理。對中樞大事，代拆代行。一九七五年一月五日，四屆人大時，小平再被升任為軍委副主席，兼人民解放軍總參謀長。旋即擢升政治局常委、中共中央副主席，一人之下，萬人之上，真正的成為林彪以後，最有實際權力的中華人民共和國的副統帥了。朋友，主席這次對鄧的提拔，可說是仁至義盡了吧。而小平這次所表演的「二進宮」，將來也可以上得舞台吧？

小平二次回朝的底牌

不過話說回頭，小平這次從一個死亡邊緣的、全國反革命的第二號勞改犯，忽然大坐其直升機，又飛回人民中國的權力巔峰，有什麼政治上的特殊意義呢？恕寫歷史的人，斗膽根據多種現象來加以分析，那就是毛公自知，他自己也已病入膏肓，兩目近乎全盲，縱繼續搞其真正的「瞎指揮」，也餘日無多了。為著實現他激進的共產主義的理想，也是為著傳妻傳姪，以策身後安全，免遭像史達林那樣的鞭屍之厄運，他顯然也體會到繼續屠殺右派功臣，也殺不勝殺了。且看也已病入膏肓的周恩來，毛和他的妻黨，在誅林之後，縱想除周，也是不容易除掉。加以周是位全能的、全國的「總管家」，除之無適當之人頂替，也會弄得全國全黨大亂的。何況周已餘日無多，他縱是毛氏夫妻檔的頭號政敵，也沒有追殺的必要了。所以毛氏就想，改「屠殺」為「招撫」，以非鬥爭方法，來結束這場延續至十年之久的「文化大革命」了。庶幾他底政治理想，可以和平承傳，遺孀也可以和平接班，再出二世、三世慢慢地延續下去。五世其昌，天下太平了。根據這一腹案，毛公顯然認為：

第一個招撫對象，應該是鄧小平。小平是位從死囚牢內提出，用直升機，飛上巔峰的。小平如良心未泯，對他應該是死心塌地、感恩圖報的。加以小平原是個極其忠誠的共產主義者。並不是個「走資派」，「走資派二號司令」原是毛主席栽贓封給他的。如今解鈴繫鈴，他還是可以掉過頭來，做個實行「毛澤東思想」底二號司令的。再盱衡全黨，駕輕就熟，小平超群的工作能力，也是繼周最理想的人選。因此小平就蒙「不次之遷」，兩年之內，從一無所有的勞改犯，上升至全國第二人。除此之外，朋友，您把鄧小平的三落三起，和三起之速，還能找出其他原因嗎？

「四人幫」最高潮的「十全大會」

第二，毛公未忘其「左」，也未忘其妻也。鄧小平於一九七三年三月，奉調回朝，中國共產黨的「第十次全國代表大會」也就在五個月後的北京，正式開幕了。會期是一九七三年八月二十四日至二十八日。我們熟讀中共黨史的讀者，如果斗膽的說，一九六九年的中共九大是林彪之會；那麼一九七三年的中共十大，就是江青之會了。中共十大是個很好底博士論文的題目，深不可測。但是我們也不妨三言兩語帶過。首先是，十年文革的成就，是被徹底的肯定了。「毛澤東思想」裏極左的成分，什麼階級鬥爭天天講，和不斷革命論，人民公社好得很，諸教條都在大會公報中落實了。其次，王洪文出任大會籌備會主任，張春橋則為大會秘書長，也是大會主席團成員，兼主席團秘書長。大會中所有重要文告的起草人，什麼大會公報、修改黨章報告等等，都給張春橋、姚文元一干人全部包辦了。王洪文這個真正「工農兵」出身的共產黨員，簡直是身駕直升機，青雲直上，身兼大會各項要職，並當選中共中央副主席，地位在周恩來之上。王、張、江、姚四人，也全部當選為中央政治局成員，王張且被選為常委，權傾一切。身為「幫首」底武則天，雖在主席暗示之下，諸多避諱，其實際權力，也就可想而知了。朋友，就憑這幾項來說，你能說這個「十大」不是個四人幫之會？

批林、批孔、批周的理論與實際

因此四人幫在林彪滅門之後，強有力的造反派，便只此一家了。如今革命造反派所致力的文化大革命，既已掃盡了一切牛鬼蛇神，奪權成功，掌握了政治局，也打下了天下，主席年高病危，他們就計畫由江青接主席之班，而以張春橋代周組閣，繼任為國務總理了。盱衡當時政局，似乎也是順理成章的發展。但是革命不是請客，政敵不打不倒。如今境外既無國際危機，國內亦鮮有爭權勁敵，毛主席顯然是想在培植四人幫和計畫傳妻的同時，也做點思想工作，把黨內根深柢固的右派思想壓一壓，好讓左派順利接班，因而在「十全大會」開幕之前，於一九七三年五月，也就是鄧小平奉詔返京的兩月之後，「十全大會」開幕的三月之前，毛主席就開始構想了一個「批孔運動」。表面上是一種學術性的反儒家、尊法家的思想鬥爭，他老人家並特地為此做了一首批評郭沫若所著《十批判書》的律詩來，讓大家學習。

《十批判書》是一九四五年，郭沫若在重慶出版的論史名著。為的是對大獨裁者蔣介石指桑罵槐，書中曾把「焚書坑儒」的秦始皇大大的批判了一番。如今在人民中國裏的大獨裁者已經不是蔣介石，而另有其人了。大力崇法、反儒、尊秦的毛主席就要說《十批》不是好文章了。為這一大反周公、孔子的新運動造勢，毛乃於一九七三年八月五日，寫了一首即興的律詩，全文如下：

讀「封建論」——呈郭老（一九七三年八月五日）

勸君少罵秦始皇，焚坑事業待商量；祖龍雖死魂猶在，孔學高名實秕糠。百代都行秦政制，《十批》不是好文章；熟讀唐人「封建論」，莫將子厚

反文王。（見前引劉濟崑編，《毛澤東詩詞全集詳注》，頁二九六）

這首詩最能看出，毛澤東的政治哲學和歷史哲學。在這首詩中，他是絕對肯定中國歷史上第一號大暴君和大獨裁者，來為他自己的行為辯證。他竟然把中國史家詛咒了兩千多年的「焚書、坑儒」，說成是「事業」。在不同的場合裏，毛也曾一再自炫，秦始皇「坑儒」，只坑了四百六十幾個「儒生」，他所坑的高低級知識分子，實在是百千萬倍於秦始皇，相形之下，秦始皇實在是小兒科。

再者這首詩寫於他扶植四人幫至最高潮的「十大」期間，也是四人幫承旨發動「批林、批孔、批周運動」，把矛頭指向「一代大儒」的周恩來的牌底。毛特地寫這首政治詩，來為此一「批周奪權」的運動造勢，是昭然若揭的。因此從四人幫的角度看來，一旦周公被逼讓位，總理由春橋繼任，毛主席自會順水推舟也。加以主席也身罹痼疾，餘日無多，旦夕身亡，則人民中國就是「武后」的天下了。這顯然便是毛夫人一夥的如意算盤。因此四人幫在十大以後的活動，就更為猖獗了。

躲躲藏藏的「梁效寫作組」

更耐人尋味的是，在長至十年的文化大革命的整個過程之中，拙著前篇就曾說過，本是「低知」和「無知」的天下。毛氏在一九五六年的「雙百運動」中，吃一塹長一智，就再也不敢利用「高知」了。因此在十年浩劫中，受「劫」最深者，也就是毛語錄中所說的「書讀得愈多，知識愈少」的高級知識分子了（註：「知識分子」這個東西，在英文裏叫做Intellectuals；俄文叫做Intelligentzia，兩者不是一樣東西。而以中俄兩義比較接近。泛指「讀書人」而已，筆者曾撰有萬言長文，細論中美俄三國中知識分子定義之異同，不再贅）。

更有趣的是，想不到文革已到結束時期，那些低知、無知的紅衛兵小將們，已經一隊隊地被趕著「上山下鄉」去向貧下中農學習，大搞其「三同」（同吃、同住、同勞動）之時，原是八娼、九儒、十丐的「臭老九」高知，忽然大翻其身，被毛主席和他夫人的四人幫看中了，也就紛紛下海，大搞其指鹿為馬的「影射史學」，來為政治服務。因此文化大革命發展至此，就升級了。較之文革初期，專搞打砸搶，就高檔多矣。大概是經過十年浩劫的洗禮，好多一級高知，都被久煉成鋼，學了乖，知道「搞不過他，就加入他」的革命秘訣，而相率入幫了。可嘆的是，他們竟把中國最負清譽的北大、清華「兩校」（化名「梁效」）中，許多道貌岸然的學者，像馮友蘭那樣的教授，都捲入了江青那一夥「髒唐臭漢」的黃門中去，而不能自拔，把「兩校」清白的校史，無端塗上些洗刷不盡的黃色斑痕，令人惋惜耳。

〔附註〕記得在文革之前，我曾把馮友蘭的一些哲學新著，拿給胡適看，並想問問胡老師的意見。胡答非所問的說：「馮先生早年在北平做房產生意，就做得很成功……」使我聽得不知所云。一九七二年冬，我在北京拜看顧頡剛老師，並問問他，不寫文章了，專做標點二十四史的工作，有何感受。顧師說：「很好，很好，我也學了不少東西。」今日想想，顧老師那時也歪打正著。殿版二十四史，如果沒有顧師領導標點了一番，有個新式標點本，今日在海峽兩岸，何能「上網」。真是讀書人在順境逆境，都有許多有意義的工作可做，何必喪志辱身？有關這三批的文獻，當時的《北京日報》、《人民日報》、《紅旗》雜誌、《學習與批判》都載有大量的作品。

躲躲藏藏的作者，所用的雖都是化名、假名和筆名，例如梁效、柏青、羅思鼎、高路、唐曉文、康立、石倫等等，但是深知現代中國史學界、哲學界的目錄學家和專家一讀時文，則背後作家都能呼之欲出也。因為這些文章都不是等閒之作，泛泛的作家和教授，縱寫打差文章，還無此火候也，梁效（兩校）教授當時在聯合執筆時，有時還難免有些得意，對奉命打差，也不諱言。有些像馮友蘭那樣的名教授，改革開放後，亦頗有悔意，而撰文自白。事實上那時政治壓力太大，不做羔羊，就做羊羔，馮友蘭不做馮友蘭，就做吳晗、翦伯贊，任君自選之。個人犧牲事小，妻孥親友，一同陪斬事大。君不見明初大儒方孝孺先生乎，他老人家為著個人名節、個人的意蒂牢結，不惜「十族同誅」。結果他自己是青史留名、永垂不朽了，可是也因他而死的數千名親友婦孺，豈不死的冤枉。筆者近周曾在一位當年在「北大荒」消磨十五年歲月的朋友家，消夜清談。他說他當年的罪名是「沉默的反革命」。胡適所謂「沒有沉默的自由」是也。他說他一切逆來順受，都是為著無辜的親友們著想。當年毛公所搞出的這項苛政，中國政府總得有個正面的對策才對嘛。面對歷史，一個負責的政府也是不應該享有「沉默的自由」的。上述這批搞所謂「影射史學」，在今後的中國史學史裏面，是不會磨滅的。它在「影射史學」這一範疇之內，也是會永垂後世的。做個大略的了解，讀者可參閱上引，《國史全鑑》，卷四，頁四五八一—四五八三，〈影射史學〉；和嚴著《文革十年史》，卷二，頁四七四—四七五。

最偉大的教條主義者

因此我們如分析分析，毛主席首先解放鄧小平，讓其回朝做副總理。接著又在十全大會中，不顧一切的，把四人幫扶植到人民中國，黨政權力的巔峰，而又口口聲聲要他們團結合作，不搞小派系。接著又要批林、批孔、批周，為四人幫奪權鋪路，就不難知道，毛之招撫鄧小平，是要鄧某在新建立的黨和政府的權力系統之下，接受四人幫的領導，在四人幫之下工作，至少和四人幫和衷合作。只要鄧不再反對四人幫，不否定三七開（三分錯誤，七分正確）的「文化大革命」，並參加批孔批周，以鄧的能力、聲望和革命的歷史，毛甚或可以允許鄧小平來領導四人幫的，像後來華國鋒那樣的模式（見下節）。

可是毛氏顯然認為，只有以「呂后、武后」為首的四人幫，在個人感情上，在政治意識上，最能做他的繼承人，對他最忠心、最可靠。他死後，也只有四人幫當權，才能繼承他底「遺志」，繼續肯定「文化大革命」，至少不會像赫魯曉夫對史達林那樣，來鞭他的屍……。毛認為他一生只有兩大成就：第一是打敗了國民黨，建立了「中華人民共和國」；第二是發動了「文化大革命」，來實行真正的共產主義。

在毛澤東看來，當今的地球上，十個共產黨，九個都在搞「修正主義」了。在中國共產黨裏，劉少奇、周恩來、朱德、陳雲、鄧小平等，所有「老帥」輩的高幹都「修」了。他們都只會搞搞「業務」（像周恩來所發明的「四個現代化」），而不懂「理論」。因此眾人皆睡我獨醒，在當今中國，當今世界上，只剩下一個毛澤東是真正的「馬克思主義者」。所以他要把馬克思主義堅持到底，不能讓中國共產黨變「修」了。最接近毛的汪東興就說，毛主席認為全黨中任何人都可以死，只有主席他自己不能死，就是這個道理。因為他如果死了，中國共產黨就要變「修」了。再者，他死後也絕不能讓不肖子孫來「鞭屍」。所以為公為私，他都一定要讓四人幫來接他的班，才有安全感。

其實，在中國近現代史上，固有的權威理論，從孔家店到佛祖菩薩，到天父上主皇上帝都不靈了，在這一思想真空狀態之下的英雄和聰明人，抓到一兩項偉大的口號，望文生義，自以為是，就當起了「偉大的導師」來，把小我的信仰、思想、主義，堅持到底，強加於中國，寸步不讓，雖千萬人吾往矣，毛澤東並不是個例外。洪秀全、康有為、孫中山，乃至那些只有嘴巴、只有脊樑、而無拳無勇的梁漱溟、馬寅初，都是一樣的人物。只是他們都未搞到毛澤東那麼偉大就是了。所以毛澤東先生實在是近現代中國裏，一位最偉大的教條主義者。近百餘年來的中國裏，也以他闖的紕漏最大（筆者曾撰有〈解剖康有為〉一文，載《晚清七十年》，「戊戌變法」分冊，請讀者比較指正，康與毛都是教條主義的受害人，只是毛比康受害得更嚴重罷了）。

渣滓普羅 vs. 職業官僚

毛澤東既然認定了四人幫是他的嫡傳，但是他也完全知道在政治、經濟、軍事、外交諸運作中，四人幫是個絕對扶不起的阿斗。因為毛澤東主政下的人民中國，這個偉大而無法無天的政治實體中，是全靠人的關係來維持其存在的。而人的關係又是從中國共產黨的歷史上，慢慢建立起來的。中國共產黨雖然搞了數十年，還沒有替它的政權搞出個可行的制度來，但是它這個沒有一條法律的政治實體本身，卻是已有兩千年歷史底帝王專制的迴光返照，而這兩千年綿延不斷的中華帝國的治理方式，可以引用我國宋朝宰相文彥博（一〇〇六—一〇九七）的一句話，以概其餘。文宰相告訴宋神宗說：「陛下與士大夫共治天下也。」非與百姓共治天下也。

從現代西方的政治學的理論來說，那活了九十二歲的文老頭，實在是歷史反革命加現行反革命，反動透頂，但他卻說出了兩千年來，中國傳統政治的本質。在中國歷史上主要的朝代中，凡是一個英明的皇帝能與士大夫「共治天下」，他這個朝代，往往是國泰民安，團結無間，一切國政都還能差強人意。試看從西漢文景武昭宣開始，歷朝所謂「治世」，也無不如此，乃至滿清末年，忽然有點起死回生跡象的「同治中興」，也是如此的。違此，如果皇帝太專制，或太窩囊，不能或不願「與士大夫共治天下」往往就天下大亂了。在上篇結論中，筆者曾試舉漢末的「十常侍亂政」，和明末的「魏忠賢亂政」為例，那時就是如此的。真正科甲出身的士大夫，都靠邊站，朝中閹宦當權，就天下大亂了。

中共人民政權開國七年，雖然六法全無，但是英明的毛主席，當時頗能在傳統的「帝王學」上，吸取經驗，照本宣科，「與士大夫共治天下」，所以也能搞出七年的「黃金階段」來。一九五七年「反右」以後的二十年，毛公不願再做傳統的「英明之主」了，而要搞半調子的、德式俄式的個人獨裁制，來「自清君側」，並起用了一批「渣滓普羅」(**lumpenproletariat**)，來外行領導內行。毛主席他老人家當政二十八年中，搞「運動」搞得沒止沒盡的最後目的，還不是要黨內黨外，以周恩來為首的專家高知、士大夫全部靠邊站，讓他老婆率領一群「渣滓普羅」(普羅階級中的敗類)，來共治天下。原有的「職業官僚階層」、士大夫，群起加以抵制，而毛則非扶植四人幫到底不可。水火不容的兩派，乃在朝中搞起了拉鋸戰，毛也被弄得方寸大亂，不知如何是好，國政就每下愈況，終至不可收拾了。這也是傳統帝國、閹宦當權的現代版也。

讀者或許要問，什麼叫做「士大夫」呢？把文彥博所說的文言文的傳統名詞，翻成現代政治學上的白話文的名詞，那就是「職業官僚階層」，西文裏叫做**Professional Bureaucracy**。文彥博的意思，就是皇帝不是和人民一起來管理國家的，他是與這種經過特殊職業訓練的職業官僚階層，共治天下的。這也就是孔子所說的「民可使由之，不可使知之」的現代涵義吧。在十九世紀中葉，統一了德國的腓特烈大帝，也說過類似的話。這在現代政治學上則叫做「恩惠專政」（Benevolent Despotism），或「開明專政」（Enlightened Despotism），是極權政制中比較進步的一種體制。可是在文彥博時代（北宋中葉）的中國，所逐漸改良出來的「文官制度」（Civil Service System），顯然還更超越一點呢。大陸上人民政權底最初七年之頗有開國氣象的成績，就是受惠於這個「陛下與（以周恩來為首的）士大夫共治天下」的結果。這也是「傳統帝王政制迴光返照」底正面遺傳吧。

＊原載於台北《傳記文學》第七十六卷第三期

六、毛澤東死亡，遺孀被捕

「中間體制」和「定型」

老制度的迴光返照，只是制度轉型（從傳統的帝國文官制轉向民國的代議制）中的一個「中間體制」（Interim Institution），它不能構成新制度的「定型」。所以它還要繼續的「變」。「文化大革命」就是它繼續演變中，可以避免、有時也避免不掉的「走火入魔」的不正常現象。既然走火入魔了，它就被全國人民所拒絕，和被原有的「職業官僚階層」所強烈抵制。這就是毛澤東晚年的轉型現象了。這個「轉型現象」，還是要繼續轉動的，最後才黑貓白貓的轉出個「一國兩制」來。兩制並行，如果還是行不通，那麼就繼續的「變」下去，窮則變，變則通，筆者不學，竊為估計，如果我民族族運昌隆，不生意外，大約再變四十年，我們就可以變出一個適合中國國情的，和可行的代議制度來。到那時，中國歷史上政治、社會、文化第二次大轉型運動，就可以平安「出峽」了。此是後話。江澤民主席最近也曾做過相同時限的估計。但願我們都會巧合，那就真是阿彌陀佛了。

林彪事件後中國左右兩派對照表

因此長話短說，林彪事變後的中國政壇，由於政治觀念不同，政策有異，就出現了一黨之中，左右兩派在中央決策階層，拉鋸火併的現象。毛澤東主席做為有「最後決定權」（veto power）的最高領導，他底「最高指示」，也是搖擺不定的，雖然他對他自己堅守的極左的原則，是永遠堅決不變的。他事實上是四人幫一切權力和奪權活動的總根和原動力，所以在本表中乃把他列為「極左派」的「最高領導」。為使讀者一目瞭然，謹試列一簡明對照表，以助讀者對這一複雜歷史階段的了解。簡表如下：

中共中央左右兩派簡明對照表（一九七一年九月—一九七六年九月）

極左派：

最高領導：毛澤東主席

實際權力：

1.口頭和書面的「最高指示」，等於立法權；
2.一切政策的最後決定權；
3.解放軍的調動與指揮權；
4.操縱和指揮公安和情報系統的全權；
5.越級指揮黨和政府上下各部門的全權；

主要骨幹：四人幫：按政治地位排名：王洪文、張春橋、江青、姚文元；按權力排名：江、張、王、姚。

主要任務：組織群眾運動，抓好革命理論，襄贊中央決策。

極左理論：「階級鬥爭為綱，其他都是目」（《毛主席語錄》）。

對「文化大革命」的評價：三分錯誤，七分成績（正面「三七開」）。

對「林彪反革命集團」的結論：極右的反革命集團。

左派群眾：

1.原紅衛兵小將，近一千萬人，這時正上山下鄉，面臨潰散；
2.黨政系統中的激進分子，和風派，有限人數不詳；
3.解放軍系統中若干親左指戰員和戰士，有限人數不詳；
4.工會系統，激進工人和民兵（上海區萬餘武裝民兵為主力）。

革命策略：

1.組織群眾運動，揪鬥反修分子，影響中央決策；
2.組織高級作家、權威教授，撰寫學術論文，提高革命理論；
3.說服、招撫、強制、鎮壓黨內右派敵對分子，增強左派勢力。

奪權高潮：「十全大會」（一九七三、八），四人全入政治局；王、張兩人為常委，張兼解放軍總政治部主任。

最高目標：奪取中央領導權，接班主政，繼續革命，實現毛澤東思想、馬克思主義。

務實派：

最高領導：周恩來總理

實際權力：

1.國務總理，全國總管家，主持黨政軍財文教外交，日常實際工作；
2.軍委和國防部門中，一切日常軍政、軍令的實際管理權；
3.黨政軍特財文教外交，各級體制中的崇高威望與人際關係；
4.「上有政策，下有對策」的靈活運用。

主要骨幹：葉劍英、陳雲、鄧小平、李先念、李富春、朱德、萬里、王震等無數元帥級、大將級的中央地方文武高幹。

主要任務：管理日常國政，策劃將來發展，應付「最高指示」，抵制四人幫侵權。

政治理論：摒棄極左哲學，結束文革，恢復正常，全面整頓軍政偏差，發展四化。

對「文化大革命」的評價：全盤否定，及早結束。

對「林彪反革命集團」的結論：極左的叛黨叛國集團。

群眾基礎：想過正常生活的全國軍民、黨員和幹部，所形成的「沉默多數」。

政治策略：

1.堅守軍政各部門，嚴防四人幫侵權滋擾；
2.巧妙地杯葛毛主席的極左政策；
3.對四人幫一切的計畫、威脅和利誘，抵制到底，絕不妥協。

防守高潮：「四屆人大」，周續組閣；鄧升中央副主席、國務院第一副總理、解放軍總參謀長，負責「全面整頓」。

最高目標：消滅四人幫，摒棄極左路線，於毛後時代，恢復正常發展。

上列「簡表」是筆者不學，經過二十餘年對中國大陸政治發展的觀察，並參考大陸最近才出現的各種史料和口述訪問，來大膽編製的。本表中所謂「右派」，是左右相對而言；並不是說周恩來一夥是「右派」也。筆者個人認為，不幸做了一個流落海外的史學工作者，已盡其最大的努力，保持客觀的立場。深知各界讀者，還會有很多不同意見的。筆者如發現更有強力證據的說法，自會從善如流，修改小我的管見，以挖掘歷史的真相的。本表就算是個史學草稿吧。

鄧小平全壘打，四人幫不自知

在上表所包含的五年（一九七一年九月至一九七六年九月）時光裏，不用說，鄧小平是個突出的領導人物了。老周要特別保護他，老毛要千方百計的招撫（也可說是收買）他，四人幫要不擇手段的殺掉他。老鄧這個小矮子，為何如此重要呢？

原來，中共自一九二一年建黨以迄此時，已五十餘年矣。它建黨開國的元勳，像朱、毛、周、劉，乃至陳雲、葉劍英，下至小黃門汪東興等人，在黨內黨外，都是身經百難、磨練出來的鐵人。毛主席說：「我活著，解放軍跟我走；我死後，解放軍跟老帥走。」這種人際關係豈是一朝一夕之功？藍蘋姑娘，只是在共產黨大勢已定之後，才一朝選在君王側的美人貴妃，竄升為皇后。她沒有呂后、武后、西后那種深厚的歷史背景；而十年文革期間，她恃寵驕縱，攬位奪權，為黨內黨外所側目，早已變成過街老鼠。人民中國如果也發生一次「安史之亂」，沒個「六軍不發」才怪呢？關於這一情勢，嘴大心粗的江婆娘，沒此見識，而毛公則洞若觀火也。

再者，四人幫這一夥又有什麼治國安邦的主觀條件呢？這窩小黨棍，縱使奪權到手，又能幹些什麼呢？統軍？主政（讓張春橋代周為總理，他幹不了也）？辦黨？理財？辦外交？辦教育？搞文化？……這四位寶貝，一無所長，一樣也幹不了也。他們自己雖然眼大於腹，無自知之明，而毛公也深知之也。

所以在毛氏的心目中，他如不傳妻，他一死便人亡政息，共產主義和毛澤東思想在中國都會隨風而逝。並且有史達林之前例在，他的遺體說不定還要遭政敵鞭屍一番呢。但是他也知道，要傳妻，那就非有元勳故舊、文武重臣蕭何、曹參、周勃等保駕不可。毛公是「太史公書」最忠實的讀者，對於這一情況，全黨之內沒一個比他老人家更清楚也。但要找個對「呂后、武后、西后」的保駕之臣，談何容易？

他知道他如先周而死，那個老狐狸周葛亮——「狡猾的中國知識分子」周恩來（據國內盛傳，這是周死後，毛對周的評語），斷不會去保江青之駕的。在毛澤東的心目中，周恩來和鄧小平是兩種不同身分的人物。周是他底「革命夥伴」、「企業股東」、「百年老店的副總經理」、「老同志、老幹部的頭頭」。毛對周不能呼之即來，揮之即去，更不能頤指氣使。周縱有意對娘娘保駕，周的夥伴和部下，像鄧穎超、陳雲、彭真、王震等人，如果反對，他也不會降志辱身的。總之，周不是一個人，他也是個幫主和黨魁，情況至為複雜。

鄧小平就不同了，在毛的眼光中，小平只是個「夥計」，可以呼之即來，揮之即去。加以鄧也是個直來直去之人，心際單純，不像周公老狐狸，高深莫測。小平如答應保駕，他會保駕到底的，不會口是心非。加以他起小平於死囚之中，位之宰輔。他對小平有再生之德、知遇之恩，小平如知恩感德，應不負所望也。

再者，小平是個全壘打之才，文武一把抓的本領，也不在周公之下。他這點早為毛所賞識，並曾為赫魯曉夫密言之。今次不次之遷，鄧小平如感恩圖報，接受託孤，與四人幫合作，扶持阿斗，做個諸葛亮，鞠躬盡瘁，死而後已，則人民共和國就前途似錦了。毛公百年後，無鞭屍之危，亦可瞑目而死矣。

至於周恩來，毛對他早就不懷好意了。但是鄧是周手下第一號大將，鄧如接受招撫，周也就為患不大了。不幸的是，小平在十大之後，遵循毛主席公開交代的「全面整頓」的指示，對黨政軍財、文教、外交各部門中，有失常規的現象，就大刀闊斧的「整頓」起來了。整得全國朝野，彩聲一片，但是一個人的長處，往往也是他底短處。直來直去的個性，使鄧某在整黨時，也嚴肅的批評了四人幫的「派性」；四人反唇相稽，說他所搞的是比「修正主義」更為反革命的「經驗主義」，是《水滸傳》裏面的宋江，面對資本主義的「投降派」。這一來，中央政治局裏面，就每會必吵了。此時毛公病重，已目不能視，口不能言，耳不能聽，南下長沙養病，平時也不能夠參加中央會議，先是由王海容、唐聞生兩姑娘為之傳語，後又代之以姪兒毛遠新，他們各有所偏，問題複雜，鄧、江窩裏鬥，就雪上加霜了（詳見下節）。

鄧小平的「四屆人大」

語云，清官難斷家務事，革命原不是請客，毛主席初未因兩派不和而氣羸也。一九七五年一月，黨中央為調整政府機構與人事安排，召集了「四屆人大」。毛主席站穩了他自己的腳跟，掌握了他自己的原則，再次利用「四屆人大」的機會，試圖促成兩派團結合作。毛主席不特嚴拒了張春橋組閣的要求，還指定由周恩來續任總理，為安撫鄧小平，乃把他再次升遷為「中共中央副主席」、「中央政治局常委」、「解放軍總參謀長」，可說是黨政軍一把抓，位極人臣了。所以我們對文革末期的三次大會，大致可以說：一九六九年的「九大」是林彪之會；一九七二年的「十大」是四人幫之會：一九七五年的「四屆人大」，則是鄧小平之會了。

為著安撫四人幫，毛也擢升張春橋，與鄧小平同任副總理，並讓張某也有機會插手軍事。春橋也就破格兼任解放軍總政治部主任，穿上了軍衣，「鳥之將死，其鳴也哀，人之將死，其言也善」。毛主席在他老人家生命的最後一年，為著調和他底下這左右兩派的不和，溫言撫慰，舌敝唇焦，真不替兩面磕頭，也是很可憐見的啊。

春橋抓「理論」，小平搞「整頓」

再者，為著「安定團結」，毛公又煞費苦心的，於一九七五年七月四日，推出一套所謂「三項指示」，好讓兩派各盡所能，互不越權，而分工合作。這三項指示，是：一，學習理論，反修防修；二，安定團結；三，把國民經濟搞上去（參閱上引《全鑑》，頁四八三六；及《鄧小平選集》，一九七五—一九八二，頁十二）。毛並指定張春橋、姚文元，致力於學習理論。像一位教授教導他助理和研究生一樣，毛要他二人去熟讀馬列經典，並將書中有關反修防修、阻止資產階級復活的條文，輯出個選集來，以為實行政策之參考。他二人三更燈火五更雞，就認真的挖掘了三十三條，輯為專書，即以「三十三條」名其書，由黨中央發交全國幹部做為學習理論的課本。「偉大的導師」交代了，何人敢違？學習的結果呢，兩派也就以「三項指示為綱」，各取所需的向主席大打其小報告來了。天下本無事，這一來反而變成庸人自擾、治絲愈棼了。

〔附註〕筆者讀史書至此，真不勝感嘆。因為這就是百分之百的所謂「教條主義」的現身說法。宋朝有位政治家叫趙普（九二二—九九二），當小吏出身，讀書無多，卻是個有名的以「半部《論語》治天下」的好宰相。趙宰相搞的雖然也是教條主義，但是他背後卻有個歷時一二〇〇餘年才編成的政治大藍圖，可以按圖索驥。毛澤東治國於「轉型期」中，搞激進的共產主義，不但中國無此經驗，全世界也沒有先例，「三十三條」有屁用？毛公搞教條主義就禍國殃民了。

在此學習中途，鄧小平為「把國民經濟搞上去」，就雷厲風行，大搞其「全面整頓」了。久旱逢甘霖，全國面貌，竟為之煥然一新。舉小例以明之，文革搞了九年，武鬥文鬥的結果，全國鐵路系統早就癱瘓了。乘客對班車時間表，是向不信任的。可是現在鄧副主席要「全面整頓」了，他夥同新任鐵道部長萬里，來大力督察。果然，不多久全國主要的幾條幹線，就按時開車了。這一來每天上路的幾百萬旅客，同聲鼓掌。只此一樁，就足夠使小平名滿天下了。他項成就，就不必多舉了（參見張化著〈鄧小平在一九七五年〉，載上引邱石編《共和國重大事件和決策內幕》，卷下，頁八三九—八七四）。

但是小平這樣幹起來，有什麼「理論」基礎呢？他老人家，早就說過，什麼黑貓白貓，能抓耗子的便是好貓（這話是鄧小平此時就說的，不是在後來改革開放時才說的）。這就是他的理論。如此一來，鄧小平不就變成美國杜威，和中國胡適的學生了嗎？資本主義不就要復辟了嗎？「三十三條」的編者們，一個小報告便打到長沙去，密報主席，說鄧小平在搞比「修正主義」更為反革命的「經驗主義」（經驗主義是美國實驗主義的別名）。鄧小平這樣「修」起來，如何得了？

可是小平這時修得正起勁，全國百廢待舉，正需他這樣的牛馬走來，日夜辛勞，撥亂反正，他半途得知，被打了小報告，小平雖非彭德懷式的「張飛」和「樊噲」，他打江西時代起，早就有「通天」、「面聖」打其大報告的習慣。他要去找毛澤東同志，問個明白。說也奇怪，在他對毛報告之後，毛氏竟然鼓勵有加。四人幫反而自討了沒趣。

反擊「右傾翻案風」

但是勝敗原兵家常事。毛主席一時為他兩派息爭，並不表示兩派就可以安定團結，和平共處。相反的，他們兩派正水火日甚，非你死即我活，絕無妥協的餘地。何以搞到如此絕境呢，首先怪的，應該是我們中華醬缸文明中的老傳統。我們中國知識分子之間，是絕對不能合作的。記得，毛主席曾批評彭德懷那一夥元帥說，他們「十帥九不和」。其實毛公又同哪個「和」過呢？國民黨以前孫文、黃興就不和；後來胡漢民、汪精衛、蔣介石也不和。這是我們華族的民族劣根性。我們血液裏沒有合作的細胞，我們怎能搞啥民主政治呢？筆者概乎言之，我想讀者之中，定有我的知音也。這也是我們在政治上，非出些袁、蔣、毛、鄧等大獨裁者不可；沒有他們，我們就惶惶不能終日也。

在上述鄧四之爭中，也因為我們的「第二次文化轉型運動」，還沒有駛出「歷史三峽」的緣故。毛澤東的那套過激共產主義，不為全黨全民所能接受，但他覺得，眾睡獨醒，只有他才是天生聖哲、彌賽亞，他非以個人信仰，強加之於全民全黨不可。文革發展至此，連被欺騙「上山下鄉」的幾百萬的紅衛兵小將們，都豁然清醒了，而四人幫為奪權主政的美夢所迷，卻變成主席身邊，僅有的一群極左的信徒了。這也說明鄧四兩派，何以至死也不能合作的基本原因也。

這時，四人幫志在全部奪權、主政。江青認為她不能在「四屆人大」組閣，最大的阻力不是別人，正是她的老公，毛主席自己（這是知江最深底汪東興，對她的觀察，見上引李志綏書）。如今對付鄧小平，她還是應該用文革早期，那種「文攻武衛」的老辦法，大力宣傳毛澤東「反右傾翻案風」的極左思想，來發動群眾造勢「批鄧」。迨水到渠成，大勢所趨，主席自會順水推舟，把鄧小平罷官的。江青畢竟是毛的枕邊人，深知毛的脾胃。毛所最不能容忍的便是否定「文化大革命」。四人幫就正要利用這項心理，來發動他們底「梁效寫作班」，在清華、北大兩校，展開一個「反擊右傾翻案風」的群眾運動，寫文章，貼大字報，咬定鄧小平搞「經驗主義」，志在否定「文化大革命」，並要為劉、彭等受害人鳴冤算賬。這也確是鄧的本意，不能算是無中生有，完全「栽贓」。這一運動從「兩校」的千人大批判開始，很快的就風靡全國。四人幫同時又動員了毛所寵信的姪兒毛遠新，來為毛往返傳話。毛遠新原是四人幫的成員，終日在身染沉痾的伯伯身邊，喋喋不休地為伯母傳話，說曾參殺人，毛公信以為真，小平就要三度中箭落馬了。

毛對「安定團結」做最後努力

原來毛主席在讓張春橋穿上軍衣之後，還是語重心長的警告江青說：「我活著，解放軍跟我走；我死後，解放軍跟老帥走。」又說，他們在黨政軍各方面的力量，都比你們大。我死了，你們鬥不過他們。毛之所謂「他們」者，自然指的是以周恩來之馬首是瞻的「老帥」集團也（包括朱德和鄧小平）。而毛所說的「你們」，當然是專指四人幫而言了。此外，毛主席並強迫江青寫書面檢討，承認自己的錯誤。這位老家長，為將來遺孀的福祉，生前仔細安排，希望兩派團結，以確保他死後，妻孥的安全（且看林彪一家死的多麼慘絕人寰？）。語重心長，其言也善，人老了，孤獨無告，大家都在敷衍他，等他翹辮子，亦至可憫也。

同時為著鄧小平的政治前途著想，毛在「四屆人大」中，讓重病垂危的周恩來繼續組閣，擔任國務總理，事實上也就是讓鄧小平代拆代行了。毛也鼓勵小平在被九年文革搞癱瘓了的黨政軍各部門，努力做到「全部整頓」。小平奉諭之後，也認真的幹了起來。本篇上節，已略做交代，可是小平顯然認為人民中國一切的病症，都是「文化大革命」惹出來的。四人幫實是罪魁禍首。所以他絕對不願與四人幫合作。鄧和毛一樣，顯然也看得很清楚。四人幫目前完全是「狐假虎威」，靠毛主席的「最高指示」來興風作浪。毛主席一旦死亡，就是他們收拾四人幫之時了。所以他對江青完全不假辭色。只是和其他「老同志」（特別是葉劍英等老帥，以及其他長征老幹部）一樣，在靜等毛澤東的最後一口氣。

可是鄧小平基本上（和其他老幹部一樣）卻是個毛派，毛也始終是他的偶像，除掉他直接變成受害人的「文化大革命」之外，他對毛的政策，基本上是擁護的。例如發生在一九五六年的「反右運動」，受害者百餘萬家，就是鄧小平承毛之旨，一手迫害的。鄧氏對那個血淋淋的「反右運動」，一直都說是「基本上是正確的」，毫無悔意；他至死也未嘗改口。他對毛所搞的、死了數千萬人的「大躍進」和「人民公社」，也是有頗多的怨辭的，口口聲聲替毛抵賴，一再說那是「三年自然災害」造成的。他一輩子也未嘗為此而對毛有惡言惡語之評論也。

從毛公的方向來看，毛對鄧也是極為器重的。個人的能力之外，他對鄧小平倔強的個性，顯然也有幾分認可。毛是個英雄豪傑，他對一些脅肩諂笑、軟骨頭的風派人物，也是瞧不起的，因此他對鄧倒頗能惺惺相惜。事實上鄧小平在江西時代，一起一落之時，毛澤東原是他的難友，當時鄧、毛並列，鄧的排名還在毛之上呢。三十三年之後，毛公砲打劉、鄧司令部時，鄧事實上只是個陪斬犯而已。其後林四要開除鄧的黨籍，毛卻加以保護呢。鄧因大難不死，後來曾自說是「命大」。其實毛如要殺鄧，小雞一隻耳，命大何益？鄧之所以不死者，主席保護之也。小平怎能不知？在鄧公於一九七八年三度出山時，筆者不學，在海外隔岸鼓掌，為文評之，就曾說過，毛澤東在晚年做了一萬樁錯事，但是卻有一樁做對了。那就是：他沒有殺鄧小平。

拒寫「文革史」的真實情況

因此，此次鄧和四人幫糾鬥，毛曾不惜一切籠絡之，真可說是用心良苦也。但毛也有一個基本立場，絕不能妥協，那就是對「文化大革命」，一定非做正面肯定不可，其他都可讓步。為此，毛在一九七五年十一月二十日，做出指示：由鄧小平主持，在中央政治局做出個對「文化大革命」做「三七開」（三分錯誤，七分成績）評價的正面決議，以「統一認識」。這是毛氏對鄧的最低要求，鄧小平如接受此項託孤安排，則各派息爭相處，匕鬯不驚。在毛主席龍馭上賓之時，則毛派共產主義可望順利實現，在鄧小平為首的老同志保駕之下，則「江后」也可和平接班。夫如是，庶幾中西傳統，兩得其宜，毛公晉見馬克思始祖時，也可為中國革命，向老人家善報平安了。

毛主席這項苦心孤詣的安排，在他自己看來，對鄧小平應該是仁至義盡的了。有誰知道，鄧小平遠沒有梁效一類的大學教授之圓通也。他那草莽英雄的性格，硬是和陶鑄一樣的不識抬舉，辜負了毛主席的好意，小平把此項任務斷然的拒絕了。他的藉口是，他「不知有漢，無論魏晉」（陶潛著〈桃花源記〉中描述隱士們說的話），何能執筆？

本來嘛，十年文革，就是從毛主席親自「砲打劉、鄧司令部」開始的，如今要鄧司令來承認自己是「資產階級反動派」，向四人幫革命派謝罪，為著貪生怕死，自打嘴巴，來唾面自乾，豈不太無恥了。毛主席要鄧小平來肯定文革的歷史，做三七開，也是強人之所難也。不過在那個廉恥喪盡的年代，還有什麼個人尊嚴之可言呢？當時中國所謂幾大幾大不要臉，不是隨處都有嘛？毛顯然是見怪不怪，視此為當然也。只是鄧公為珍惜他的幾根臭骨頭，而硬是抗命不寫，在那年代，也確是鳳毛麟角，難能可貴的了。

鄧小平這一記和早期陶鑄一樣的「不識抬舉」，毛公難免也就像當年對待陶鑄一樣的動氣了。主席一怒之下，四人幫和一些善於承旨的小子，就對鄧小平鳴鼓而攻之了。黨內隨即颳起了一陣「反擊右傾翻案風」的群眾運動，鄧小平也就很快的恢復了他被「砲打」時代的「走資派」老罪名，而靠邊站了。不久，小平更被毛主席欽定為「點名批判」的對象，推向全國。趙孟能貴之，趙孟能賤之，毛主席一聲令下，小平就從珠穆朗瑪峰一下跌入谷底，漸次完成他三起三落底注定的命運。

不是冤家不碰頭的毛周關係

就在鄧小平抗命被黜，政治命運三度滑坡，中共中央政治分裂，勢不可免之時，為此而憂心忡忡的周恩來總理一身數癌並發，也已病至彌留之境，至一九七六年一月八日，終於撒手人寰，結束了他豐功偉績、多彩多姿而又受盡屈辱，和艱難困苦的一生。可是在全國人民的哭聲裏，以他在人民共和國的地位，其喪儀在人民政府例行的、深具封建等級的規格中，應該不是特級，也是一級的了。殊不知周公喪儀的規格卻遠在上述前外長陳毅之下呢。其主要的原因，便是毛主席拒絕參加，並揚言他有「不參加的自由」。同時黨的高階層中，且有耳語私傳說，毛氏初聞噩耗時，對周曾有「一個狡猾的中國知識分子」的評語。有此傳聞，追悼規格自然就提不上去了。

另外，當周的死訊傳到毛的住處，中南海的游泳池時，許多與周總理有舊的醫師、護士，和其他服務人員，都想去向總理遺體致敬、道別。但是身任中央警衛團團長的張耀詞（顯然是奉汪東興之命），就公然禁止眾人前往。甚至不許任何人臂纏黑紗，表示哀悼。中南海中，對總理之死，草木不驚，若無其事。那個把持了政治局的四人幫，自然更是加意杯葛。對周氏的喪禮，做出了種種的限制，這當然也都是承旨而為之，使全國朝野都敢怒而不敢言。

在他們生死訣別之際，讀史者不免要問一聲，毛澤東和周恩來之間，究竟有些什麼過不去的關節？毛竟然在周已物故之後，還要對他恨得牙癢癢的呢？搞歷史的人要試圖解開這一謎團，我們不妨舉一個美國政壇的軼事，以做他山之石。美國前總統杜魯門曾有一句笑話說：「您如果想在華盛頓交一個朋友。那就只有去買一條狗了。」換言之，狗是人類最好的朋友，你閣下如果想在華盛頓的政治圈內，交一個朋友，那就只有養一條狗了。

朋友，政治圈內是沒有朋友的。毛、周二人在險惡的政治交往中，相激相盪，搞了五十多年。彼此各有不同的政見、不同的野心、不同的政治圈，他們是同志，是夥伴，是股東，甚至是政敵則有之。若論兄弟之情、朋友之誼，那就很淡薄了。到必要之時，白刀進、紅刀出，彼此還要仇殺一番呢。在文化大革命的高潮期，據說周恩來也經常隨身帶著牙刷、牙膏，以預備隨時被捕坐牢。

朋友，政治圈是人類文明生活中，最無情、無義，和最可怕的圈圈。野心的政客們，不論他們救國救民的幌子，打得如何之高，一旦彼此之間，發生了權力鬥爭，雖父子、兄弟、夫婦、朋友，頃刻之間都可變成相互殘殺的仇人。這現象在古今中外的歷史裏面，例子該是舉不盡的吧。毛、周之間，正是如此。他二人從江西時代開始，便既是夥伴，也是政敵。急則相親，緩則相敬。共患難，而不能共安樂。

筆者在前篇就曾說過，毛精於外功少林拳，周則是內功沾綿拳，各有所長。但是柔能克剛，若論急功近利，則周不如毛；若論遠交緩圖，則毛不如周。在他們半個世紀的交往中，遵義之前，周是毛的上級；遵義之後，則關係逆轉。但他二人只有大小股東之別，而非老闆夥計的關係。毛之對周，固不能呼之即來，揮之即去；周之對毛，也非全是被動，亦如帝制時代皇帝之與宰相也。周究竟是個現代化的國務總理，運用其柔道，來四兩撥千斤，主席往往反成被動。這就是所謂運用之妙，存乎一心了。

對毛澤東這個大獨裁者，居高臨下、頤指氣使的個性來說，他和袁世凱、蔣介石，乃至希特勒、史達林一樣，總希望有個百依百順的奴才宰相，來聽他使喚。所以在他當政的二十八年中，便時時刻刻要把周恩來換掉，有時簡直下流到硬性栽贓的程度。例如早經黨中央澄清了的，所謂「伍豪登報脫黨」的舊案。「伍豪」是周在青年期搞革命的化名，後來國民黨替他登出了一則「伍豪脫離共產黨」的假廣告。全黨皆知這廣告是老K偽造的。中共中央也已澄清了數十年了。如今四人幫挑起舊案，毛竟故做含混，使老周緊張不已。至死前數日，都還在繼續表白。這就是政治鬥爭中，下流到不擇手段的實例。奇怪的是，數十年來，縱使不擇手段，毛越想換周，越是換不掉。結果不獲已，還得讓周葛亮鞠躬盡瘁，死而後已。

因此在毛氏的心目中，二十年來，他底「思想」實現不了，整風不能徹底，政敵不能肅清，老婆不能接班，……都是被「狡猾」的老周掣肘的結果。越想越氣，等到老周先他而死，死了連追悼會也不去參加，好出口鳥氣。朋友，您說我們這項觀察不對嗎？最初我們也以為是不對的呢。可是近年來大陸上各項史料的湧出，愈來愈多，根據這些新史料，我們才愈來愈相信，上項結論是正確的呢。搞歷史，是則是之，非則非之嘛。

〔附註〕我記得，精通國民黨政治運作的王世杰先生，就向我們說過，蔣介石總統對孔祥熙、宋子文兩個內戚，就喜孔而惡宋。原因是宋子文十分洋化。宋當財政部長時，蔣如向他要錢，宋總要問明做何用場？從哪項戶頭、哪個會計號碼中撥款？老是問得蔣公頭大不已，無辭以對。孔祥熙就不然了。老孔向來不問，做何用場？哪項戶頭？哪個號碼？他是山西票號出身，替老闆管銀子，反正老闆要錢有錢就是了，管啥鳥號碼？戶頭？毛公是蔣公的死敵，他二人如易地而處，毛公也是會喜歡孔祥熙的。筆者在前篇論袁世凱和唐紹儀的關係時，就說過唐某是幼童留學出身，太洋化了，土老兒袁世凱，吃他不消。朋友，這就是所謂制度轉型的問題了。現在台灣李總統、大陸的江主席，敢不問戶頭、不問會計號碼，就向財政部長要錢？縱使這部長是他的小舅子？制度轉型雖然進度甚慢，但是還是有進步的。

周恩來是反毛派的總領袖

在一般讀史者粗淺的印象中，周恩來似乎總是毛澤東一切倒行逆施的幫凶。毛的任何惡行，周似乎都同他沆瀣一氣，助紂為虐。其實不盡然也。詳言之，太嚕嗦了，今且看他二人都患了絕症的最後一年嘛：「四屆人大」（一九七五年一月）期中，四人幫急於組閣，奪權在即，全黨惶惶。只要毛主席一鬆口，總理大位就是狗頭軍師張的了。據說那時朱德元帥對此就頗不服氣，他說了些笑話，問張春橋憑什麼資格來組閣？老元帥說，論打仗，他不如胖子（許世友）；論陰謀詭計，他不如禿子（林彪）……；論資歷，他不如老子（朱德自己）。憑何組閣？

就在他們老帥、老幹部、老同志私下議論紛紛、密謀對策時，周恩來在中南海西花廳的住宅，就是他們秘密問道之所，周總理也就變成他們視為當然的謀主（ringleader）了。後來周已病危，於一九七五年六月一日，住入三〇五醫院緊急就醫，到他病房中密謀問計的老同志如葉劍英、鄧小平、李先念……等等仍是日夜不絕，周也顧不得病入膏肓，仍是抱病和他們秘密策劃，如何抵制四人幫奪權？如何應付毛主席不斷的「最高指示」？將來人民政府公佈檔案時，真相即會大白於天下。但是縱在今日，根據我們所見的有限史料，仍然是可以述其大略的。

他們底總方案似乎是「四屆人大」不能再像黨的「十大」，讓四人幫獨據要津。他們要用種種方法，把毛主席控制住，不讓他一意突出四人幫，尤其是張春橋組閣的問題，和四人幫打入解放軍的問題。關於前者，周以重病垂危之身，堅守國務總理這一要職，絕不退出，並堅持要鄧小平出任「第一副總理」，為總理代拆代行。同時要小平對一切軍政部門，做通盤「整頓」如上節所述，但此事應萬般技巧的，由國家現勢、國家危機和種種利害去說服主席，由毛自己去主動推行之，庶幾他老人家，在心理上和面子上，都能感到滿足。這一點在周公最技巧的策劃之下，他們是百分之百的做到了。

第二，他們和毛主席一樣，認為解放軍是基層建築，絕不能有絲毫差錯。為給毛主席以充分的面子，他們也說動主席，安插張為「解放軍總政治部主任」，穿上將軍制服，但是實際軍令、軍政，則絕不許張染指也。為此，葉劍英曾密訪各軍區、各兵種，傳達毛主席對四人幫的評語和厭惡的情緒，以安定軍心。絕不容四人幫插手絲毫。同時在各軍區司令員奉調來京開會、並至三〇五醫院探候總理病情時，周公竟破例直言四人幫之禍國。周說「他們」背景強大，「你們」鬥不過「他們」。但希望各將軍於重要關頭「要保護老同志」。周所說的「你們」、「他們」，其語氣和毛之告誡江青者，簡直是一模一樣。只是毛之對江，是誠實的告誡；周之對諸將，則是謙虛的哀求罷了。鳥之將死，其鳴也哀。諸將官雖鐵石心腸，亦竟為之掉淚。據此，我們懷疑鄧小平最後拒絕毛之邀請，去為「文化大革命」做三七開的評論，是出諸他一個人倔強的意志呢？還是出諸反毛的周派老幹部之一致的決策也。這一有趣的歷史問題，我們還是讓將來的史學博士生，去慢慢的解決吧。

總之，此時毛、周兩派的拉鋸戰，毛主席顯然是以一人而敵全黨，並且顯然在政治技巧上，屈居下風（politically outmaneuvered）。他這個孤立的老獨夫，鬥不過一大群精於法家權術的老秀才（也可說是「策士」吧），亦不得已也。但毛是個精明人，啞子吃湯糰，心裏有數的。吃了悶虧，口說不出，老子不參加你的喪禮，就阿Q他一番了。歷史比小說有趣，亦誠可笑也。質諸賢明讀者，是耶？非耶？

死生易位的周毛永訣

再者，周恩來之先毛而死，對毛主席顯然是個意外。原來林彪事變之後，毛的健康便突然崩潰，這在當年北京早有傳聞。迨李志綏醫師的回憶錄一出籠，前時的小道消息便完全證實了。李是任職二十二年的毛的私人醫生，最後奉毛之命，出任三〇五醫院院長（等於台北「榮總」的院長），周恩來就死在這個病院裏。所以李的故事，可信度極高。根據李醫生詳盡而動人的敘述，毛主席在一九七二年就得了絕症，並且一度嚴重休克。當汪東興將此消息電告周總理時，周正在開會，聞報竟至立刻大小便失禁，這也證實了早年北京的傳聞（見李書頁五三七）。隨後毛的健康江河日下，而周仍是每日工作至十七八小時的生龍活虎。毛在一次病危時，竟當著江青的面，告訴周恩來說：「不行了，我不行了。我死了以後，事情全由你辦。」（見同上，頁五二九）這簡直是《三國演義》上的「白帝城託孤」。但是江青不願做阿斗，她在一旁聞言，「雙眼圓睜，兩手握著拳，全身好像要爆炸了。」……江婆娘無知，她不知道，在那年頭，她能做到阿斗，就是很幸運了。精明的毛公顯然也知道，他老婆不願做阿斗，周也不願做孔明，所以他才想到了十全十美的鄧小平，而鄧小平卻只願做周恩來，卻更不願做諸葛亮，已如上述。因此處於夾縫中的絕症老人毛主席，這時也是很可憐兒的。

可是想不到，晴空霹靂，周恩來不久就發現了癌症，癌細胞迅速擴散，兩年之內竟先毛而死。而毛的沉疴絕症，經數十位全國一級名醫的搶救，竟然峰迴路轉，簡直有康復之勢（據李書所述，至少毛同他夫人，由於缺乏現代醫藥常識，二人都是有如此信心的）。這一來，毛也就把他原先安排招撫鄧小平的老計畫，全部推翻了。在周死之前，毛主席已指示點名批鄧；周死之後，鄧小平頓失後台，再加上華國鋒之崛起，和「四五天安門事變」之爆發，鄧小平不但恢復了「反革命」的身分，甚至被權力陡增的江皇后直呼為「漢奸」了。所幸毛對他餘情未了，還是保留了他的「黨籍」，以觀後效。

華國鋒崛起與四五事變

原來在周死之後，毛主席非得再找一位國務總理不可了。他老人家顯然覺得江青一夥才疏氣浮，在黨內外樹敵太多，讓張春橋組閣可能會引起黨內老幹部的一致杯葛，甚或發生動亂，乃在政治局內，沒沒無聞、絕少政敵的成員之間，找出了一個忠厚其表而不無機心的華國鋒來。國鋒山西交城人，時年五十五歲，小幹部出身，教育無多。四十年代在山西入黨，積勞遞升至主席家鄉的湘潭地委，和湖南省委書記。毛氏返鄉時，以服務周到，為主席所賞識，文革期間，奉調入中央工作，並連選為第九、十兩屆中央委員，遞升為政治局成員。周總理死後，乃被主席遴選為國務院代總理。並享有毛主席「你辦事，我放心」深具特殊榮譽的條諭。

毛主席是知人善任的，華國鋒之接任總理，承命辦事，不特毛主席放心，四人幫雖難免嫉忌，然也徹底放心。江青輩所戒懼者，周鄧等久踞權力中樞之元老高幹也。對此農村小吏出身之新總理，自信可以頤指氣使之也。葉帥與陳雲等老幹部，對華也十分放心，因為華某忠厚老實，而經驗不足，遇事兢兢業業，謹慎自守，中共中央苦於飛揚跋扈而又詭計多端之領導者久矣。如今換換空氣，亦是一劑難得之清涼散也。全國人民與黨員，乃至如李志綏醫師等的中下級幹部，甚至海外久為革命鬥爭氣氛所厭煩的華僑，也人心思治，亦為華某面帶忠厚之個人形象所感召，而認為祖國中樞領導得人也。

華代總理主政中央，席未暇暖，便發生了震驚中外的「第一次天安門事變」，通稱「四五事變」。這一事變發生於一九七六年四月五日，傳統之清明節日也。清明節為我國民間固有的慎終追遠、掃墓祭祖的重要節日。這天那久為黨爭所苦，而政治上逐漸覺悟的北京市民，有感於勤政愛民而又頗受委屈的周恩來總理的甘棠遺愛，忽然自發地對周公掃起墓來。不幸的是，周氏火葬所遺骨灰，已遵其遺囑，撒向天空，無墓可掃。市民乃以天安門廣場中的烈士紀念碑為象徵，而呈獻大量花圈和感念詩詞，以表達人民對周總理之懷念。一時人潮洶湧，市民聞風而至者，數十萬人。而最可驚的卻是大量悼念詩詞，雖是一般順口溜之作，說不上是什麼「詩詞」，可是首首都辭帶血淚，有的內容簡直是赤裸裸的指罵「秦始皇」(毛澤東)和「白骨精」(江青)，反對毛氏夫婦的意味十分明顯而濃厚。最令市民和國際媒體震驚的，則是在場傳抄和大聲朗誦的激情青年，每至聲嘶力竭，涕淚橫流，引起萬人響應。這種由人民自發的群眾運動，顯然是人民共和國建國以來，前所未有之事。若論規模，論情緒，縱在「五四」、「九一八」和「一二九」等學生愛國運動的高潮期，亦不多見。這一下可把敏感的中南海嚇壞了。

中國共產黨自五四運動時代建黨以來，一直都是以組織和領導愛國群眾運動，以反對當時賣國的反動政府為己任的。這一下忽然自己也做起群眾愛國運動的對象來，其感受，自然非同小可。重病中的毛主席聞訊震驚，四人幫就指鹿為馬，嫁禍於人，說這計以毛主席為主要對象的「反革命群眾運動」，是剛被罷官的鄧小平暗中煽動的結果。毛氏乃迅速將此「四五事變」定性為「反革命運動」，指示黨和政府的領導人，加以鎮壓，並擴大「點名批鄧」運動，通緝捉拿「現行反革命分子」、「漢奸」鄧小平（「漢奸」一詞是江青叫的），並真除華國鋒為國務總理，晉升中共中央第一副主席，留待中央委員會「追認」，以便華立刻發號施令，主持政府和黨中央的日常事務。鄧小平聞風遠颺，四人幫捉拿不及，被鄧兔脫，在華南四處躲藏，十分戲劇化。這顯然也是毛公高抬貴手，「天要下雨，娘要嫁人，由他去吧」的再版。小平才能「命大」不死的。

鄧逃之後，中央諸老帥隨之靠邊站（朱德元帥於七月六日病死，當時有人懷疑是非正常死亡）。這一來，黨中央就一鼻孔出氣了，中華人民共和國也就變成以華國鋒為首的四人幫一派當權的天下了。

〔附註〕鄧小平當年如接受了毛主席託孤的招撫，華國鋒現時的職位，顯然就是鄧小平應有的位置。關於「四五事變」的真實故事和性質，書缺有間，國內史家至今還爭辯未已。一般相信，天安門廣場上的群眾是被四人幫的「民兵」，化裝為群眾，佯以意見不同，發生內鬥，民兵乃使用木棒，毆擊群眾，死傷無數，群眾終被驅散，云云。至於「天安門詩詞」原文，上引《國史全鑑》便選載了數十首，見該書卷四，頁五〇四一—五〇四六，原載《革命詩抄》。

「你辦事我放心」的另一面

在「四五事變」之後，四人幫是一派獨尊了。但是所謂「四人幫」者，原是毛主席封給他夫人的。用個傳統歷史上的名詞，便叫做「后黨」。在人民政權這幕鬧劇裏，這個后黨只有一個皇后，帶三個黃門太監在興風作浪。不像漢末的十常侍和明末的魏忠賢，自有他們自己的政治實力。人民政權中的「四人幫」是完全寄生在毛主席的卵翼之下的寄生蟲。毛公如果人亡政息，他們也就必然的政息人亡了。他們本身並沒有實際的力量，而在全黨樹敵。毛公一死，則覆巢之下，焉有完卵呢？這一點，熟讀古書的毛澤東，看得非常清楚。他知道他死後，如果沒有太后接班，臨朝稱制，他自己可能要遭到鞭屍之厄。但是要太后臨朝稱制，則必須有重臣保駕，才能垂簾聽政。沒有重臣保駕，靠四人幫自己，一定會像林彪一樣，全軍覆沒的。所以在此期間，毛公就一再警告江青：「不要搞小圈圈了。」「不要搞上海幫了。」後來又說：「不要搞四人幫了。」這便是「四人幫」一詞的起源。這倒是毛的真心話。他知道，沒有鄧小平的保駕，江青這個「有野心」（這三字也是毛封給她的）的武則天，是斷然不能臨朝稱制的。因此毛公就卯上了鄧小平。這本是個最完美的設計，所以他老人家晚年對小平真極盡拉攏之能事。小平如真心保駕，則其他老帥，包括周恩來，都不會有太大的問題。可惜鄧有個牛脾氣，再加上一些老同志在一旁暗地搖頭，鄧氏就堅決的拒絕了主席的好意，真使毛公傷心欲絕也。

可是以上所說，只是毛公自覺他會死在周前的設計。想不到大出意外，周竟先他而死。周一死，元帥級的「老同志」階層，也就是上列「對照表」裏，周所領導的務實派，就顯得群龍無首了。因此，以毛為首的極左派，這時所可慮者，反而只有一個鄧小平了。因此毛派對鄧小平不但不必再拉攏，反以除之為妙，這就是「四五事變」之後，毛氏一意點名批鄧的政治背景了。殺之固佳，「由他去了」，多一個張國燾和王明，諒亦無大患也。在這項安全感之下，黨中央就四人幫一派獨大了。毛公自覺他這項新的安排，是真正可以「放心」了，所以他才寫了個「最高指示」給華國鋒，表示「你辦事，我放心」。這確是他的真心話也。不過據當時北京的高層傳聞，這組最高指示之中還有一句「密詔」，叫做「大事問江青」。這就是劉備在白帝城託孤時，對諸葛亮所說的話了：「可扶則扶之，不可扶，則取而代之。」孔明聞言，為之叩頭流血。華國鋒雖然沒有叩頭流血，但是毛澤東，這個老劉備，還是覺得「放心」也。因為華某自己也是他臨時拔擢的，自己並無班底和實力。國鋒如不靠緊四人幫，他自己也無法單獨生存也。毛公顯然自覺，他為身後事已佈置得四平八穩了，他自己也就死可瞑目了。嗚呼，毛澤東這個大梟雄，耍人家耍了一輩子，怎知他自己到死時，卻被別人也耍了一番呢？歷史已經證明，中南海的華國鋒，並不是白帝城的諸葛亮。這位其貌渾渾、而內有機心的老華，的確是既無班底，又無實力，不向實力派投靠，就不能生存。但是毛氏生前，聰明一世，糊塗一時，他就未料到，他死後的實力派，並不在他老婆那一方呢。這樣華某就要來個「陳橋兵變」了。歷史發展之詭譎，能不令讀史者感慨萬千哉？

毛澤東死亡，遺孀被捕

「七十三、八十四，閻王不請自己去。」這原是毛公晚年常講的一句笑話。這年一九七六年他老人家也正是八四高齡。這一年在中國自然科學史上，也是不平凡的一年。是年三月八日，我國東北地區發生了五千年歷史上所寡有的、特大的隕石雨，範圍廣及五百平方公里。最大的隕石，重至一七七〇公斤，打破了世界紀錄。同年七月二十八日，又發生了史所寡有的唐山大地震，死難者二十五萬人。震驚了中國，也震驚了世界。這在中國傳統線裝史書上，都習慣地叫做「天意示警」，要死大人物，甚或要死天子。一般熟讀線裝史書的膽小皇帝，相信天命，都要為自己的荒誕行為下「罪己詔」，請求老天爸爸，恕其一死。據說熟讀線裝書的毛主席，也頗信此說。唐山大地震，近在北京市郊區。地震發生時，中南海也頗感搖動。對重病之軀底毛主席的健康，也頗有影響。果然時未足兩月，毛主席就在九月九日零時十分，隨周總理和朱德總司令之後，相偕撒手人寰了。毛公死後，時未迭月，以毛氏遺孀為首的四人幫，也就鋃鐺入獄了。可嘆的是，抓他遺孀的，並不是他生前時時刻刻提防的以周恩來為首的老幹部派，或務實派；動手抓人的卻是他生前「你辦事，我放心」的華國鋒，和對他「最忠心」的黃門內官的頭頭，一向也是最反周防周的汪東興。當時尚在靠邊站的老帥葉劍英，最多只能算是個助手。這該是毛主席這個蓋世大梟雄，生前所絕對沒有想到的吧。

總之在太后垂簾化為泡影之後，中國歷史上「第二次政治社會文化大轉型」就迅速的進入另一個重要的階段了。讀者賢達如不憚煩，那我們就再慢慢的說下去吧。

＊二〇〇〇年一月二十八日於北美洲

原載於台北《傳記文學》第七十六卷第四期

〔若干小更正〕中國近現代史太複雜了，匆忙落筆，時有小錯。前篇我們曾把周揚記為文化部長，其實是宣傳部副部長之誤；看歷史電影，見到周恩來在一場追悼會上，對逝者連鞠了七個躬。那死者是賀龍，匆忙中誤記為彭德懷。讀者諒之。尚有其他錯誤，讀者如發現而惠教之，實不勝感盼也。

〔附錄〕

1.毛澤東簡傳要義評述

虎頭蛇尾的三峽舵手

毛澤東主席於一九七六年九月九日在北京病死時，大陸上曾流傳一記幽默的評語，說：毛如死於一九五六年，他在歷史上的地位，應該是「中國的列寧」；如死於一九六六年，還不失為一個「中國的史達林」。不幸他死於一九七六年，那他就只是個「中國的毛澤東」了。

這項評語對毛來說，雖是謔而虐矣，卻頗能為廣大人民所接受。因為它評得公平合理，恰到好處，也入木三分。毛公在其生命的最後二十年中，其所作所為底禍國殃民的程度，也確實是每下愈況；若不及時蒙教主恩召，其不知伊於胡底呢？

我們搞歷史的碰到這一情況，首先就要問一聲，毛公這樣一位雄才大略的歷史人物，何以弄成這樣一個「小時了了，大未必佳」地可笑的結局呢？

關於毛氏晚年的失德，近年來大眾媒體上的評毛之論，都太看重於毛氏個人的行為了。歷史人物尤其是轉型期中的歷史人物的政治行為，不是不重要，但是其重要性亦有其極限。

在一個治宏觀史學的社會科學家看來，一部中國近現代史原只是一部近代中國社會轉型史。古老的中國在西方文明挑戰之下，它要從一個東方式的傳統農業大帝國千年不變的「定型」，逐漸「轉」變成一個西式而有中國特色、以工商業立國的、現代化的民主共和國的另一「定型」。這兩個「定型」之間的轉變，今日看來，其全部過程大致需時二百年。更確切的說，那就是鴉片戰後（一八四二）一直延長到下一世紀中期的四、五十年代（補註：二〇五〇年前後）。

這兩個轉型世紀在我們的中華五千年史上，實在是一條充滿驚濤駭浪、深灘險崖的歷史三峽。我們這一條「中華文明號」大帆船，於一八四二年自夔門進入三峽，順流而下，千里江陵一漩渦，真是驚險莫名。沿途且修且補，並改造加裝新式馬達，實在艱苦不堪。計從巴峽穿巫峽，一路上我們從一般乘客中臨時培訓的傳統梢公和西式舵手，又逢灘必換、遇峽即改。而頑固的梢公、幼稚的舵手，才能不同、個性迥異；把舵爭權，又各不相下。以致逢崖觸礁，遇灘擱淺。而乘客之中，又各私其黨，嘈嘈雜雜，莫衷一是，弄得船翻船漏，溺屍如麻……。朋友，我們通過這條歷時兩百年的歷史三峽，真是慘痛不堪！爾我都是這條破船上的乘客。大難不死，算是命大；沉屍江底的同胞難友，也只好說是在劫難逃，向誰抱怨呢？

在這長至兩百年的大船難中，那位葉赫那拉老太太和孫、袁、蔣、毛、鄧諸公，便是在我們這條破船上頤指氣使、發號施令的梢公和舵手。毛澤東在這次過峽航行中，操舵前後二十八年（一九四九年十月至一九七六年九月）。

可是毛澤東縱在親毛派的群眾眼光裏，也不是個好舵手。在死前二十年他已犯了麥克斯．韋伯所警告的「絕對的權力，絕對的腐化」之大忌。到死前數年，他足不出深宮，據張玉鳳美人的回憶，毛公主持的黨國大政，竟然是一個百分之百的「瞎指揮」。毛患白內障，已完全失明。他還要找個姪兒傳話，口授其「最高、最高、最高指示」

，以保持他的「萬歲、萬歲、萬萬歲」的領導權。

這一宗有中國特色的政治怪現象，不特是任何現代國家之所無，即非拉地區最落後的部落小邦亦未嘗有。我國專制時代所出的四百多個皇帝中，亦未曾一見。而此事由毛氏實行之，其荒唐落伍、封建專制的行為，舉一反三，就無待多贅了。

毛澤東這種荒唐行為，怎能會把有黨員四千萬的中國共產黨的黨務，和有人民十億之大國的國事，弄上軌道呢？此不待智者而後明也。筆者旁觀毛公數十年，僅舉此小例子以質諸對毛公最忠誠的黨史家。他（她）們或也不會說我過分批毛罷。

這兒問題就來了。毛公一代豪傑也。年輕時詛咒獨夫昏君暴君豈下於我輩？何以年臻耄耋，卻幹出如此相反的結果，豈亦有其隱情和迫不得已之苦衷哉？再者，那個歷史輝煌、豪傑如林、而擁眾四千萬的偉大革命黨，何以能容忍像毛氏晚年那樣荒唐的領袖？那個有十億人民的偉大中國，和他最善於「揭竿而起」、推翻暴政的八億農民，為甚麼寧願餓死兩千五百萬，也不起來「造反」？

要解答這個問題，則上述宏觀法則便不易深入。我們還得細讀中共黨史，和毛公的個人傳記，從微觀史學著手了。

當「主席」的基本功

首先我們要問一下，在那遙遠的二十年代裏，為當時的革命浪潮所席捲的千萬個毛頭小青年中，毛澤東何以能脫穎而出。這一點我們就不得不歸功於「五四」（今日的「六四」）那個學潮了。在中國歷史上，所有學潮，都是政治訓練班。毛澤東便是這個訓練班中的學生頭頭。當學生領袖的人，首先都要有點政治性的組織天才。他也要具備若干有初級理論基礎的煽動伎倆。更重要的，他還要具有在青年同學之中當「老大」的權威。前二者多半出自天賦，而後者則是環境薰陶使然。

當年在湖南那批毛頭小青年中，毛是個年紀較大的已婚的老童生。這種老童生在當時學生會裏往往都是「老大」。有權威的老大，很多都習於頤指氣使，小弟們也樂於聽從號令。——這是筆者在二、三十年代所親歷的經驗，四五十年代就逐漸不同了。現時代的初級師範裏，哪有甚麼已婚的老大呢？——這種老大氣息，便是毛後來一直做「主席」的基本功。鄧小平的經驗與毛卻恰恰相反。鄧做了一輩子聰明活潑、乖巧伶俐的小鬼、小老弟。不習慣於做形式上的頭頭。到老了，那個現成的「主席」，還要讓別人去做呢！朋友，毛老大控制的辦法，就不是這樣了。

同黨中的十大對比

到毛氏進入他底政治「成長期」（Formative Age），他就被捲入了那人類歷史上最風雲詭譎的「黨爭時代」。在那種「黨外有黨、黨內有派」、國內國外、左右開弓、陰狠毒辣、生死存亡的政治鬥爭裏，就難免有其優勝劣敗底自然規律；其外還要看上帝安排，哪一個的「命」最大呢。

在一九五三年中共中央黨校一次理論性的研討會上，艾思奇教授曾說過一句誠實的「錯話」。他說毛主席最高領導之形成，是有其「偶然性」的。他這句「錯話」其後被必然派引為口實，終使艾氏在政治上永遠不能翻身。——毛主席最高領導之形成，怎能是偶然的呢？

可是艾思奇教授雖然沉冤莫雪，而楊獻珍等人的必然論未始就毫無真理。因為中共在二十年代發軔之初，原是一個純高知的組織。它的第一任總書記大家長陳獨秀便是個北京大學的文科學長（文學院長）。羽翼陳氏的瞿秋白、李大釗、徐特立、張國燾、董必武、李達、陳紹禹、周恩來……等人都是些名士和詩人，不折不扣的「高知」。而他們所幹的勾當，卻是組織和鼓動工農兵，乃至穿破鞋、打爛傘等等舊社會中所謂流氓、地痞一類的「低知」或「無知」來暴動、來鬥爭。他們雙方本是格格不入的。在早期的中共領袖們之中，真正能與下層社會群眾攪和得如魚水，同時對上層高知也能渾然合流的，毛澤東這個「二十八劃生」之外，恐怕很難找到第二人了。

筆者不學，讀中國近現代史數十年，遍覽兩黨史籍，我不能不說毛氏比諸其他各有所長的中共早期領袖們，硬是棋高一籌。放筆談個痛快為篇幅所不許，然以抽象代具體而簡述之，亦未始不能略搜三昧以就正於方家。謹為簡列十條如後：

一，毛比家長陳獨秀更為「堅定」。陳教授說理，舌燦蓮華；一挫敗便成為孤家寡人。

二，毛比瞿秋白這位詩人、名士、蘇州才子要「紮實」得很多。秋白拿筆桿都有輕飄之感，慢說拿槍桿也。

三，毛比李立三「穩重」。我的中學校長邵華先生，曾偕李立三晉謁段祺瑞。邵便批評李太「莽撞」。

四，毛比張聞天、陳紹禹、秦邦憲等更為「實際」。毛批評這些國際派為「頭重腳輕根底淺」，也近乎事實。

五，毛比周恩來「毒辣」。毛或有殺周之心，而周斷無篡毛之念。「無毒不丈夫」，周總理太謙和了。

六，毛比張國燾「狡猾」。張有奪權之心，而無奪權之術。搞權術，毛為教授，張小學生也。

七，毛比劉少奇「自私」。劉有婦人之仁，遇同志有恩有愛（此為張國燾對劉的評論，余存有錄音）。

八，毛比林彪更「奸詐」。林在黨內有奸詐之名，視毛則瞠乎後矣。林為孫悟空，毛則如來佛也。

九，毛比朱德、彭德懷、賀龍、劉伯承、陳毅等職業軍人更有「政治頭腦」。

十，毛比鄧小平「高大」。毛是漢高祖，鄧則是搞「非劉氏不王」的蕭曹二相國和周太尉的綜合體。

無毒不丈夫

文人搞政治，入黨做官，命大才高者，或可封侯拜相，位臻極品，然想打天下做皇帝，做一世祖，則國史上未嘗有也。

做開國之君者要雄才大略、文武兼資。更重要的還須潑皮膽大、心狠手辣；行為上要帶數分流氓、幾成無賴，才能打得江山，坐得第一把交椅；古人說「自古帝王多無賴」，至理名言也。

兩千多年前，當劉邦和蕭何、曹參一夥朋友，決定造反時，他們要選個帶頭的。司馬遷說，「蕭曹等皆文吏，自愛，恐事不就，後秦種族其家，盡讓劉季（邦）」。劉邦最初也十分謙遜，不願領先。可是「眾莫敢為，乃立季為『沛公』」，才開始造反。後來項羽把劉邦的爸爸抓為人質，要威脅劉邦就範。劉邦覆信說，你把我老頭子殺了，煮出肉湯來，還要「分我一杯羹」呢！

朋友，要有這樣的狠心腸，才能打江山做皇帝。這樣，則蕭何、曹參、周恩來……等哪裏做得到？做不到，那就坐坐第二把交椅，當當「相國」、做做「總理」了。

毛主席的「主席」不是好做的呀。毛門有「六烈士」。可是在楊開慧烈士在長沙就義之前，毛公已早就另結新歡（賀子貞夫人）了。何鍵槍殺了楊烈士；正為毛主席幫忙，解決了家庭糾紛——不像與他同時的蔣總司令，還要化鉅款私送陳潔如女士出洋呢！毛氏晚年作悼亡詩，還說甚麼「我失嬌楊君失柳」。真是虧他說得出口。

論才，毛周伯仲之間耳。論德，則周就不如毛之「狠」了。——周總理對「小超」多好！

古諺曰「無毒不丈夫」。不毒辣怎能做開國皇帝和獨裁黨魁呢？同周恩來這一流的高知文士爭槍桿、搶領導權，在「遵義會議」（一九三五年一月）之後，毛公在黨內扶搖直上，終至定於一尊，你說沒有「必然」的因素嗎？吾為楊公獻珍提出史實做佐證也。

「毛派」之形成與發展

遵義之後，毛公在黨內黨外都地位陡增。他原先在黨內的許多權力競爭者如周恩來、劉少奇、彭德懷、朱德等領袖人物都逐漸折節下之，由平等的競爭者，轉為忠誠的擁護者。漸次形成一個堅強的「毛派」，浸假他們都成為毛太祖的「從龍之士」和「開國功臣」。

一九三五年六月中旬紅一、四方面軍在川北懋功會師。張國燾兵強馬壯，堅持要否定遵義、另組中央時，這個新形成的毛派死黨，便第一次建了護駕之功——他們把朱總司令送給張氏去自組其中央。其餘領袖則從毛而去。一窩蜂湧往陝北，以便北向蘇聯靠攏，南向少帥假降，東向日寇與全國同胞搖其抗日大旗，放火自救。

讀史者翻書至此，真不禁摔掉茶杯向毛氏肅立致敬。毛公雄才大略，能屈能伸，豈是立正救國的蔣委員長和三陳諸公所能望其項背！

然三韜六略，終需天助自助。若非少帥墮入彀中，諸葛亮也一籌莫展。

誰知「西安事變」一起，整個毛派的命運，也就全部改變了呢？——「天子之怒，流血千里」，終不敵「伏屍二人、流血五步」之能解決問題也。余嘗問少帥，今世國人，公最服者誰？曰：周恩來！再問曰，您是否上了老周的大當了呢。少帥默然。

總之毛公「用兵如神」（陳壽評曹公之言）。試評毛公，雖百萬言豈能盡其一面。大致說來，自遵義而後直至一九五六年秋的「百花齊放」季節，二十一年中領導毛派共黨打天下之毛澤東，在黨務、政治、經濟、軍事，乃至外交政策上，真可說是「完全正確」（中共七大對毛的頌辭），錯誤甚少。所以在短短的十四年中他能「打平天下」（毛第一次進住廬山「美廬」時的豪語）。

可是在另一個二十一年之中，從爭鳴反右到批林批孔（一九五六—一九七六），毛的所作所為則一步也沒有走對。二十一年成了個完全錯誤的階段。在他老人家最後二十一年領導下之中國與中共，其能免於亡黨亡國者，也真是個歷史上的奇蹟。

朱總司令的抑鬱

在抗日戰爭初期第二戰區的太行山前敵司令部裏，一位「雜牌」出身而功勳非凡的國民黨高級將領郭寄嶠將軍偶然被分派與第十八集團軍總司令朱德將軍，這位傳奇英雄，共用一寢室。二人白天則同吃同住，夜間也常時聯床夜話。這位國方將軍對這場抗日戰爭頗感興奮與樂觀，而朱則君悒悒悒。一次國方將領很欣然地向朱說，玉階兄，現在國共合作，國家統一了。抗戰前途是無限光明的！

朱抑鬱地說，抗戰前途，並不那麼樂觀。這位國方將軍乃追問其故。朱說，國共兩黨如今都抓在蔣、毛二人之手，而蔣毛二人卻是兩個最自私的人。他二人何能合作抗戰？

讀者賢達，這不是小道消息。這是那位頗具聖賢資質的朱德將軍底由衷之言啊！

「權癮」如「毒癮」

在朱德的眼光中，蔣毛二公何以都變成「最自私的人」呢？朱老總有所不知，天下哪有不自私的政客呢？在激烈的政爭之中，其客觀情況，一般都是「劣幣驅逐良幣」的。有為有守的好好先生、正人君子，在這種奪權市場，是無法生存的。因此政客地位愈高，愈急於「抓」權，也就愈無原則、愈自私了。——尤其是在「轉型期」中的近代中國的政治市場裏。在這兒我們的道德標準、法律制度、價值觀念……通統都是朦朧不清的。社會輿論和人民的眼睛，也拿不出標準來，聰明人就會善加利用了。朋友，哪一個政客，尤其是超級大政客，不是聰明絕頂的呢？

或問，領袖諸公青年時期，不都是拋頭顱、灑熱血的革命青年嗎？何以老來自私若此呢？

答曰，君不見活烈士汪君精衛乎！精衛少年時在死囚牢中，自期「引刀成一快，不負少年頭」，何等壯烈！何以年已知命，還賣國求權呢？

余嘗問知汪極深的高宗武先生，以汪在中國歷史中的地位，何以甘心淪為賣國漢奸？

高說：「押寶嘛。」

讀者諸士女大多與在下一樣，無權無位，固不知嗜權嗜位之有癮也。「權」者，鴉片煙、海洛因、番攤、沙蟹也。一朝嗜權成癖，亦如嗜毒、嗜賭也。張漢公曾告我：「戒毒的痛苦如脫胎換骨……一個人能夠戒毒，則沒甚麼事他不能做的……」實是經驗之談，亦見戒毒之難也。其實戒賭、戒權，其難亦不在戒毒之下呢！——一個癮君子，為著毒癮，他可以殺人放火，售妻鬻子，無所不為。同樣的，另一種癮君子，為著權癮，國家民族也就管不得許多了。——此一代才人汪精衛，為押錯寶而遺臭萬年也。

漢代的政客主父偃說：「臣結髮遊學四十餘年，身不得遂，親（父母）不以為子，昆弟不收，賓客棄我，我阨（音鄂，受鳥氣）日久矣。且丈夫生不五鼎食，死即五鼎烹耳。吾日暮途遠，故倒行暴施之。」」

其實主父偃並不是個突出的例外。他只是一種型態。古往今來的英雄好漢，多半如此。汪精衛和蔣毛二公基本上也都是這種人。

自私心與責任感

當然寫歷史的人，也不能一竿打翻一條船。其實「自私」（Selfishness）從另一角度來透視，又何嘗不是一種「責任心」（Sense of Responsibility）呢？在中國歷史上，自古以來的大英雄大豪傑，不都是以天下為己任嗎？蔣公在一九七五年「崩逝」之前，還不是以國家興亡為己任的寫了一副絕筆對聯？那位「且看今朝」的毛主席，在蒙教主恩召之前，以不同詞句，表達相似心情的紀錄，不更是多不可數？——甚至那位「老有大志」的「中國脊樑」梁漱溟先生，不也說過，他如死掉則民族就要遭殃，文化就要滅亡？抗戰期間，在敵機空襲之下，抱頭鼠竄的劉文典教授，不也是說他在「替莊子跑警報」？

其實這種心理現象，不能以「自私」一語了之（如朱老總之所言），它在心理學上叫做「自我中心」（Egoism）。自我中心和「牛皮主義」（Egotism）以及「絕對自私」（人不為己，天誅地滅）之間的關係卻稍有不同，雖然他們原是一母所生的骨肉兄弟！

既然這些酸溜溜的老儒、迂夫子都還有這種心理現象，我們又怎能錯怪蔣氏毛氏那種蓋世英雄之「朕即國家」的觀念呢？俺一身繫國族安危，能不善自珍重？更何況生為領袖，「抓」就是他們的天性呢？——「抓」，也就是自私的基本功也。

轉型期中，按理就不能出牌

「抓」無傷也。上帝不仁，創造了生物，就是叫牠們去抓的。為著自身的生命，為著將來生命的延續，上帝本要訓練牠們去「抓食」、「抓色」。可是在一個「文明」的社會裏，「抓」總得要「按理出牌」。大家公平競爭，輪流坐莊，打它四十八圈麻將。看誰的技術高、手氣好；「賭奸、賭猾，不賭賴」，以決勝負，以定輸贏，以看誰「坐莊」、「霸莊」。——如此守住四人的根本大法，法治民主，輸贏之間，心平氣和。君子絕交，不出惡聲，老子今朝犯了錯誤，「手氣不好」，受了你的鳥氣；君子報仇，三年不晚，下次再來「翻本」。——此魯迅先生之所謂「費厄潑賴」（Fairplay），公平競爭也。

不幸的是在我國近百年的「轉型」期中，我們只能打四人一桌的小麻將，我們卻不能打四萬萬人、甚至四十人合打的大麻將！因為我們沒個打大麻將的規矩。沒個眾賭徒都一致遵守的「賭規」，那我們打起麻將來，那就既「奸」又「猾」、更要「賴」了。一「賴」就沒有「費厄潑賴」了。斯之謂「無賴」。——以無賴的手段來處理國政，那就要天下大亂了。

你看：「反右」期間，毛主席不是分明說過，「言者無罪，聞者足戒」嗎？為甚麼後來那些大嘴巴先生甚麼葛佩琦、儲安平等等，被整得那樣慘呢？大家責問毛主席「言而無信」，對人民搞「陰謀」。毛公不但臉不紅、皮不皺，他老人家反而笑容可掬地說，這叫「陽謀」，叫「引蛇出洞」！

朋友，這就叫「耍賴皮」了。耍的人就叫做「無賴」了。費厄潑賴也就掃地了。

孔二先生不說過，治民可以「無兵」，可以「無食」，但是不能「無信」！

毛主席把中國搞糟了，簡單扼要的一句話，就是他犯了我民族文化上的大忌：「無信於民」——這是毛公搞法家，搞到走火入魔的結果！

崇毛的讀者，閱拙作至此，可能誤以我為褻瀆聖賢，在天安門大像上潑油漆，誣蔑毛公。非也。治宏觀史學者，立巫山之巔，看滾滾三峽。洪流濁浪之中，個人行為，藐不足道也。鄙不言乎，一部中國近代史，轉型史也。轉型中途，江流石不轉，浪全轉船半轉；汪轉蔣不轉、毛不轉鄧轉……有啥法律可講？道德可依？章法可循？……王安石說：「天命不足信！人言不足畏！祖宗不足法！」你幹你的，我幹我的。各是其是，各黨其與。啥叫「按理出牌」？

老實說，在這改朝換制的轉型期中，四不像時代，英雄豪傑們，志在天下，按理就出不了牌，出牌就不能按理。此筆者所謂沒有「賭規」，尚無「定型」也。

幹無賴勾當，不按理出牌，毛公只是千百個賭徒之一耳，亦有其不得已之苦衷也。賢者不免，奚足深責？只是他和孫殿英一樣，袖裏藏牌，本事通天，為其他賭友所不及而已。時勢造英雄，時代如斯——奚足深責，奚足深責？我輩但秉筆直書之而已。

抓要先從內部抓起

總之，毛公這一「抓」，首當其衝而張目結舌者，不是旁人，正是他臥榻之側的「

毛派」首要——他的老上司朱德、周恩來也。朱德者，紅軍之父。國民黨懸賞二十五萬元人頭榜上之所謂「朱、毛」也。微朱德，何以統軍？

周恩來者，紅軍主力黃埔系之「老師」也，軍委之前主席也。黨中高幹主力，法國留學、勤工儉學之總頭頭也（國民黨高幹主力為留美學生；共產黨高幹主力為留法學生。讀者不妨參閱才女毛毛的大著《我的父親》十六至十九各章，尤其是第十九章〈黨的鍛煉〉。兼閱金沖及著，一九八九年中央文獻出版社出版之《周恩來傳》第七章〈青年團旅歐支部〉）。

微恩來，何以駕馭軍中飛揚跋扈之黃埔系（包括葉劍英、徐向前、左權、林彪……）？微恩來，何以團結黨中之留法高幹（李富春、聶榮臻、王若飛、鄧小平……），何以對抗那群朝聖鍍金的二十八個半「布爾什維克」，和他們背後那批「國際」（Comminterm; The Third Internationale）中的大小頭目呢？

建立「毛派」（在海外叫做Maoists，現在拉丁美洲還有好幾萬）而無周、朱，則糞土也。有周、朱，則無攻不克、無堅不摧也。然周、朱斷不可有「實權」；有實權，則尾大不掉矣。所以周公鞠躬盡瘁數十年，死而後已。做了一輩子外交官甚至特工首長，卻未嘗插一指於黨的「組織」部門也。

朱德、玉階者，命大官大之福將也。從瑞金開始就幹上「紅軍總司令」。總去總來，接著就是「國民革命軍第八路軍總司令」；接著又是中華民國國軍「第十八集團軍總司令」，四年內戰，人民開國，又變成「人民解放軍總司令」。正官正印，幹了一輩子「總司令」——不折不扣的「總司令」。

但是總算「紅衛兵小將」有見識。在文革期間，他們貼了無數張「大字報」，印行了無數份《井崗山》、《紅旗》……等等紅衛兵小報。在批鬥朱老總專欄裏，他們說：「朱德當了一輩子總司令」，卻「一天也沒有『總』過」！另外還加他個「老混帳」的封號。

四人幫搞歷史，一貫是三真七假的。但是在清算朱總司令這筆賬上，倒是百分之百的真歷史——遵義會議之後，我們的「朱總司令」，真是「一天也沒有『總』過」！

朋友，明乎此，你怎能怪朱總司令在太行山上，愁眉不展！

內戰外戰中的推磨戰略

在「世界近代史」和「當代中國史」一類的大學講堂裏，老師免不了要問的主要課題之一，便是戰後中國何以走上共產主義。學生對這一問題的回答，是千奇百怪的。但是在總的趨勢上，很少學生會把國民黨的「軍事失敗」，看成為共產黨成功的主要原因——愈是自作聰明的學生，愈會沖淡「軍事決定論」。在他們的時髦幻想裏，認為如把國共之爭的成敗，歸之軍事，是笨伯之言也。——在頭角崢嶸的「大學生」之中，「笨伯」自是絕對的少數。

可是大智若愚的老師，在這種熱烈的討論裏，往往卻是一位笨伯——他們認為國共勝敗，固然是原因萬千，可是雙方決定性的因素卻是軍事指揮。——國民黨是被共產黨「打」敗的。共產黨如果不是在戰場上把國民黨「打」敗了，它縱有千百種其他的致勝之道，要想把國民黨趕出大陸，也是做不到的。

共產黨怎麼能在戰場上把國民黨「打」敗呢？「沒有毛主席就沒有新中國」，歷史家不能不歸之於卓越的毛澤東打爛仗的軍事思想。毛主席不是說過，「在戰術上重視敵人，在戰略上藐視敵人」——「槍桿子出政權」！

在這場史無前例的國共內戰中，「內戰內行」的毛澤東戰略思想，是要使我們翹起大拇指的。——簡言之，就是「打推磨、不打長征」。

長征的教訓

須知一九三五年一月毛澤東在遵義的崛起，那是紅軍長征的最低潮。在這低潮期，那位一向恃才傲物、百夫所指的毛澤東再度被推出山，是（且引一句諸葛名言）「受命於敗軍之際」的。

「長征」這個沒有後方、也沒有固定的前方，沒有補給後勤，也沒有固定兵源糧餉，隨處裹脅、就地打糧，鑽隙流竄、拖死追兵的「流寇主義」，可把為當時中共黨內一批小資產階級、志大言誇的知識分子拖慘了。

才女毛毛最近在她底名著中，引毛伯伯之言，歌頌「長征」說：「長征是歷史紀錄上的第一次，長征是宣言書，長征是宣傳隊，長征是播種機。長征是以我們勝利、敵人失敗而告終。」（見毛毛著《我的父親鄧小平》，頁三二五）

毛毛，這是毛伯伯在吹牛呢。其實長征的功用，只是蔣介石的一條狼犬。長征之初，蔣叫牠咬何鍵、咬陳濟棠、咬李宗仁、白崇禧。咬得何陳李白棍棒交加，落荒而走。一九三四年冬，紅軍入貴州。貴州地方軍頭，省主席王家烈，登機送蔣委員長回南京。蔣對送行人說：「王主席你和我一道去南京吧。」王說：「報告委員長，不行呢。我還有要公要處理。」蔣說：「秘書長他們會替你處理。」王又說：「我還未帶換洗衣服呢。」蔣說：「到南京去買新的。」

飛機登空了。紅軍也替「南京中央」，「收復了貴州」！

蔣委員長又叫紅軍去替他收復雲南和四川。龍雲和劉湘都著了慌，嚴陣以待。紅軍完成不了委員長交代的任務，乃「鑽隙」，學石達開逃到大渡河邊，鐵索橋前。委員長希望他們到成都去爭霸。否則蔣公只要送來一小組中央工兵，弄他個「千尋石柱沉江底，大渡橋空鐵索無」，你還有甚麼「紅軍三烈士、七勇士」甚麼的「攀索而過」呢？過了橋紅軍還是完成不了任務，委員長再叫他們翻大雪山、過草地，去打西北馬回子，或東去幫忙解決那些「雜牌」西北軍、東北軍。

蔣委員長太聰明了——聰明反被聰明誤。

張楊二將軍太笨了——笨人要吃笨人虧。

如此這般，才搞出個西安事變來！天不亡共產。不到長城非好漢，諸好漢牛皮大大的，他們之能免於石達開（凌遲處死）的命運者幾希?!治史者為他們捏把汗也。縱使如此，諸好漢最後不是改裝易服，服從蔣委員長，打方臘立功以免禍，有啥「我們勝利、敵人失敗告終呢」？

梁漱溟「頭腦開花」

想起長征來，乖乖，一身冷汗，教訓太大了。毛澤東再也不敢搞第二次了。以後同蔣介石再打仗，就不打長征打推磨了。

推磨者，建它七八十來個當年「蘇區」式的「根據地」。軍事各自為戰，化整為零；政治統一領導，化零為整。蔣介石如再來「圍剿」，他吃掉一個，我就轉入二個。吃掉二個，我就轉入三個四個五個六個。他吃掉三個四個，我再從五個六個，轉回一個二個……跟你來個推磨大戰，團團轉，八陣圖。不把你反包圍通統吃掉，不算好漢！

抗戰前，蔣介石為圍剿一個贛南「蘇區」，動員百萬、歷時四年、圍剿五次，還落個「西安事變」和一個「捉蔣亭」。如今我老毛要建十個蘇區，恭候大駕。介石要再來圍剿，你得動員千萬，歷時四十年，圍剿五十次……老蔣你還能圍剿否耶?!——這在兵法上便叫做「立於不敗之地」！

外國的洋專家不通毛性，眼看毛公底偉大推磨戰略，不禁仰空長嘆曰，中華文化偉矣哉，毛澤東精通《孫子兵法》。殊不知毛公在解放後還告訴林彪說，他根本未看過甚麼《孫子兵法》。能否找一本來看看？（見《毛澤東思想萬歲》）

毛澤東是胡適的學生，和黑貓白貓教主鄧小平一樣，是杜威在東方的再傳弟子，本事是從「實踐」中學來的。

毛澤東這套本領不但可以打蔣介石，也可以打日本人，他的好學生武元甲等學到了，甚至可以把法國和美國毛子也打得走投無路。最可笑的是那位鄉建派三家村老夫子梁漱溟，在抗戰初期，經毛主席一夕教導，硬是被說得「頭腦開花」（梁夫子自道原文）。

這盤大圍棋怎樣下？

以上是毛主席論持久戰的要義所在。抗戰一開始，「紅軍」改編成「國民革命軍第八路軍」，再改為「第十八集團軍」，他就開始實行了。

當紅軍改裝易服（宋慶齡為之感動得幾乎掉淚），自陝北開上抗日前方時，國軍抗戰，在淞滬戰場上正以每小時傷亡千人的紀錄在慘烈爭鬥之中。華北戰場被日軍突破，這時雙方正豕突狼奔。太行山麓、娘子關前，一片糜爛。

蔣委員長是位脾氣至大的血性男兒——你看他七七之後在廬山宣佈「犧牲已到最後關頭」、咬牙切齒的那張照片，你就知道，他是被日本無知的「少壯軍閥」，赤裸裸的侵略；被各懷異志的中國反蔣的地方軍頭（如桂系的李白、李濟琛，廣東的陳濟棠、蔣光鼐、蔡廷鍇和老把兄馮玉祥等等），乃至中國共產黨和張瀾、沈鈞儒等七君子八君子……以及各大中學裏，呼叫激烈、頭腦簡單的大中學生（包括寫這篇文章的作者自己），激將激出來的。

語云：「請將不如激將」——你說老子不抗日？老子抗給你看！

蔣公在淞滬戰場，和南京保衛戰中，可以說不數月便把他的「嫡系部隊」和空軍，拚得精光。這一拚，連那位最陰狠反蔣的毛澤東也為之感動！

蔣公這一拚，不用說京滬一帶，血流成河、屍骨堆山（南京一地便是三十萬！）。平津以下的華北大平原，被敵軍更衝得一片混亂——我軍兵敗如山倒，敵人更是秋風掃落葉……整個華北的敵前敵後，我軍遺槍遍野，散兵游勇隨處皆是……。

就在這一混亂情況中，我軍精銳，那新近整編的「第十八集團軍」，自陝北奉命渡河出擊。

這時全國同胞自最高統帥蔣委員長以下，個個怒脈賁張，熱血沸騰，奔走呼嚎。可是這時在陝北窰洞中。抽「大前門」的毛主席，卻難得浮生半日閒的在冷靜思考……這盤大圍棋，他如何去下？

無限制發展八路軍

毛主席是厲害的、冷靜的。他沒有蔣公那樣衝動。據國民黨後來的情報，毛氏這次對他出征將領的訓詞是：「七分發展，兩分應付（國民黨），一分抗日。」

毛氏是否說過這句話？這句話是不是國民黨特務對毛公的造謠？歷史家無徵不信，都應存疑。

但是歷史家可以肯定的說，這是最高明的一著棋！國民黨的爛特務中，還沒有造這項謠言的智慧？

若論「抗日」，這時國軍數百萬人，兵敗如山倒。你要毛公的區區兩三萬人去「挽狂瀾於既倒」?!——老實說，捲入這個「狂瀾」，就是無謂的犧牲。你能吹牛皮真去「抗日」？

若論「應付」，不「應付」行嗎？你拿人錢、穿人衣、吃人糧。——你是抗日國軍之一部，何（應欽）、白（崇禧）二總長要調你上前線作戰，你不聽命令，不應付行嗎？——中國人做事，向來馬馬虎虎，沒那麼認真。學學小雜牌，二分應付之可也。

可是國民黨只發我們「三師人的糧餉」啊。現在遍地是槍，遍地散兵游勇和小撮游擊部隊和地方民團。正是「八路軍」最好發展的機會。——諸將官聽令：你們要隨地「收繳民槍」，吸收所有的散兵游勇，改編所有的小撮游擊部隊和民團，就近也爭取國軍（尤其是近在咫尺的閻老西的「晉軍」）加入八路軍！「七分發展」，無限制發展。不受編、不聽將令者，斬首不留。

〔附註〕共軍在抗戰期中最後改編的正式番號是「第十八集團軍」。但是中共內部使用，和對外宣傳，除「應付」國民黨上級，索械要餉之外，向來不用這個正式番號。他們叫來叫去，口口聲聲，只是八路軍長，八路軍短。以致小輩中共黨史家（包括毛毛），竟不知「第十八集團軍」為何物。——不承認「十八集團軍」，死守著「八路軍」這一廢棄的番號，雖是小心眼，但也是法家老毛極高明的一著棋！

一分抗日，還是十分抗日？

果然，七分發展竟成為十分發展、百分發展。未及三年，區區的兩三萬人的小小「八路軍」，便發展成擁有五十萬槍兵的大軍了（讀者不妨參閱目前最新的史料，毛毛著《我的父親鄧小平》，頁四一八）。你能說毛主席的「七分發展，兩分應付，一分抗日」的訓辭是假的?!歷史確實是這樣發展的嘛。

當然中共的黨史家，和公正的國史家，也不能說老八路只是「一分抗日」。

毛公的指示原是抗戰初期的事。縱在初期，第十八集團軍也不只「一分抗日」。一九三七年九月二十五日一一五師林彪的「平型關」之戰，就不只一分抗日。雖然老共當時利用《大公報》把林彪胡吹一通，說他斃敵四千餘。林彪那時才有三團人，怎斃敵四千？現在黨史家已經修正了，說是斃敵一千。數目字還是太大了。某實我軍一一五師在平型關設伏，被腰擊的敵人，據日方所說只是敵軍後勤補給線上一個運輸隊。這個運輸隊被老林打得七零八落罷了。

十八集團軍在抗戰史上真正值得大書特書的，是該軍在一九四〇年八月所發動的「百團大戰」。陣線延長至千餘公里，動員二十餘萬人，死傷十分之一。確是犧牲慘重。這個百團大戰有兩重意義。第一，在四〇年春季和夏天，八路軍剛吃掉鹿鍾麟、朱懷冰、石友三等國軍敵後游擊部隊數萬人，大大擴張了敵後根據地。在無比興奮與樂觀的情緒之下，輕視敵人，乃打出了一記輝煌的百團大戰，因此也招致了敵人的反擊與「掃蕩」，是所謂燒光、殺光、搶光的「三光政策」。

不幸這個「百團大戰」只是彭德懷、朱德、劉伯承等幾個指揮官將在外、不聽君命、私伙兒搞起來的。毛澤東曾為此大為震怒。顯然毛是要保存實力，繼續搞其「一分抗日」的；殊不知這幾位沒有充分政治頭腦的大老粗，竟然不受君令，在前線搞起十分抗日來。——這樣，則黨還能指揮槍乎?!自此毛把槍抓得更緊。不但朱總司令一天也「總」不了，連他最信任的彭德懷以後也指揮不了八路軍。——主席後來不是還說，「解放軍如果跟彭德懷走，我就上井崗山」嗎?

事實上，只要老毛活著一天，共黨陣營裏，任誰也抓不著槍桿。槍桿永遠在他手中。君不見，林副統帥在折戟沉沙之前，連一團人也指揮不了。林立果公子只掌握幾架三叉戟運輸機，但是他也只能上天，卻不能落地（他管制不了機場上的燈火）。其後林氏一家人，飛到天上，下不來，最後只好在天空中畫個大問號（?），便與祖國永訣了。悲夫!

老毛抓槍之緊、之有權威、之有技巧，天下無雙啊!槍桿出政權。天下是老人家用槍桿「打」下來的。聰明伶俐的「大學生」，和自命不凡的洋專家，哪裏知道?!

一國兩制、兩府、兩軍、兩代表權

但是戰爭畢竟只是政治的延續。政治搞得好，是會不戰而屈人之兵的。在國共內爭中，他底政治部署，也是高人一等的。——這兒讓我們言歸正傳，再談談他如何去建立「根據地」。政治上有了「根據地」，軍事上才能「推磨」也。

毛公的第一個「根據地」，當然就是他那個老窩「陝甘寧邊區」。這個老窩不是中國共產黨人自建的。那是「千古功臣」張少帥捨己救人，以五十年大牢的代價奉送的。不過天助自助，毛公不負少帥好意，把邊區搞成個「革命聖地」，抗戰的領導中心之一半，可嘉可賀。我們執簡著史的人，應該給予正面紀錄。

至於「陝甘寧邊區」是個甚麼東西？朋友，那豈是百萬言所能了。這兒我們只能諸葛亮讀書，觀其大略，來談談它抽象的性質。

「陝甘寧邊區」是個甚麼東西呢？曰，它是當時蔣介石帝國之中，一個毛澤東小王國。再問，帝國之中為甚麼搞出個小王國來了呢？曰，這是近代中國「轉型期」中的必然現象。——這一現象，自一九一七年孫中山率「部分國會議員和海軍南下」，到廣州成立小朝廷，自稱大元帥，後來又做非常大總統開始的。自此我們就搞起一國兩制、一國兩府、一國兩軍。在國際組織上搞一國兩個代表權，如今已經搞了七十多年未解決，現在（一九九三）還在搞。（今日已是二〇〇四年，還不是「還在搞」？）

君不見「巴黎和會」（一九一九）中，北京派了個陸徵祥（後由顧維鈞代行），廣州也派了個王正廷？陸王二人在中國代表團中搞肢體抗爭，十分難堪（欲知其詳請參閱拙纂《顧維鈞回憶錄》，巴黎和會）。

君不見二次大戰後「三藩市會議」（一九四五）中，重慶派了個宋子文，延安也派了個董必武（另有助手章漢夫及陳家康）。宋董幸能相安無事。

君不見本年度「聯合國四十屆大會」（一九九三）中，北京派了錢其琛出席，台北也派了女立委呂秀蓮等來搞「平行代表權」！隔街相控?!我的朋友熊玠教授奉勸台北，搞個「觀察員」玩玩。台北不幹，北京也反對哎！現在還不知伊於胡底！

「轉型」與「定型」

讀拙作至此，朋友們可能更要問：國家分裂，已不幸矣。老兄又何必助紂為虐，還要說，這是近代中國「轉型期」中的「必然現象」呢？回答這個問題，引一句鄭板橋的話，便容易明白了。

鄭板橋賣畫，價錢很高。有些買畫人，不願付銀子，要以送禮品來代替。板橋申明只要銀子，不要禮品。他的理由是：「君之所送，未必弟之所好也！」

如今國共兩黨向人民送禮，一個要送社會主義，一個要送資本主義。但是黨之所送，未必民之所好也。部分人喜歡社，部分人喜歡資。各喜其喜，各恨其恨。那末一國兩制，大帝國之內，就要出現小王國了。帝國王國一分，則兩制必有兩府，兩府必有兩軍，兩軍旗鼓相當，平行代表權就是很自然的事了。

再用點社會科學的術語來說，一個國家要有個穩定的制度（吾之所謂「定型」也）。這個制度，最好是能夠「為最大多數、謀最大幸福」（the greatest interest for the greatest majorit）。如果這點太烏托邦了，做不到，那末這個穩定的制度（像中國古代的帝國制度，或今日西方的民主制度），也一定要為一國之中，絕大多數國民所同意（英文叫做National Consensus）。如果一個國家的制度，缺少這個National Consensus，那它就永遠只是個過渡制度、臨時制度或革命制度。不能成其為一勞永逸的百年（甚或五百年）大計的「定型」。一個制度定不了型，則這個國家就必然要從一個過渡制度或革命制度，轉入另一個過渡制度、臨時制度或革命制度……一個一個地轉下去，循環不息。也就是黑貓白貓地，慢慢不斷地摸索下去，一直到摸到個「定型」為止……我們就是這樣，自鴉片戰爭以後，已摸索了一百五十餘年。——以不才的鄙見，我們已摸索得差不多了。大致還需要三五十年的功夫，另一個「定型」才會出現。

「農村列寧主義」也是個「過渡制度」

現在話說回頭，毛主席那時那個可愛的小王國之所以能夠成立，由成立而欣欣向榮，而打平天下，成立了一個毛朝大帝國，便是因為他的「前朝」原是個「過渡制度」，缺少那項必需的National Consensus，所以毛公才能接他的班。而毛公晚年之所以弄得一無是處，其原因便是，毛的「農村列寧主義」（Rural-Leninism），也只是個過渡制度，不為絕大多數的人民所接受的緣故，所以才被鄧小平的「市場列寧主義」（Market Leninism）造了反。至於鄧小平這一套，是否也是個「過渡制度」、「臨時制度」或「革命制度」呢？討論起來那就離題太遠了，我們就暫時打住罷。

掉轉頭來，再評評歷史上的毛澤東。毛公那個農村列寧主義，雖然也是個過渡制度，但是社會發展是有其階段性的。毛的農村列寧主義卻是那個階段中最有效、最能解決問題的制度。它的效率在「陝甘寧邊區」便表現得出神入化。諸如：一，共產黨的集權領導；二，嚴密的黨群組織；三，貧僱農受益最大的土地改革；四，適度的提高農業和小手工業的生產力；五，合情合理的兵役和參軍制度：六，嚴厲而可行的對知識分子整風和統戰政策等等。

這些主要內容雖然沒有一項可以進入將來的「定型」，但是它卻是那個「階段」中，最有效、最能解決問題的黑貓白貓。因此這個延安模式被帶到廣大敵後游擊區的根據地去推行，很快就風行草偃了。隨著八路軍逐漸進入敵後地區，毛氏所期盼的「敵後抗日民主根據地」，也就一個接著一個出現了。

外戰中的內戰

前節已言之，根據公正史家的觀察，中共勢力當年向敵後「發展」，毛的指導原則似乎是：軍事化整為零，政治則化零為整。毛不希望在敵後真正出一個「八路軍總司令」。因此朱總司令在敵後也就「一天也沒有『總』過」了（參閱文革期間紅衛兵所發行的小報《東方紅》，一九六七年一月二十二日；和《新北大》，一九六七年二月十六日）。所以在中共文獻中，甚麼「總司令朱德」、「職朱德」等等花樣，只是毛氏用來「應付」國民黨的——向國民黨要錢要槍，或打打兩黨之間因「摩擦」而引起的電報戰。毛公這種不按理出牌的調皮作風，不但使朱總司令不時長吁短嘆，重慶的蔣委員長和何白二總長，也被弄得啼笑皆非。

須知八路軍向敵後挺進時，這個「敵後」廣大農村並非全是敵人佔領區。國軍在西撤之後，統帥部有明令，不許當地省縣級地方政府隨軍撤走。他們要留在敵後農村和山區繼續行使職權。他們也有些雜牌正牌部隊、保安隊、民團和游擊隊。八路軍一旦進入這種「國統區」，問題便複雜起來了。

這兩種不同背景的「一國兩軍」，最初激於民族大義，尚能並肩作戰，共同殺敵。很快的老軍閥時代「搶地盤」的惡習就故態復萌了。既搶地盤，就必然有武裝衝突，當時術語叫做國共「摩擦」。摩擦升級，大規模國共摩擦，就變成小規模的國共內戰了。打人無好拳，罵人無好言。彼此既然拔刀相見，則國方便叫八路為「匪軍」「奸匪」，共方乃叫國方為「頑軍」（頑固派的軍隊）——最近出版的毛毛新書上，還是這樣稱呼的。

親愛的賢明讀者：這時是強寇壓境，我方軍民，死人如麻啊！南京大屠殺中，三十四萬的死難同胞，真是血跡未乾！重慶大隧道中，三萬市民慘死。多少張王李趙、男女老幼，全家滅門……他們兩個貴黨，目不見、耳不聞，還要在敵人後方，搶地盤、打內戰……頑軍、匪軍的自相殘殺，是何心肝?!

筆者當年也是個血性青年，今朝在海外，則是是個衰朽老僑。孤燈寒夜，執筆至此，仍不禁目有餘淚。——在歷史上他們兩個貴黨的屈直，在我們筆下，從何寫起呢？

褒貶難分，在歷史上，我們只能談其結果。在這種敵後爭地盤的內戰中，國民黨是爭不過共產黨了。共產黨起自草根，挾農村列寧主義的現代化意蒂牢結，潛入敵後；處心積慮，全黨聽命延安，志在必得。而敵後的國民黨則只是一些「雜牌」老軍頭，率領一些近乎烏合之眾的老幼文武，居高臨下。雙方一旦交鋒，那就被摧枯拉朽了。

因此自一九四〇年春初開始，國方的河北省主席鹿鍾麟、山東省主席沈鴻烈、江蘇省主席韓德勤，和他們的「雜牌」部屬朱懷冰、石友三、龐炳勛……一個個被趕得狗跳雞飛。他們部下上千上萬的槍兵，被八路包圍、繳械、改編。終使華北敵後，成了清一色的延安屬地。——直至一九四一年春初，國民黨動員正規軍十餘萬人，在江南一舉消滅了「新四軍」，扣留了葉挺，打死了項英，把內戰引上最高峰，才打個平手。但是這一來，國共二次合作，也就非正式的結束了。

但是經過這一番在敵人後方所行的國共內戰，毛主席要在敵後普遍建立戰略「根據地」的構想，是大致實現了。以後對日對蔣，長征是不會再打了；推磨卻可以打個沒完沒了的，直打到敵人下海為止。

學會推磨，打仗不一定必勝，但是用句毛公的話，是達到「戰略相持的階段」，可以立於不敗之地了。君不見，一九四七年胡宗南揮動二十萬大軍直搗延安，國共雖實力懸殊甚大，李德勝先生（毛化名）也絕不東渡黃河去「長征」。他決心在陝北和老胡推磨。最後還不是「胡宗南聽指揮」，收兵了事？

以上所述，是高瞻遠矚、知彼知己的毛澤東戰略思想的大略。其重點實非國方專搞「步兵操典」的將軍們之所知也。其後國民黨竟弄成百萬大軍齊解甲的局面，豈偶然哉？

劉少奇與敵後政治一元化

至於毛氏在戰時敵後搞政治化零為整的工作，也頗足一述。在軍事上搞化整為零，他自任總指揮加以遙控，就不需要一個在中間坐大的總司令了。但是在政治工作上搞化零為整。他就需要在現場有個總負責人。為此他就看中了他底小老鄉劉少奇了。因此少奇的命運其後竟成朱德的反面。——這也是朱德能夠善終，而少奇終於橫死的關鍵所在罷。

關於毛劉的關係，筆者曾撰另文紀之，不再贅。迨八路軍初入敵後時，劉少奇出任北方局書記。以黨管槍，職權在所有八路軍頭之上。這時他所執行的是所謂「三北政策」，也就是：「鞏固陝北，打通晉北，爭取河北」。在這一項政策之下，他最大的成就便是建立了「晉察冀邊區」這個模範根據地。

晉察冀是陝甘寧之外的第一個根據地，它底勝利完成，也就是根據地擴張的開始。模範既立，其後「晉冀魯豫」等「邊區」便接踵而來。大陸上最近曾開過幾次「革命根據地史」國際研討會，長征前免談，論文亦不下千萬字，哪能窺其堂奧？但是長話短說，建立敵後根據地，北方局是始作俑者，晉察冀則是鼻祖也。

這個北方局和晉察冀呀，真是藏龍臥虎。今日僅存的中共大老之中，就有三老打這兒起家。當少奇整頓了「北方」，而移駕「華中局」時，他的口號又變成「鞏固華北，爭取華中，發展華南」，那時在北方局接他遺缺的便是楊尚昆。彭真原是北方局的組織部長，後來出任晉察冀邊區書記的今日「總設計師」鄧小平也是代理北方局書記而竄升為方面大員的。

劉少奇權力之膨脹，是自北而南的——由北方局到華中局，再屈尊做新四軍政委之後，才回到延安中央榮任中共副主席的。新四軍原是毛劉領導下的一道難題，尤其是身兼中共東南局書記、那位真正工人出身的副軍長項英。項英沒有參加長征。據說是毛故意要手腕把他留下，以圖置項英於死地而借刀殺之。因此項對毛之嫉恨，有甚於張國燾。項如不死，新四軍可能是另成系統，亦如太平天国中之石達開。孰意「皖南事變」驟起，項英陣亡，葉挺被逮（葉本非黨員），新四軍餘眾由陳毅統率，這個意外對毛來說，真是天助。在少奇屈尊出任新四軍政委之後，虎踞蘇北的新四軍與其他根據地之協調，也就天衣無縫了。

新四軍問題自經解決——也是國民黨假十萬大軍幫忙解決的——毛公精心設計的大磨盤、連環套、八陣圖，自此大功告成。打推磨，不打長征，在再次內戰中，他雖無短期內必勝的把握，可是已立於不敗之地，就只是常識判斷的問題了。數風流人物，且看今朝！只要磨盤推久了，國家民族元氣喪盡，最後勝利，自然就必屬於我了。誰知道這個磨盤相推未及四年，國民黨的四百萬大軍，便被磨得粉碎；這一歷史過程雖云天意，豈非人事哉?!吾欲何言?!

從完全正確到完全錯誤

當毛澤東主席於一九七六年九月逝世時，消息傳出的當天晚間，全國各大城市中的茶樓酒肆，食客爆滿。但既不嘈雜，亦不喧譁；大家皆若有所思的在「喝悶酒」。此一現象，據各地友人們告我，全國南北東西皆然。這一段信史，足令後世讀史者要感嘆千年。

在這喝悶酒的時刻，大家心知肚明，今後至少可享受點，如胡適所說的，「不說話的自由」了吧。「偶語棄市」禁令的廢除，可能也為時不遠了。老百姓發發牢騷，評評死者，大概也有到來之一日。——果不其然，時未期年，全國各階層對毛的評價就紛紛出籠了。

在諸多評語中，最中肯、也最能為中共四千萬黨員心平氣和地接受的，蓋為毛澤東「開國有功，建國有過，文革有罪」。

土共造「國際」反

我們搞歷史的人，面對這句頗能辨別是非的公道話，不免要問一句，何以如此呢?!首先要問毛氏對他這個朝代的建立，究竟有些什麼功勳呢？

一言以蔽之，曰，毛的「開國有功」，是他對中共打天下的正確領導。

一九四五年中共七大時，劉少奇一夥的「毛派」，為著統一意志、集中力量，對內清除「國際派」，對外應付蔣介石，他們要「搞毛澤東個人崇拜」（劉少奇的公開語言）。把「毛澤東主義」（後來由於毛氏謙虛，自改為「毛澤東思想」）提升與「馬克思列寧主義」同列。並正式寫入中共黨章，做為該黨黨員人人必須學習和遵守的「指導思想」和基本理論。

這一來，不得了，中共的毛澤東，就變成國民黨的孫中山、基督教的耶穌、回教的穆罕默德和儒家的孔子了。孫耶穆孔在他們各自的信徒眼光裏，都是「完全正確」的。中共七大期中，一夕之間毛澤東也就變成「完全正確」先生了。

劉少奇這一賣個人崇拜運動，在今日看來，是肉麻兮兮了；劉後來的橫死，也是自食其果的。但是這個運動在那個時代看來既不肉麻，實際上也有此需要。

第一，毛主席那時的表現是謙恭下士、招賢納諫的。所謂「毛澤東思想」也是毛派中央的集體作業，由毛出其名而總其成罷了。毛的領導如果「完全正確」，那也就是毛派各人皆有份的中共中央領導的完全正確。有啥肉麻呢？

須知一部中國共產黨發展史是有其濃厚的「階段性」的。簡言之，中共自組黨之初（一九二〇）至「遵義會議」（一九三五年一月），這一階段是「共產國際」（Comintern）的天下。中國共產黨中央委員會對「共產國際執行委員會」（E.C.C.I.）有「絕對服從」的義務——這是那時「工人無祖國」，國際共產黨搞「世界革命」的有「絕對性」的「黨紀」，是「絕對」不許違背的。

共產國際何以有這條黨紀？中共又何以「絕對服從」？事關世界革命，那就說來話長了。可惜的是當年拿過盧布的老一輩「職業革命家」，像鄧小平，像楊尚昆，對此都諱莫如深；小輩毛派黨史家像毛毛，就根本不知道了。

所以遵義之前的中共，所有黨的領袖都是完全聽命於莫斯科的，個個都是「國際」

代理人。所謂「國際」者，列寧、托洛斯基、史達林也。其後就只剩個史達林了。

國際共產運動從馬克思到史達林，都是搞工人運動和都市革命的。——他們認為「農民」是小資產階級，農民決不會搞革命的。這個主觀的認知，因此就和以「農民暴動」為基礎的中國革命的「客觀實在」，大相逕庭了。可是那時俄國革命新勝，從蘇聯回來的布爾什維克，個個都是國際的欽差大臣，氣焰萬丈。因此那些和毛澤東在一起搞農民運動的土共，就吃癟了——尤其是毛澤東本人，有時且被他們鬥得死去活來。

但是老毛沉得住氣，「不急於表白」。直至五次圍剿，紅軍一敗塗地，國際路線弱點畢露之時，大家「想想還是毛主席對」（陳毅的話），遵義一會，把國際派架空，毛主席的「正確領導」，就回頭了。可是國際派畢竟是「挾天子、令諸侯」的，有史達林為後台，豈可輕易驅除，所以遵義以後，七大之前，劉少奇等「毛派」，就要在黨內搞毛澤東的個人崇拜，做為抵制了。因此毛氏對紅朝的第一功，便是領導土共翻身，造國際反，架空國際派。使中國的農民起義，循自己的道路前進——這是毛派的形成階段。

勝和敗都是全面的

再從國內的實際情況來看，斯時朝野上下，腐爛一遍，皆為吾人所目擊。所以那時的中國，「一黨專政」不是當時政治問題的核心；專政而無能，才是政治問題的癥結所在（筆者在〈李宗仁回憶錄序言〉中曾略有引申，不再多贅）。

所以中共那時打天下的實際意義，實行社會主義還是次要的，更不是要為人民爭民主、爭人權（毛且不懂啥叫「人權」）；他底最迫切的任務，便是打倒那個「專政無能」、「佔著毛坑不拉屎」的腐爛的國民黨——以一個有效的「一黨專政」，取代一個無能的「一黨專政」。

上篇已言之，就軍事對壘來說，毛的論持久戰，就不是蔣介石的稍息、立正所可望其項背。桂系的小諸葛曾發明一個相對的名詞，叫做「總體戰」。但是「總體戰」卻永遠只是個名詞。

毛澤東那幾桿破槍，居然把蔣介石的美式配備的四百萬大軍打得片甲不留。指揮數萬至數十萬大軍的國軍主帥在陣前被活捉的，如王耀武、杜聿明、黃維、宋希濂……等至數十人之多。這不但是中國戰爭史上無此先例，世界史上，亦未嘗一見！軍事之外，其他限於篇幅未遑多論，其實政治上毛在「開國期間」的作業亦至為精闢。筆者在另文中，就認為毛的三篇政治論文：〈新民主主義論〉（一九四〇）、〈論聯合政府〉（一九四五）、〈論人民民主專政〉（一九四九）都是擲地有聲的。

若說槍桿終當聽筆桿指揮，則毛氏這三篇有高度黑貓白貓價值的政治論文，足抵解放軍的百萬雄師。記得五十年代之初，有位國民黨流亡高幹告訴我：「我們的四百萬大軍是被共產黨幾句口號叫垮的！」這也是他失敗之後，痛定思痛的知彼知己之言。

甚至那時中共對美蘇兩國的外交工作，亦遠非國民黨所能及。國民黨外交那時以一人的意志為轉移——對美一味屈膝乞憐；對蘇不惜重價賄賂（如外蒙之獨立，中東路與旅大之租讓）。其低能連李鴻章之不如。而毛則能人盡其才，讓他出使重慶的「駐美大使」周恩來放手做去！周在對美外交上所做的工作之細膩與有效，實是近代世界外交史上所寡有。其結果不但史迪威變成張學良，美國駐延安觀察員戴維恩（John Davis）竟至密電華府國務院，建議美軍如在中國登陸，佔領上海和南京之後，不讓蔣介石自重慶東下，而將京滬兩地直接交毛周接管！——這是美國檔案中白紙黑字的紀錄，寫歷史的人不能胡說——其後縱在中國鎩羽而去的馬歇爾，對「周大使」也無太多閒話。此雖整個局勢使然，而能共憂患的中共高層之合作無間，和毛澤東領導的「完全正確」，也是分不開的。

我班上的學生們沒有說錯——國共之爭不是單純的軍事勝敗的問題。他們兩個貴黨之爭，勝和敗都是全面的。但是從勝利的角度來看，論功行賞，自然就「沒有毛主席就沒有新中國」了。

主觀與客觀的統一

這兒問題又來了。毛主席對中共開國的領導，何以「完全正確」呢？若談具體事實，那就要寫一百萬字了。如今不能談「具體」的事實，只好談談「抽象」的概念。——讓我們借用他們「辯證唯物主義者」的一句術語來解釋。那我們就可以說，毛主席對中共開國的正確領導，是「主觀與客觀統一」的結果。

「主觀」是毛氏個人所具備的各種條件。

「客觀」則是他那個革命（也就是「現代化」或「轉型運動」）階段中的「客觀

實在」。

胡適反對哲學上的「實在論」。說「實在」是虛的，是「百依百順的女孩子」，你叫她怎樣，她就怎樣。其實縱使在實驗主義（黑貓白貓主義）中，客觀實在也是存在的，只是它有濃厚的階段性，「客觀實在」隨「階段」變動而已。

用句通俗的話來說，「客觀實在」就是「必然性的（社會）發展」。但是這個發展卻是隨階段變動的；不同的階段之內，可能有前後矛盾的「社會發展」！

「主觀與客觀的統一」就是在某一特定的「階段」之內，毛澤東的主觀條件，恰好與該階段中，必然性的社會發展是相互配合的。語云：「時勢造英雄，英雄造時勢。」時勢的客觀實在和英雄的主觀認知，正配合得恰到好處，就是毛主席開國有功、正確領導的源泉了。

朋友，這個主觀與客觀的統一，不是什麼洋東西呢。中國歷史上的開國之君，如劉邦、劉秀、曹操、李世民、朱元璋等都是這樣的呢。且看看毛澤東的主觀條件：他那天生的不守規矩繩墨的叛逆個性，深厚的農村背景和農民意識，在湖南中小學當老大的習氣，《三國演義》和《資治通鑑》裏學到的政治軍事訓練，思而不學底五四北大時代新青年的傲骨，滿肚皮社會主義革命的標語……。

在他權力成長期那一段「歷史三峽」之中的客觀實在，又有些什麼內容呢？曰，農民大起義，這是個傳統的必然。但是這個「必然」已逐漸脫離「傳統」了。它要有個新的內容和新的領導。遠在十九世紀中期的農民暴動，這一新的轉變已很顯明，不幸那個時代的農民領袖們如洪秀全、楊秀清和張樂行（捻黨的領袖）等還不具備這種半新不舊和既新且舊的主觀條件，而毛公今日以七分傳統流寇、三分二百五的現代革命黨的混合體，卻正好補上這項缺憾。

再者，那個在主觀和客觀條件之下，既不能獨裁、又不能民主的「蔣家天下陳家黨」的國民黨政權，在這條轉型運動的「歷史三峽」裏，原也是個階段性極強的過渡政權——它製造不出一個「定型」來。既是過渡，則歷史進入次一階段時，它就要變成革命對象。這也是一件歷史的必然。

毛主席的「開國有功」，領導正確，抽象的說來，就是這兩個「主觀」與「客觀」統一的恰到好處了。

做朱元璋，還是做華盛頓？

但是上文已交代過，社會發展既有其階段性，則不同的階段之內，往往就有前後矛盾的發展現象。在前一段中，主觀客觀的「統一」，至下階段就往往變成「對立」了。

就以一部中國共產黨革命史來說罷，在他們那個「開國（打天下）階段」，他們需要一個獨裁專制、敢作敢為的朱元璋。可是等到進城之後，走入「建國階段」，這個「國」卻不是「大明帝國」，而是按「憲法」常規建立的「民主共和國」。那他們就需要一個雍容大度、澹泊明志、守法守約的華盛頓了。

老實說，中共建國之初，毛主席如果有華盛頓的胸襟，真的按照憲法，由毛、劉、周、林、鄧……順序安排，輪流坐莊；這樣下去，我保險，麻將不到八圈，一個新的政治經濟制度的「定型」，就會慢慢地在中國出現。「歷史三峽」也就不再延長了。

不幸的是，不但我們的現代朱元璋，不具備此一主觀條件；歷史三峽中的客觀實在，也限制了華盛頓的出現。——讀者賢達，您知道搞我們中國式的政治，是只能上，不能下啊。

可是當今中國畢竟是個「民國」嘛。你搞假民國真帝國，那就違反歷史發展的客觀規律了；原先的主觀—客觀的統一，就要變成主觀—客觀的對立了。原先大家一致熱愛的共主，很快就變成大家一起目鄙心非的獨夫了。

果然一九五三年蘇聯的獨夫史達林死了。一九五六年蘇共就搞起了對史的鞭屍運動。史達林的屍體在紅場失蹤了。

這時正一步一趨走史達林老路的毛澤東，是繼續搞其個人獨裁呢？還是懸崖勒馬，回頭搞個「鄧小平—戈爾巴喬夫」式的民主開放呢？不幸的是，主觀和客觀的條件，都不容許五十年代的毛澤東，去做八十年代的鄧小平。但是蘇聯如此，世界潮流如此，民主共和國憲法如此，國內黨內要求如此；尤其是已經當權了的毛派革命家彭德懷、劉少奇、周恩來、朱德……無不人同此心。毛氏一人便有一手難以遮天之苦了。果然八全大會（一九五六年九月）一開，黨章裏的「毛澤東思想」便被剔除了。——毛從超黨的太祖太宗，一下跌回成一個普通黨員。

這時毛如果是位華盛頓，或者我國政治傳統裏的上拍下壓的官僚體制不那麼醜陋，一個社會主義的民主共和國，可能真的就要出現了。這也是民族不幸和民命活該吧，毛的主觀條件和社會發展的客觀現實，都不允許這一美景出現，其後國事的發展，眾所周知，就不忍卒述了。

毛派抑毛，毛殺毛派

所以八大以後的「反右」、「大躍進」、「四清」、「文革」……無一不是血淋淋的，幾十萬、幾百萬、幾千萬，人頭滾滾！這些血淋淋的「運動」無一不是毛澤東一手搞出來的，也無一個不是大錯特錯的。這樣則毛對中共的領導，就從完全正確，走向完全錯誤。

朋友，在中國歷史上，在世界歷史上，所有暴君所殺的人加在一起，都抵不上毛澤東一個人所幹的啊！他自說他比秦始皇要厲害十倍百倍，其實他也打破世界紀錄啊。

「反右」的「陽謀」，顯然是他搞「百家爭鳴，百花齊放」失控的結果。爭鳴運動分明是他想利用「高知」，來對付企圖抑毛的毛派高幹。放火自救的企圖終於失控，反而助長了高幹的威風。文革時代他就再不敢利用「高知」，只好利用「低知」和「

無知」了。

劉少奇竄升國家主席，原是毛拉一派、打一派對付彭德懷的結果。搞「大躍進」，取消「二五計畫」，也是他要製造天下大亂來轉移目標，以圖自保。誰知餓死人太多了，引起毛派共憤，大家群起抑毛，他自己終於墮入「二線」，劉反成了英雄。

到四清到文革，毛之恨劉已到歇斯底里的程度。拉林打劉也就到不擇手段、不要臉的程度了。——保權保位是事實，「左」的口號，欺人自欺而已。

毛主席把《資治通鑑》看過六遍。通鑑者，鏡子也。他不知道他自己在這面鏡子反照之下，也狐尾畢露。——我們都是讀過《通鑑》的嘛。

中國共產黨原是一個由千萬位仁人志士，拋頭顱、灑熱血，為著救國救民而締造出來的，現代化的革命政黨。可是它發展至此，在毛澤東晚年的濫用極權、章法大亂的胡幹之下，它就把時鐘倒撥六百年，墮落成封建帝王（朱元璋）誅戮功臣的最反動的政治集團了！

朋友，我們讀史至此，不免掩卷一問：胡為乎而然呢！

問題不在左右，在極權

對這件歷史發展的答案，新露頭角的歷史家毛毛，轉述她的父親之言，說：

父親多次說過，在我們黨的歷史上，隨時都會有「左」的或右的東西影響我們。但是除了陳獨秀一次右傾投降主義以外，根深蒂固的還是「左」的東西。他說：「『左』的東西在我們黨的歷史上可怕呀！一個好好的東西，一下子被他搞掉了。」他說，右，可以葬送我們的事業，「左」，也可以葬送我們的事業。他說，對於這一類的問題，我們必須保持清醒的頭腦，這樣就不會犯大錯誤，出現問題也容易糾正和改正。

這，就是辯證唯物主義的思想和哲學（見毛毛書，頁三三六）。

這段引言極重要。它說明鄧小平把毛澤東所犯的「建國之過」和「文革之罪」（死人數千萬、一億人民遭殃的大過大罪），說成單純的左右傾思想的毛病。

其實當權者、當國者，人孰無過、無錯?過錯應防之於未然;過錯自己不願改、不能改，則由他人改正之。

毛澤東犯了大錯大過，餓死農民兩千五百萬，劉少奇、鄧小平要改之而不可得。結果「砲打（劉鄧）司令部」，劉反被整死，鄧幾乎不免，這就不是單純的「辯證唯物主義」的哲學問題和思想問題，而是政治制度的問題了。

讓我再引一段毛毛的議論。當然是她爸爸的話。毛毛說：

毛澤東這個核心領導地位，不是他自封的，更不是外國人賜予的，是在中國革命經歷了近十四個春秋實踐活動中湧現出來的，是中國共產黨人在經歷了千般曲折萬種困擾後選擇出來的。

毛澤東是一個領袖，是一個偉人。他的核心地位一經確立，就確立了整整四十一年（見同上，頁三〇九）。

毛毛有所不知，歷史不是請客，哪有那麼簡單！其實毛公領導中共四十一年，卻有前後截然不同的兩大段：

前半段二十年（一九三五—一九五五），從中共黨內來看，可說是「完全正確」；

後半段二十年（一九五六—一九七六），不論從黨內或黨外來看，都是「完全錯誤」。

毛猶人也！何以同一個人在進城以前和進城以後，判若兩人？粗淺的說，從毛的主觀條件來看，他那種叛逆浪漫的性格只能「打天下」，而不能「治天下」；他那一點點洋標語和《資治通鑑》，或許可以做「皇帝」，可是絕對不能做「主席」或「總統」了。把主席總統當皇帝來做，主觀與客觀對立，那就是革命對象了。

「革命革了數十年，一覺醒來解放前！」還是保守的說法啊。毛在後二十年所搞的，事實上是在民國時代，搞「封建補課」！

再者，毛所領導的這個政黨，歷史證明了，也只是個打天下的政黨。正如民國初年袁大總統的美國顧問古德諾（Frank J. Goodnow, 1859-1939）所說的，它是比「承繼式的寡頭政治」（Hereditary Autocracy帝制）問題還要大的「非承繼式的寡頭政治」（Non-hereditary Autocracy）。統治者權力無限，它也沒個和平合法的接班制度。政策上成「左」或「右」，都要靠皇上或太上皇一人的金口玉言，總歸不是長治久安的民國制度也。

記著：有無限權力的人，無不濫用其權的！

記著：無限制權力，無限制腐化。

「毛澤東集政治家、軍事家、思想家、詩人於一身，才華橫溢，文武雙全……」（同上頁三〇九），但是他被「無限制權力，無限制腐化」了，腐化到幾乎把毛毛的爸也給殺了。小平倖免於死（且用他自己的話），「命大」而已。

朋友，三百年來人類文明發展的主要取向，也是中國近代政治社會轉型的主要目標，便是由「無限制」（unchecked）的「極權」（Total Power），轉向有「制衡」（check and balance）的民權。

要達到這個目標，中國老百姓雖然還要有三、五十年的苦日子好過，但是「守到天明覺夜長」，黑貓白貓搞久了，黎明總歸是會出現的。

＊一九九三年十一月八日於北美洲

原載香港《開放雜誌》

〔附錄〕2. 劉少奇，劉少奇集團，劉少奇主義

——紅衛兵小報上所見毛劉交惡的新史實

在一九六六年紅衛兵運動之後，所有在此運動以前所出版有關中國大陸的書籍，勢將做全部之修正，甚至改寫。這一論斷，實未過甚其辭。因為經過紅衛兵這一鬧，以前中共數十年高度保密的資料，都紛紛為紅衛兵所發行的各種小報所披露❶。在這種新的資料之反映下，中國共產主義和共產黨領袖們的印象因而亦大異於昔日。劉少奇個人的歷史便是個極顯明的例證。

過去一般的看法，總以穩坐中共第二把交椅的劉少奇為毛澤東所一手栽培。此種看法，今日顯然要大加修正。劉之位尊儲貳，原係其本人獨力造成，毛氏栽培的成分，遠沒有吾人以前想像之大。

劉少奇（一八九八─一九六九）原名劉作黃，原籍湖南寧鄉人。出身於一並不寬裕的自耕農之家庭。兄弟姊妹九人中少奇排行最幼。在原籍稍受教育後便於民國七年（一九一八）北上至保定，就學於當時為留法預備學校之育德中學。留學未成，乃轉赴上海加入社會主義青年團，並肄業於當時國際共黨所辦的俄語學校。該校終於民國九年（一九二〇）資助其赴莫斯科留學，翌年乃正式加入中共❷。

返國後劉少奇遂以組織工人為專職，並襄贊李立三、毛澤東等策動民國十一年（一九二二）九月之安源煤礦大罷工，自此以後，劉遂與中共工運結下不解之緣。

民國十六年（一九二七）國民黨武漢分共時，劉幾遭不測，然卒能平安渡過。翌年乃奉派至天津為中共做工運，並於文化教育界從事活動。劉因乘機接近當時華北之高級知識分子。此一任務對劉氏後期的政治思想亦發生極大影響，同時亦使劉逐漸造成一個以彼個人為中心的小集團。劉氏與彭真，便在此時結識於天津❸。

劉氏之早期活動頗傾向於李立三，與毛氏接觸較少，但劉氏並未因立三路線之覆滅而隨之垮台。一九三〇年代中，劉氏竟一躍為江西蘇區第一號工運領袖。長征時改任紅八軍團政委。遵義會議期中劉又夥同紅三軍團長彭德懷支持毛澤東奪取中共中央領導權。劉氏因由地位低微的紅八軍團政委一躍而為紅三軍團政委❹。以故遵義一會不特為毛氏取得中共領導權之階梯，亦為毛、彭、劉三巨頭在紅色政權中合作之開始。

劉少奇於民國二十五年（一九三六）二度奉派至華北工作，此次工作基礎已相當穩固。斯時「一二．九」學生運動正在高潮。雖然此次學生愛國運動並非中共所推動，然國內外情勢俱足使此一運動有利於中共❺。國民政府斯時方圖以空間換取時間，做長期抗日之準備，但一九三三年之「塘沽協定」，與一九三五年之「何梅協定」均有背於當時華北知識青年立即奮起抗日之心願，而使此輩青年為中共「立刻武裝抗日」之口號所引誘而傾向中共。結果有大批青年竟在劉少奇及其幹練的副手如彭真、安子文等策動下而加入共黨。若干共黨分子及其同路人終於被捕入獄。斯時劉氏深恐一旦中日戰爭爆發，此類政治犯將淪入敵手，乃訴請中共中央准在獄黨員簽署假悔過書而恢復自由。如是而出獄者不下數百人。在民國二十五年（一九三六）一次假自首中在北平便有六十一人為政府釋放。釋放人員中包括劉氏親信甚多。其後在中共黨中十分顯赫之薄一波、安子文、楊獻珍、劉瀾濤等均於此時獲釋❻。獄中的折磨足使此輩更加傾心為中共工作，並以劉少奇之馬首是瞻。以此劉氏亦為毛澤東所賞識而譽為「白區工作的模範」。紅衛兵小報上的作者們說，劉氏黨於三十年代便已形成，實是信而有徵的❼。

西安事變更給予劉氏及其幹部一無上機會做進一步之組合。蓋中共經十餘年之清剿，原有知識分子之幹部可說所餘無幾。所以一旦在延安重整旗鼓時，全黨各級機構中之幹部泰半為文盲或半文盲。基層幹部中高級知識分子幾乎絕跡，急待招募。而劉氏之徒數百人則多出自中國高級學府的優秀青年，在此際遇下，當然一拍即合，以應此急需。七七事變後，這批高知均自大城市轉入鄉村，在劉氏領導下，彼此一呼百應，則劉少奇集團便如日上東山矣❽。

當戰爭初起之時，中共黨中央仍操縱於國際派之手。張聞天仍是總書記，秦邦憲則掌組織部。惟國際派此時已日迫西山。俄援已不再來，高知老幹部亦泰半凋謝。毛澤東因乘此時會把中共改組，藉以防制國際派之東山再起。

毛氏之手法便是一面恢復中共西北局的組織。西北局直接主持陝甘寧邊區的黨務，其中成員多自劉氏集團中挑選。如安子文即受任主持西北局中的組織部。經此一安排。則國際派連中共根據地中的地方黨務亦無法染指❾。毛氏另一手法便是設立一新的中央幹部訓練部，使劉少奇任部長，與中央組織部平分春色❿。一年之後，張、秦去職。中共的黨權乃落入毛、劉二人之手，由毛氏主持中央決策機構，劉氏操縱各級組織部門。毛、劉二人自此遂互為表裏，沆瀣一氣矣。

迨抗日戰爭日趨擴大，劉氏集團之活動範圍亦日漸延伸。在抗日初期，中共原執行其所謂「三北政策」。亦即「鞏固陝北，打通晉北，爭取河北」⓫。蓋斯時華北敵後的國軍游擊隊組織有欠嚴密，此一空隙乃給予善於組織群眾的中共幹部一絕好的時機從事活動，而劉氏之徒便是此項活動下的領導集團。劉氏本人此時專任華北局書記。嗣後雖將此職移交楊尚崑接替，然華北局迄為劉派的老巢，而「晉察冀邊區」之建立與擴展，便是在該局主持下的輝煌成績。

晉察冀邊區實為中共向華北敵後活動之跳板。該邊區原經國府於民國二十七年（一九三八）春初批准為敵後之地方行政單位。雖名「邊區」，其性質則與陝甘寧邊區迥異。後者為共黨獨佔並已實行共黨所頒行的土地改革，而前者則仍是原來中國社會之一部。最初的邊區政府亦是兩黨共管的聯合政府，其中中共黨員所佔成分甚小。然在中共所倡行的所謂「三三制」之下。共黨權力逐日增漲，不知不覺間遂為共黨所掌握

⓬。

晉察冀邊區於戰時不實行土地改革。僅著重減租減息。同時該區內共黨組織群眾做政治活動，其情形亦與政府直轄區大異其趣。換言之，即中共利用此一邊區為其統戰原則下各種政策之試驗區，一種政策經試驗成功，即向其他地區推行。此種推行程序甚為有效。其成就實多歸功於劉集團中第二號領袖彭真之領導。彭原任中共華北局組織部長，後兼中共晉察冀邊區書記。其邊區工作當時即深受重慶國府之注視⓭。

劉氏將華北工作移交助手之後乃於一九三九年南下華中任華中局書記，隨劉而去者自為大批組織人員。華中一帶之組織群眾工作，與中共之地方政府，乃應時而起。

至一九四〇之末，中共之「三九政策」已順利完成。其另一步驟之口號則為「鞏固華北，爭取華中，發展華南」⓮。此一政策之執行目標正如何應欽、白崇禧兩將軍當時之觀察，即是中共將於敵後自河北至江蘇建立一「一字長蛇陣」之游擊基地，正規與非正規之政府部隊攖其鋒者必遭誅滅吞噬無疑⓯。在毛氏「先斬後奏」的原則之下，國軍與共軍之摩擦乃與日俱增，直至成為對外抗戰陣營中之內戰⓰。由於不長於游擊，政府軍之在敵後游擊區者乃逐一被吞噬，以至長江以北之敵後地區，幾全為共軍佔領。

然共軍在敵後之猖狂終引起國軍之反擊致釀成一九四一年一月之「皖南事變」，中共之新四軍幾全軍覆沒。皖南事變就延安全盤南進戰略來說確係一大挫折，然就中共內部劉系勢力發展而言，反為一天造地設的新機運。

劉系勢力之形成原與毛同。二者皆是華北起家。長江下游一帶原為新四軍勢力範圍，劉系難於立足。項英原與毛氏不相容。項氏之個性與政治背景均助長新四軍地區之山頭主義⑰。該軍給養裝備亦係國府供給，固無聽命於延安之必要也。

然項英死後，原非共黨之葉挺軍長及其屬下幾全部被俘後，情勢遂大變。加以新四軍名義已經國府明令撤銷，殘部更四面受敵，縱已遁往江北亦難逃追擊。如此緊急場面遂使延安人員乘虛而入。一九四一年四月，劉氏乃受命為新四軍政委，劉系之勢力乃自華中延伸至華東，蘇北遂為劉氏之另一指揮所矣。

劉系勢力之急驟上升事實上與毛氏全盤策略正相吻合。要言之，毛氏對戰時敵後之政策，可說是「軍事化整為零，政治化零為整。」毛氏不但反對一九四〇年之百團大戰；縱使是小規模的抗日游擊戰，渠亦不願發動。毛氏之目標為保存實力，擴張地盤，以待將來。在毛看來，敵後共軍絕無集中之必要。相反的。如共軍在敵後集中，則其總司令勢將對毛氏之地位與聲望構成威脅。近年來大陸上紅衛兵小報每譏笑前八路軍總司令朱德為「一天也未『總』過的總司令」。戰時的事實，亦的確如此[18]。

然劉少奇當時的處境與朱德卻適得其反。毛氏卻願以全力支持劉氏成為敵後地區最高的黨政首長。一九四二年九月延安政治局通過所謂「關於統一抗日根據地黨的領導及調整各組織間關係的決定」。這一消滅山頭主義劃時代的「決定」之通過，事實上亦只是追認並加強劉系所完成的既成事實而已[19]。

但劉少奇並不因敵後工作之忙碌而忽視在延安應有的活動。必要時他總是回延安襄贊毛氏做重大決策。正因毛氏在共黨內唯我獨尊的局面尚未形成，劉氏為本身利益著想亦認為有助毛獨尊之必要。二人表裏為用，一九四二年底劉氏乃應召返延安，出任中共中央秘書處書記，同時兼任有高度實力的軍委會副主席。劉氏出任中央要職後，大批劉系人物加彭真等亦相率返延。毛、劉親密合作後，才搞出「整風運動」來清除黨內敵人，各階層中國際派殘存勢力乃被一掃而空。行動之不足，乃輔以理論。因此劉氏一生之重要著述，均在此時付梓的[20]。事實上在此期中，毛氏除其本人著作之外向不許他人妄自執筆奢談理論，然於劉氏則曲加優容，成為例外。

事實上劉氏之享有特權亦非無功受祿。劉嘗說：「那時有人反對毛澤東，所以我要搞毛澤東個人崇拜。」㉑劉那時對毛氏的個人崇拜的確搞的很起勁。在一九四五年春中共七全大會時，毛就被捧成超人了。在劉氏所經手修改的黨章上，「毛澤東思想」竟與馬列主義並列成為中共三大指導理論之一。全黨黨員一定要悉心學習。投桃報李，劉氏亦自有其個人收穫。七全大會後，劉氏竟一躍而為該黨副主席，居一人之下、萬人之上了。七大之後，劉系人物皆扶搖直上，分據黨政要津。毛之早期政敵——尤其是國際派人物——均遭打入冷宮。為面子關係，不為已甚，前黨魁陳紹禹、秦邦憲仍許列名於七屆中委中之最後二席。連劉系中的無名小卒的二流人物如薄一波者亦竟位在陳、秦二人之前㉒。

在七大以後，紅色領域內的權力分配可說是「毛家天下，劉家黨」。中國道教中的寓言說「劉公得道，雞犬升天。」在劉公升天之後，劉系中的兩員主將——彭真和安子文——的經歷，實值得吾人分開來研究一下。

在一九四二年中共「整風」之前彭真幾乎是一個默默無聞的中級幹部。但在整風中彭氏以中央黨校負責人的身分竟成為該運動中的執行幹部。自此而後便一帆風順。在七大中彭氏網羅的選票竟超過周恩來和彭德懷所有㉓。

日本投降後，彭氏受任為當時最重要的「東北局書記」，和蘇聯在東北的佔領軍直接發生關係。在此一戰略地位最重要的新游擊區內，彭氏乃夥同劉系另一重要幹部林楓創立了中共的新根據地。近日紅衛兵的報導說，當時彭林互為表裏以牽制東北地區林彪的領導權，當非空穴來風㉔。迨彭氏在東北為高崗、饒漱石所替代之後，乃重返延安中央組織部出任更重要之副部長職位㉕。

當彭氏在東北延安之間迭任要職之時。渠對其一手搞起的晉察冀邊區這一地盤與地盤內他原有的班底並未失去控制。當一九四九年初傅作義投共後，晉察冀邊區內經驗豐富的劉氏黨羽，遂因近水樓台，首入北平接收一切，並組成中共北平市委。未幾彭氏即「當選」為北平市人民政協主席兼北平市委書記（北平旋改稱北京）。一九五一年乃代聶榮臻為北京市長。在此以前聶氏戎馬倥傯對北平市黨務早已無暇過問矣㉖。彭氏對北京地區黨政掌握至為嚴密，正如毛澤東後來所慨歎的，所謂「針插不進，水滲不透」㉗。在此同時期，彭氏除於地方黨政之外，並身兼中央要職，自不待多述。

彭氏在北京當權期間，渠所重用的幾全為其原有班底自不在話下。如北京市委副書記劉仁於抗戰期中即已在華北局任職，即其一例㉘。而其他資望原不甚孚的彭氏班底亦竟逾格擢升，分任要職。鄧拓便是個好例子。鄧氏三十年代中由彭氏介紹加入中共，惟渠未幾即離黨而轉入國府機構中任職。鄧氏文筆流暢，著作中對政府頗有溢美之詞，而斯時正值「長征」期中，渠本黨其他同志則正處於政府四處獵捕之中也㉙。

抗戰軍興，政府弛異黨之禁，鄧氏在失業狀態下，遂由彭真證明黨籍而重入中共。鄧初任職於重慶之《新華日報》，然與延安派來之工作人員不洽，乃轉赴華北局投老友彭真。彭命其主持晉察冀邊區宣傳工作並主編《晉察冀日報》，旋復兼任邊區文協主席㉚。

彭真出任北平市長後，鄧氏亦隨之右遷主持中共之第一大報《人民日報》，初任副社長，旋任主編。一九五四年鄧氏乃得以新朝第一報人身分出任大陸新聞協會主席。在北京市政府及市委中鄧氏亦身兼數職。

然根據中共傳統，鄧氏實早應成為「脫黨分子」，渠曾在政府機構服務甚至可被判入「叛黨」之列。以此種背景，而鄧仍可在紅朝扶搖直上者，無他，鄧氏文筆高人，而又為劉系紅員故也。

安子文之故事亦相類。安氏於一九三六年九月於北平出獄後，翌年便一躍而為八路軍司令部秘書長，安氏是時年方三十二也。敵後工作年餘，安氏又隨中央組織部長任弼時返延安出任組織部副部長。任氏為中共元老而無派系，又患高血壓，不任繁劇，安子文遂得掌握部務。一九四六年乃正式代任弼時為組織部長凡二十年，直至文化革命始被褫職。紅衛兵攻擊安子文時說他控制組織部二十餘年也確是事實㉛。

劉系勢力之逐日高漲吸收了中共黨內無數親劉分子，但也激出無數反劉集團。劉少奇在中共高級幹部中算是比較方正而深受同黨愛戴的一員。縱其高層中之早期政敵對渠之為人亦每多稱許㉜。故中共高級領袖中其不能自成派系者往往願結劉以自固，如鄧小平、鄧子恢、楊尚崑、陳雲、陸定一、周揚、譚震林、陶鑄等均為其中之佼佼者。縱與劉有搶奪第二把交椅資格的政敵周恩來，對劉亦少微詞。一般說來，劉系勢力之膨脹，大陸共黨多視為當然而不以為異。

但中共裏亦有與劉系絕不甘休的反對派。正如其他一黨專政中的當權派，劉系之弱點亦極嚴重。在其金字塔式的權力組織中，其高層則為一每好濫用職權、十分排外、嫉賢妒能、貪權好位的小集團所把持。因而它在大陸的各地區、各場合、各部門都隨時隨地製造政敵。如柯慶施即為一例。慶施頗為毛氏夫婦所倚重，渠即因個人恩怨而與劉系結下不解之仇。事實上柯慶施便是促使毛、劉交惡，在一九六二年首先幫助江青為反劉而寫的第一篇文章的第一人[33]。陳伯達和康生反劉的情形與柯氏亦相近。

同時劉少奇因為一直襄贊毛澤東，主張黨應管制槍桿子，所以劉和軍方也一直有意見。其中唯一的例外是羅瑞卿。羅因在部隊裏常受林彪的歧視而想棄武就文，所以對劉比較接近。羅在一九五九年八月受任為總參謀長即是劉氏保薦的。斯時毛氏急需劉的合作以排擠彭德懷。所以經劉的推薦，毛的認可，羅氏才能出任此要職[34]。

其他將領，特別是林彪，對劉都非常疏遠。這可能是毛氏故意分化他們的結果。早在延安時代，當林彪還是「抗日大學」校長的時代，他已培養出一批自己的政治幹部。他的學生後來又嫁給他的葉群便是其中之一，這些幹部一直被林彪收羅在他所指揮的一一五師，和戰後的龐大的四野之內。這批政工人員和劉系幹部一樣，在中共軍事系統中自有勢力範圍和他們獨立的出版宣傳機構。當劉系人物心心念念要打入軍事系統之時，這批政工，正相反的，也心心念念想打入黨政和文教系統。在中共席捲大陸後，當劉系政客頗以高知自許之時，林系政工則日漸教條化。此種分道揚鑣的結果，不但使兩派在政治上日相水火，在文化觀念上亦格格不入，因而一旦彼此正式衝突如文化大革命時的情形，彼此便必然要拚個你死我活[35]。

但是話又說回來，劉系勢力雖急劇上升，但初不見其有不忠於毛的現象。自四十年代初期毛劉合作擊敗國際派時起，劉少奇在重大政治決策中，一直是擁毛派。如韓戰之後，毛氏立意要削藩之時便是明證。其時劉氏即是毛的主要代言人，要求取消人民共和國的半獨立王國[36]。其驚人的結果即是地方割據軍人，未經多少流血事件，便能和平廢藩，歸政中樞。

縱使是在一九五八年，當毛氏一手搞起的「大躍進」弄得一團糟之時，劉少奇雖怒不可遏，但亦無任何犯上反毛的行動。相反的，正是劉系人物的鞠躬盡瘁，才把這個爛攤子收拾起來，毛氏威信毫未受到損害。當時把毛氏捧成活佛一般的，場面最大的電影《東方紅》便是劉系的北平市委監製的。

但劉少奇並非長於阿諛的人。他是個筆頭甚勤、自修成名的理論家，對黨政大事自有其主張和信念。在日寇投降後的內戰時期，據說他曾領導中共黨內的鴿派來反對毛氏這隻孤鷹的好戰政策。他認為當時受到「國際壓力」的國民政府是有誠意謀和的，中共應以同樣誠懇態度提出對策，庶幾將來可以參加國會，化干戈為玉帛。謀國內和平於几席之間，劉氏相信是有其可能的。據說劉氏當時曾力主退讓。他說：「我們必須退……退得夠，這樣才能換得我黨的合法化……我軍和國民黨軍都國家化。這些都是值得我們退讓的。」37

據說毛氏便堅持說國府對和談「無誠意」。毛說，「和談是國民黨準備另一內戰的煙幕彈。」又說，「蔣在磨刀，我們也要磨刀。」最近的資料顯示，當時毛是自始至終反對和談的。當他被「國際壓力」壓到重慶簽署「雙十協定」時，他倒真是把和談當成煙幕彈。後來發現的史實已證明毛氏當時的政策。戰後中共所發出的那一連串的火藥氣極濃的文告——有的當時由朱德簽名，有的未經署名而由新華社發出——後來都收入《毛澤東選集》，證明是毛氏手筆38。毛氏是中共黨內反政府戰爭的原始策劃人。劉少奇正和朱德一樣，原先是反戰的。

這種至今日始大白於世的、中共黨內的秘密爭論，是很可以理解的。在勝利之初，世界共黨，連史達林、毛澤東在內，很少有人能相信中共能在中國內戰中取勝的。

但在蔣委員長領導之下的和平中國之內，只有一個共產黨領袖會喪失名位的。這位共產黨便是毛澤東。毛氏當時的地位正如「赤壁之戰」時的孫權，在「肅可降，主公不可降」的偏激而自私的心理支配之下，毛氏為著個人名位，是不惜以中共全黨的前途為他個人做「孤注一擲」的㊴。

當時劉少奇、朱德以及連周恩來在內的中共絕大多數的高層領袖，顯然對這「一擲」發生疑慮。在中共秘密決策會議中，這個黨內多數似乎曾把他們死硬的主席的提案給否決了。政府與中共從而簽署了一九四六年一月十日的「停戰令」。這一命令簽署後，當時真是舉國若狂。但是中國共產黨的主席當時卻悶悶不樂。未幾便稱病在床，不治黨事了。可是當該黨副主席劉少奇署理黨務而向全黨下達「和平指示」時，毛氏又顯然地加以杯葛㊵。

大陸易手後毛氏在其黨內聲望陡增。渠因而更自覺其「思想」之睿智。事實上毛氏身為一初出岩洞的樸素的農民政黨的最高領袖，他對當前都市社會的複雜性實不太理解，而渠竟持一己私見而做重大決策，並對自己的藐視知識分子和反學術的作風引以為榮。在這一方面劉少奇又和毛大異其趣。

劉氏對內政和外交上的看法頗似二次大戰前的史達林，傾向於建立一國之內的社會主義。正如他後來所公開陳述的，中國因國基未固，殊不應向美蘇兩大超級強權挑釁。劉氏可能也反對過參加韓戰。渠本人的主張雖然我們尚無法證實，然劉系要人陳雲即反戰至力。縱使後來受命為中共援韓義勇軍總司令的彭德懷亦曾於早期反對過參加韓戰[41]，則身為緩進派首要的劉少奇，其反對毛氏與那飛揚跋扈的麥克阿瑟攤牌似乎也是可能的。

毛劉對經濟建設的方式亦各持己見。毛主張將中國原有的十分可憐的一些小企業，盡速地自原廠主手中轉移給和他一同自岩穴中出來的新手。但是劉說，「資本家辦企業已有三百多年的經驗。我們要向他們學習之處甚多……資本家辦企業是為著自己，我們是為著人民。」劉似乎很同意孫中山先生的看法。在他看來。中國的主要問題，尤其是中共得勢後的主要問題是大貧和小貧的問題。如果中國能建立幾百個像通用公司規模一樣的「紅色托拉斯」，則中國主要問題便迎刃而解了。以故劉氏主張與美國通商。劉說：「美國非在中國找買辦不可，我們也可以給他當買辦，紅色買辦麼！」所以劉氏主張在中國工業全盤社會主義化之前，共產黨和中國民族資本家至少還要「

搭伙十年或十五年」[42]。

在文教政策上劉氏亦主張變通。由於劉氏與高知階層甚接近。渠主張在寫作上和學術研究上，專家學者、作家、藝術家們應有較為寬廣的領域，從事創作和研究。顯然是由於少奇的倡導，在五十年代中大陸上高級文教機構如中國科學院、北京大學，以及各種文教協會內均以國民政府所遺留下來的高知為骨幹。大批與毛思想極少甚至毫無關連的卓越著作，均於此時期中出版。直至文化大革命時，世人固不知此事為劉氏一手扶植，而一直遭毛氏夫婦之極端敵視也。五十年代初期江青（斯時用假名「李進」？）第一次參加清算《武訓傳》與《清宮外史》，主要即是反劉少奇的文藝路線[43]。

劉少奇對大陸上的新聞報導亦主張放寬。劉說：「周恩來罵了美國，有的美國資產階級報紙就刊登出來。為什麼資產階級報紙敢於把我們罵他們的東西登在報紙上，而我們的報紙卻不敢發表人家罵我們的東西呢?這是我們的弱點，不是我們的優點！」在劉氏看來，中共報紙選登美國合眾社和聯合社的新聞也是順理成章的。劉以為世界各國電影也都可以進口，沒什麼可怕的。「美國搞鐵幕，我們不搞。」[44]

劉、毛二氏在思想上的差異，顯然不限於中共「十二中全會」所列舉的「六論」[45]。但是在不同場合下，尤其是五十年代中，毛氏顯然對劉氏的說法做讓步，甚至同意過。那時毛急需劉氏之支持。韓戰之危險固不必談了，中共地方軍人亦待整肅。據說饒漱石曾乞援於艾森豪威爾總統擬在大陸搞獨立[46]。值此緊張時期，毛劉二氏實非共患難不可，反目則對彼此均不利也。

但在一九五四年以後，大陸局勢便急轉直下了。毛氏削藩成功之後，整個權力乃落入四巨頭——毛澤東、劉少奇、彭德懷、周恩來——之手。毛之下，劉治黨，彭治軍，周則掌握中央政府。不過周氏政治手腕靈活。四人之中周氏為唯一說話不帶三湘口音的。在中共黨內他更經驗豐富，洞明時務，不自立黨羽。所以在紅色政權內，周氏幾乎為一技術人員，不為好權而樹敵。因此中共實權實操於籍隸湖南的三巨頭之手。在這種金字塔式權力系統中，毛氏高高在上；劉、彭則為毛之肱股。

遠在中國帝王時期，此一權力系統中居上位者每自覺坐於「爐火之上」而不自安。毛自不能例外。五十年代中期當蘇聯對史達林鞭屍之影響波及中共時，毛氏益自覺其部屬隨時可以逼宮。一九五六年中共八全大會時，經彭氏提議，劉氏附議，毛氏名字，及其「思想」竟被自中共黨章中剔除。此舉在大會中一致通過，全場中竟無一聲異議，尤使毛氏感覺變生肘腋[47]。

至於毛氏對此種近乎侮辱性的決議個人反應如何，吾人不得而知，但是中共八大之召開便是毛、劉、彭「集體領導制」之結束蓋可斷言。自此以後，大陸事變接踵，其發生尤多出乎常識推斷之外。如「鳴放」運動便是個好例子。該運動由陳伯達支持毛氏發動的[48]。其最初動機，似為毛派欲藉重那早已俯首貼耳的舊知識分子，來打擊劉少奇所控制的黨政機構。不意此一野火易發難收，終為劉系於「反右運動」中所鎮壓。劉派反因之更為得勢。

另一不可理解之運動便是「大躍進」和與之俱來的人民公社、土高爐等一類的雜耍。這個一團糟的運動動員了九千萬人，原為毛氏獨立發動，由柯慶施推波助瀾而成者[49]。事有費解的便是陳伯達、柯慶施二人均是劉少奇的死敵。而毛氏則於此二大驚人運動中，獨引陳柯為奧援。試問像「大躍進」這種瘋狂的運動，是發自一個藐視知識界的獨裁者的善意的錯誤呢?!抑或是由於一個失去理性的人的感情衝動，而激成的呢?!關於這一點的正確回答，歷史家就還不如善於分析變態心理的心理學家了。

這一大躍進幾乎把中共政權鬧垮，因而也招致以劉少奇、彭德懷為首的全國性的抗議。劉彭二人均認為這是一種發瘋行為的冒進，殊難容忍。在劉氏返回其湖南原籍做長期考察之後，便指示當地幹部「頂回」所有無理性的有關人民公社的法令。劉氏認為大躍進是比當年秦始皇築長城的暴政更為苛虐。劉告訴地方幹部說：「……就是中央法令也可以推翻！……如果少數人頂不住……可以集體頂！」[50]彭德懷對這鬧得一團糟的大躍進和公社運動也怒不可遏。後來彭氏在廬山會議上竟公開的說：「要不是中國工人農民好，早就要發生匈牙利事件，要請蘇聯軍隊來！」[51]

他們這一反對，毛氏自己縱不恐懼，但如他自己後來所承認的，也甚為緊張[52]。但是對付過去江西和延安時期的政潮，毛氏已早有經驗。於鎮靜忍耐之餘，他又開始運用他一九三〇年鎮壓AB團時便已馳名的老法寶——「拉一派，打一派」來[53]。毛氏畢竟是「槍桿子主義」的老行家。他深知彭比劉更危險。他對彭氏應先行下手。

早在一九五九春季，大陸上已風傳毛氏健康欠佳，不耐繁劇，日常政務要逐漸移交給副主席劉少奇接替了。政權逐漸轉移，庶幾人民免於驚悸。該年四月少奇乃由人民大會一致公選代毛為人民政府主席。當時絕無人懷疑毛氏此一禪讓的誠意。劉氏當然亦感激老友的栽植與信任。四月之後，毛、劉二人乃再度合作將彭德懷撤職。一九五九年八月廬山會議席上，劉為擁毛乃與彭德懷正面衝突。劉竟密告彭德懷說，「與其讓你篡黨，還不如我篡黨啦！」[54]在十中全會毛劉所掌握的絕大多數票決下，彭德懷乃被迫去職，隱居成都為一平民。彭才被撤，在毛的手法上說是一著險棋。然毛氏措置有當，竟能安然渡過，棹楫不驚，海外觀察家也毫未注意[55]。事實上劉氏此次坦毛顯係受賄使然。幫兇之後，劉氏亦絕未想到第二條受烹的走狗正是他自己！

從一九五九至一九六五這六年之中，毛氏一直被認為健康欠佳而甚少露面；在此同一期中，劉少奇的聲望則如日中天。顯然在劉少奇主持之下，中共中央竟於一九六三年正式通過所謂「二線政策」的決議。毛氏竟退居「第二線」。第一線的國家大政的決策自然是屬於劉少奇的了[56]。毛氏亦逆來順受，未表示抗議。劉系人物與親劉派知識分子此時亦頗不自量地得意忘形，以為毛氏真無力東山再起了。即在此時，諷毛譏毛的文學作品如《海瑞罷官》、《三家村札記》等亦大量出籠。

但是劉系及其同路人自發的安全感實欠成熟。「人民共和國」的主席究無美國總統的權力。劉氏對武力始終無法控制，解放軍早於一九五九年已落入林彪之手。六年以來，林氏在軍中重建系統，不遺餘力。早期彭黃系軍官已被清掃無遺。其餘除總參謀長羅瑞卿以外，所有不穩分子亦已被清除[57]。而羅氏本人亦無指揮部隊的實權。羅氏之能暫時戀棧的緣因，以中國成語述之，便是林彪不願「打草驚蛇」。蓋公開清黨時，再清羅氏固未為晚也。

當解放軍主力已入林系將領之手，秘密清黨階段遂成過去。萬事俱備，毛氏遂又公開露面，再度赴長江游泳，一個公開清黨的「文化革命」也就隨之而來了。文化革命雖與本題無關，毋庸多敘，但是其中最要之點，吾人實有澄清一下之必要。即是在文化革命尚未發起之時，毛氏實已早操勝算。只是劉少奇本人，與海外的大陸專家們卻不明底蘊而大驚失色罷了。

綜括說來，中共與其他兄弟黨頗為類似。過去半世紀中一直執行其「不斷清黨」政策。文化革命不過是其清黨過程中最近的一次。其規模之大，其影響之深，自不在話下。毛澤東是中國古代帝制和現代俄國史達林兩種傳統的承繼者，晚年以誅戮功臣為能事。本文僅就劉少奇為例，一究毛氏「狡兔死，走狗烹」的清黨運動中之一般情況罷了。劉氏幾以畢生之力，效忠毛氏，初不意其行將「接班」時，而竟遭走狗之烹也。

試問，劉氏之罷黜，政治權謀之外，於中共意識形態是否亦有其決定性的影響？曰，劉氏之敗首先顯露出中共權力機構上無可補救之弱點。該黨統治大陸二十年，然於現代政治學上之第一課竟不能及格。該黨始終不能建立一以法制為基礎之政府。文化革命中毛氏雖終操勝券，然孰知毛氏之勝利而非一更大變亂之開始。大陸一旦無治人亦無治法。則中共政權或因之瓦解亦未可知。

再者，中共之內爭，對百餘年來馬克思主義之發展亦係一重大考驗。馬克思主義雖已有百餘年歷史，其理論顯然仍未臻成熟階段。共產黨員於馬克思主義幾乎言人人殊。此與民主國家中政客之有共同信守規範者迥然有別。共黨自然各有其主義，則其處患難雖可勉強相安，處順世則難免相爭，處安樂則必然相戮。就本文上節所錄劉少奇零星語錄亦可略知劉氏思想。劉氏以為一極權社會內，個人人格未始不可保存。此一論斷實為一般中國知識分子之趨向馬列以求解脫者之共同信念。而毛氏則不然。毛氏以為人類亦可、而且應該，為互助互利而聚居，如黃蜂螞蟻之所為。其實毛氏此種思想亦不足為異。毛氏在大陸上以領導農民暴動起家。蚩蚩者氓，追隨毛氏流竄，其原始型態，固亦與蜂蟻無殊也。須知任何人都是其一己思想之奴隸。酖於一己之既得權位，毛氏難免自尊自大，自以為英明天縱，一代師表，足以替天行道也。劉少奇既浸溺於中國知識分子式的共產主義，則毛氏必徹底清除之而後快也。

然今後大陸上思想形態之發展於劉毛二者之間究將何擇何從？中國歷史尤其今後二十年大陸政權之發展史，終將為之做歷史判斷也（作者註：此篇脫稿時，海外尚不知劉少奇已被迫害致死也。英文原作譯載《第一屆中美「中國大陸問題」研討會專輯》，一九七一年台北國際關係研究所出版。頁一四三—一五五）。

註釋

❶作者曾對哥倫比亞中文圖書館自一九六六年以來所藏約五百種紅衛兵小報做一綜合分析而有上述印象。見唐德剛"The Red Guard Papers"，（評紅衛兵小報）*Columbia Forum*,（哥大論壇）Vol. XII（Spring, 1969），No. 1, pp. 38-41.

❷本文中所採劉少奇傳記資料，除另行指出外，多採自下列各書：Howard L. Boorman, ed., *Biographical Dictionary of Republican China.*（民國名人大辭典）New York, 1968. Vol. II, pp. 405-411；中華民國國際關係研究所編，《中共人名錄》，一九六七年，台北出版。頁六〇七—六〇九；The Union Research Institute, comp.,（友聯出版社編）*Who's Who in Communist China.*（中共名人錄）Hong Kong, 1966. pp. 410-411.;〈劉少奇罪惡史〉，《新北大》，一九六七年四月十八日、五月九日；以及紐約哥倫比亞大學東亞研究所所藏有關中共領袖傳記資料之縮微膠卷。

❸《中共人名錄》，頁五〇一。

❹郭華倫著，〈遵義會議〉，《匪情月報》，一九六七年九月一日，十卷七期，頁九六—九七。

❺旅美學人中如哈佛楊聯陞教授、芝加哥何炳棣教授均為當時學生運動中之領導分子，彼等均否認此一運動為共黨所主持。

❻《紅旗》，一九六七年三月八日。此《紅旗》為紅衛兵報，非中共黨中央之機關刊物。二者刊名雷同而已。

❼《新北大》，一九六七年五月九日。

❽郭華倫著，〈中共輸誠前後〉，《匪情月報》，一九六八年三月三十一日，第十一卷第二期，頁一〇六—一〇七。

❾「西北局」原為暫代中共中央之臨時機構，為緩衝毛澤東與張國燾間之緊張關係而設立者。張被排斥後，西北局幾經改組然迄未廢除。見《民國三十年度之中共》，民國三十年（一九四一），重慶統一出版社出版，頁三五。參見郭華倫著，〈共軍的流竄與匯合〉，《匪情月報》，一九六八年二月二十九日

，第十一卷第一期，頁一一一。

⑩見〈中共輸誠前後〉（續），《匪情月報》，一九六八年四月三十日，十一卷三期，頁一一〇。

⑪《民國三十年度之中共》，頁五七。本書載有當時極詳盡的中共軍政情報，似根據當時政府情報所編纂者。

⑫當時地方政府職員中中共分子只佔總數十五分之一。見李公樸著，《華北敵後晉察冀》，民國二十九年（一九四〇），上海出版。頁九。

⑬《中共晉察冀邊區的各種政策》，民國三十一年（一九四二），重慶出版。共六十四頁。本書實為一九四一年十月彭真的秘密報告的翻印本。當時政府顯然看出此一報告的重要性，因加以翻印以備政府工作人員參考者。

⑭《民國三十年度之中共》，頁五五。

⑮「何總長白副總長覆十八集團軍總司令朱德副司令彭德懷新四軍軍長葉挺副軍長項英之代電」（民國二十九年十二月八日發出），頁三。此為重慶中央軍事委員會所發之「極機密」要件。

⑯參閱王健民著，《中國共產黨史稿》，民國五十四年（一九六五），台北出版，卷三，頁一七五及以下諸頁所載。

⑰見《匪情月報》，一九六八年九月一日，第十一卷第七期，頁一二五。

⓲參閱王著《中國共產黨史稿》，卷三，一七五—二一五；彭德懷在廬山之發言見丁望編，《中共文化大革命資料彙編》，一九六九年，香港出版，頁一〇；《新北大》，一九六七年二月十六日；《東方紅》，一九六七年一月二十二日。

⓳〈關於統一抗日根據地黨的領導及調整各組織間關係的決定〉。此項「決定」為中共政治局於一九四二年九月一日所通過者。故陳誠將軍所藏之中共資料中即保存有一當時印發的原件。見陳氏資料縮微膠卷第三捲。

⓴南開大學中之紅衛兵研究員曾編印一相當詳盡的劉少奇著作目錄。自一九二三年八月至一九四九年九月，劉氏著作共收集一百二十一篇。其中最主要者如《論共產黨員的修養》（一九三九年著）、《論黨內鬥爭》（一九四一），《論清算黨內的孟塞維克主義思想》（一九四三）、《論黨》（一九四五）等均於戰時出版。見《衛東》，一九六七年三月二十八日，第九號。

㉑參閱〈劉少奇歷年罪狀〉一文，載《井崗山》，一九六七年四月十八日；《何其毒也》，一九六七年春出版。《何其毒也》為一追查劉氏罪狀之專門小冊子。

㉒參閱王著，《中共黨史》，卷三，頁一六六。

㉓同㉒。

㉔《進軍報》，一九六七年一月二十八日。

㉕Boorman, comp., *Biographical Dictionary*..., III, 67-70.

㉖同㉕。

㉗一九六七年八月三十一日毛澤東與阿爾巴尼亞軍事代表團談話紀錄。見國防部情報局編，《共匪文化大革命重要文獻彙編》，一九六八年九月，台北出版，頁一九五。

㉘《中共人名錄》，頁六〇五—六〇六。

㉙鄧拓原名鄧雲拓，著有《中國救荒史》，一九三七年，上海商務印書館出版，頁二九五及三六一以次。

㉚《中共人名錄》，頁六四七；*Who's Who in Communist China.*, pp. 551-552.

㉛《鬥瞿戰報》，一九六七年五月六日。

㉜約十五年前，羅拔・卜爾頓（Robert Burton）教授訪問張國燾時，張對劉即頗為稱許。

㉝〈江青同志在文藝界大會的講話〉。江青講話在一九六六年十一月二十八日。講詞紀錄全文載於一九六七年二月十五日《紅藝戰報》。

㉞同㉑。

㉟本文作者對大陸上知識分子之分化曾寫過兩篇論文。第一篇題目為〈中國傳統史學及其在共產主義下之演變〉，曾於一九六四年九月於倫敦《中國季刊》所召集的史學會議上宣讀。第二篇曰〈非文化的文化革命〉，於一九六六年十月在哥倫比亞大學現代中國研究會上宣讀。二稿油印本仍存於哥大東亞圖書館。

㊱《人民日報》，一九五四年二月十八日。《紐約時報》，一九五四年二月十九日。

㊲〈劉少奇是個老反革命〉全文收於《大字報選編》，一九六七年四月。該文引劉氏長文〈當前時局報告〉。原為機密文件，此處首次公開。

㊳《毛澤東選集》，一九六六年。卷四，頁一〇六九以次。

㊴赤壁之戰發生於東漢建安十三年（公元二〇八年），時孫權力斥和議，卒以寡敵眾敗南下曹軍近百萬人。敵軍軍力十倍於守軍。

㊵〈劉少奇修正主義言行錄〉，載《紅衛報》，一九六七年二月八日，該文作者憶及毛氏曾否決劉氏對政府妥協之一切動議。

㊶《財貿紅旗》，一九六七年二月八日。

㊷〈揭穿一個復辟資本主義的大陰謀〉，載《文匯報》，一九六七年四月二十九日。參閱一九六七年四月八日《進軍報》、四月十二日《人民日報》、四月十八日《井崗山》，及其他反劉文件。文中劉氏言論並未按發表日期先後排列。

㊸〈二十年來江青在文藝界翻滾史〉載《知識分子》，一九六九年一月十六日第二〇號，頁二一。本刊為香港知識分子所編印，其中尚有若干篇論江青文字可以一併參閱。

㊹《紅色宣傳兵》，一九六七年五月十日。

㊺「六論」為：「階級鬥爭熄滅論」、「馴服工具論」、「群眾落伍論」、「入黨做官論」、「黨內和平論」、「公私兩利論」。此「六論」譯自英文《北京週報》（*Peking Review*），一九六八年十月二十五日，頁六。

㊻一九五四春初饒漱石密遣心腹自加拿大往芝加哥訪前台灣省主席吳國楨，乞吳氏代向艾森豪威爾總統疏通。吳氏轉報華府，但艾氏以韓戰已結束，不欲再多事，此謀遂寢。

㊼見彭德懷「供詞」，載丁望編前書，頁一五。

㊽同㊹。

㊾參閱〈毛澤東彭德懷廬山會議文件集〉，載《祖國月刊》，一九六八年五月，第五〇號。「文件」三，頁三四。本月刊為香港友聯出版社發行。

㊿〈評劉少奇六一湖南之行〉，載《東方紅報》，一九六七年三月九日。此一小報為北平地質學院內紅衛兵所發行，為江青之喉舌。據其報導劉氏於一九六一年自四月二日至五月十六日共在湖南逗留四十四天，研究公社問題。劉氏對公社之大傷元氣至為震怒云。

(51)見逾時甚久始發表之彭德懷撤職決議。載一九六七年八月十六日《人民日報》。參閱註㉗與註㊾，及丁望編前書，頁三六。

(52)毛氏一九五九年七月二十三日在廬山會議之演說，見丁望編前書，頁一九。

53 當AB團事件發生時，毛氏斥該團為反革命；AB團反唇相譏，斥毛為「大陰謀家」，善於「拉一派，打一派」。見〈反動文件匯編〉，收於陳誠所藏中共資料縮微膠卷第十九捲。

54 《紅旗》，一九六七年二月十日。此為北平人民公社所發行者。

55 當毛氏自軍中罷除彭氏時，毛對軍中中下級幹部之掌握似無把握。但毛揚言如解放軍跟彭走，他就去找紅軍打游擊。見彭氏供詞，載丁望編前書，頁一六。斯時上海居民亦見印刷精美之親彭反毛小冊子公開在街頭發散。此消息係據滬上來客口述，述者不願露真姓名。

56 此一秘密決議，原由陳伯達透露，紅衛兵小報始據以報導者。見《革命工人報》，一九六七年一月十二日；《井崗山》，一九六七年二月十五日；《東方紅》（北平大專院校聯絡小組發行），一九六七年二月十八日；《新北大》，一九六七年二月二十三日。最後始由適時公開之毛氏一九六六年十月二十五日在政治局工作會議上之演辭證實。參閱國防部情報局編前書，頁一八九。

57 方君歸著〈當前匪軍重要幹部派系之研析〉，《匪情研究》，一九六七年一月，第一期，頁五一。

〔附錄〕

3. 悼念周毛詩詞二首

一九七六年周毛二公相繼逝世之時，海外華文報刊，都載滿悼念詩詞，各報刊編輯友好，亦不遺微末，強迫徵稿及於下走，筆者不學亦嘗勉力續貂，以筆名發表若干拙作，拋磚引玉，賜和之作，亦時見報端，今且就記憶所及，自選蕪辭二首於下，以博同好一粲，亦以見治史者，當時之感慨云。

海外驚聞周恩來總理逝世（一九七六年二月）

電殛神州感不禁，郵傳遽報大星沉，
艱難國事誰堪繼？擾攘環球孰與倫？

榛莽未遮千里目，沖和久暖兆民心，
遙看灰散長空裏，拉淚我隨八億人。

海外驚聞毛澤東主席逝世（調寄〈沁園春〉，一九七六年九月）

牧豕韶山，潑水湘河，者個村娃。隨電雷激蕩，手攬日月，身翻奴主，血染中華。政倚工農，權出槍桿，豎子真能不信邪。風流甚，看天安門上，吐氣成霞。無加，霸業堪誇，詎難護重陽霜後花。聽長樂宮畔，孤彘暗泣，凌煙閣裏，百鬼交嗟。江上曲終，青峰遽渺，老樹枯藤宿暮鴉。終不解，問水晶棺內，君是龍蛇？

舊稿新跋

這部小書，大體上是出自原作者一些散亂的舊稿。在當初撰寫期間，文未終篇，便因病擱筆。殘稿在廢置經年之後，不意竟為心細才高的專任編輯游奇惠小姐，發掘出來，并代為整編成書。使原作者展卷細讀之，主觀上竟亦頗有新奇之感！家有敝帚，享之千金。真對游子的才華與功力，感戴不盡！

按理，原作者於細讀新編之後，對新書內容，亦可提出些許修正與補充——如章節長短之剪裁，與故事內容之增減——庶可與主編作愚者一得之配合。無奈核稿於病榻之側，心力不從，而末學自寬，竟亦自認無徒勞之必要。因書數語於卷末，以向讀者高明略報成書之經過。務乞方家學長正之恕之。為感，為幸。

二〇〇四年九月十二日於美國新澤西州

國家圖書館出版品預行編目資料

毛澤東專政始末（一九四九-一九七六）／唐德剛作．-- 初版．-- 臺北市；遠流，2005〔民94〕

面；　公分．-- （唐德剛作品集；7）

ISBN 957-32-5399-2（平裝）

1. 中共政權 – 歷史 – 1949 –

628.7　　93023087

唐德剛作品集①

民國通史・晚清導論篇

晚清七十年

【壹】中國社會文化轉型綜論

唐德剛⊙著

歷史是條長江大河，永遠向前流動。在歷史的潮流裡，「轉型期」是個瓶頸，是個三峽。近一個半世紀中國變亂的性質，就是兩千年一遇的「社會文化大轉型」的現象，其間死人如麻，痛苦至極。不過不論時間長短，「歷史三峽」終必有通過之一日。從此揚帆直下，隨大江東去，進入海闊天空的太平之洋。……

唐德剛作品集②

民國通史・晚清導論篇

晚清七十年

【貳】太平天国

唐德剛⊙著

時至晚清，改朝換代的週期已屆，政府的統治大機器徹底鏽爛，社會也百病叢生。廣東洪秀全，一個典型「三家村」的土塾師，科場失意，轉以「拜上帝會」之名於廣西聚眾起義，企圖建立一個夢想中的「小天堂」。一群狂熱信徒被逼上梁山，化宗教信仰為政治力量，終至釀成死人無數的「太平天国」大悲劇。……

唐德剛作品集④

民國通史·晚清導論篇

晚清七十年

【肆】義和團與八國聯軍

唐德剛⊙著

義和團，亦民亦匪的保國群眾運動，從星星之火燒成燎原之勢，扶清不成，滅洋無功，上演一齣獸性大發的人間醜劇。八國聯軍，各懷鬼胎的國際武裝大拼盤，從護衛使館轉為進軍北京，姦擄焚殺，人頭滾滾，掀起一次世界文明史上的罕見浩劫。雖有李鴻章巧手斡旋，瓜分之禍可免，喪權辱國難逃。……

唐德剛作品集⑤

民國通史・晚清導論篇

晚清七十年

【伍】袁世凱、孫文與辛亥革命

唐德剛⊙著

袁世凱，集槍桿與政權、智慧和機運於一身，以區區七千人的「新建陸軍」，擠入大清帝國的政治心臟，呼風喚雨，舉足輕重。孫文，得風氣之先的華僑青年，立志救國的新知識分子，從興中會到同盟會，倡導革命，引領思潮。兩個縱橫於體制內外的重要人物，共同終結了晚清的殘局。……

唐德剛作品集⑥

民國通史・北京政府篇

袁氏當國

唐德剛⊙著

袁世凱，中華民國史上之開卷英雄，中國近代社會政治轉型期中不幸的當國者之一也。他天生是個「治世能臣，亂世奸雄」的曹操型的人物，卻在帝制結束、共和初建的時代主政，滿腹野心難抑之下，於是先設法當上終身大總統，再圖謀黃袍加身，做起中華帝國的洪憲大皇帝。奈何黃粱夢覺，一失足成千古恨，只落得了身死名裂，遺臭萬年。……